일본어 잘하고 싶을 땐 다락원 독학 첫걸음 온라인 강의

일본어 왕초보 탈출
58일 밀착 동행

일본어 유튜버들이 직접 체험해 보고 극찬한 왕초보 강의 패키지!

"일본어 공부! 더 이상 미루지 말고 지금 시작하세요!"

@ 수*님
오늘 학습 내용과 미션이 있어 중도 포기 없이 끝까지 함께 할 수 있는 러닝메이트가 되어줍니다!

@ 의연님**
밴드에 인증하면 코치님이 세심한 포인트에 대해서 짚어 주시고 진짜 다 보시는 것 같아요!

혼자 헤매지 말고
58일 밀착 동행하세요!

왕초보 탈출하기

《일본어 잘하고 싶을 땐 다락원 독학 첫걸음》 교재 연계

일본어 왕초보 탈출 58일 밀착 동행

구성 및 혜택

밀착 강의

일본어
왕초보 탈출
58일 밀착
동행 강의

이정희 강사

유튜버 '의문의 도라이'
핵심 발음 강의

일본어 문법,
동사 활용, 한자 강의

밀착 케어

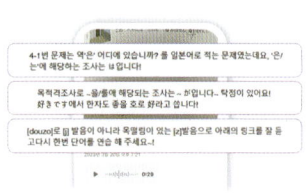

일본어 전문 코치
1:1 피드백

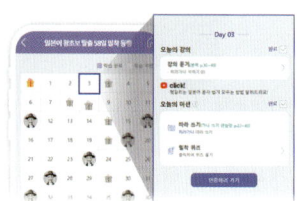

58일 학습 + 미션 수행

원어민 1:1
화상/전화 일본어

* 일본어 기초 어휘 단어장, JLPT N4/N5 모의테스트, 플러스 강의 질문권 혜택 제공

왕초보 탈출하기

**미션 참여 시 최대 45,000원
리워드 100% 지급!**

* '구성 및 혜택'은 변경될 수 있으며, 자세한 내용은 다락원 홈페이지의 '일본어 왕초보 탈출 58일 밀착 동행 패키지'를 참고하세요.

NEW 일본어 잘하고 싶을땐 독학 첫걸음

정의상 지음

다락원

DARAKWON

일본어 잘하고 싶을 땐
다락원 독학 첫걸음

지은이 정의상
펴낸이 정규도
펴낸곳 (주)다락원

초판 1쇄 발행 2019년 3월 4일
개정판 1쇄 발행 2025년 9월 9일

편집 한누리, 송화록
디자인 장미연, 이승현
일러스트 리다, 문희진, 유재연, 강희주
동영상 강의 이정희
사진 제공 셔터스톡, NR

☑ 다락원 경기도 파주시 문발로 211
내용문의: (02)736-2031 내선 460~465
구입문의: (02)736-2031 내선 250~252
Fax: (02)732-2037
출판등록 1977년 9월 16일 제406-2008-000007호

Copyright © 2025, 정의상

저자 및 출판사의 허락 없이 이 책의 일부 또는 전부를 무단 복제·전재·발췌할 수 없습니다. 구입 후 철회는 회사 내규에 부합하는 경우에 가능하므로 구입 문의처에 문의하시기 바랍니다. 분실·파손 등에 따른 소비자 피해에 대해서는 공정거래위원회에서 고시한 소비자 분쟁 해결 기준에 따라 보상 가능합니다. 잘못된 책은 바꿔 드립니다.

ISBN 978-89-277-1318-0 13730

http://www.darakwon.co.kr

- 다락원 홈페이지를 방문하시면 상세한 출판 정보와 함께 동영상 강좌, MP3 자료 등 다양한 어학 정보를 얻으실 수 있습니다.

여는 말

"문자부터 쉬워야 진짜 첫걸음이다!"

언젠가 인터넷에서 '일본어의 기초 중 기초인 '아이우에오'만 수십 번째 반복하고 있다'는 글을 본 적이 있습니다. 학창 시절 좋아하던 일본 만화 때문에 일본어 공부를 시작했고, 그 뒤 매년 일본어 공부를 해야겠다고 다짐하며 연초마다 '아이우에오'를 몇 번씩 썼다고 합니다. 그러나 10년이 지났는데도 여전히 히라가나를 외우지 못한 지라 이번에야말로 꼭 외우고 싶다는 글이었습니다.

일본어 공부를 시작한 계기는 학습자마다 다를 것입니다. 꼭 필요해서 공부를 하는 적극적 학습자도 있겠지만, 그보다는 일본 여행 중에 간단한 소통이라도 해 보고 싶은 마음에 혹은 장래의 꿈을 펼치는 데에 도움이 되지 않을까 하는 마음에 일본어 공부를 시작하는 등 비적극적 학습자가 훨씬 많다고 합니다. 이렇게 동기 부여가 강하지 않을 경우 일본어 공부를 하면서 만나는 첫 번째 걸림돌은 일본어 문자일 것입니다. 일본어 공부를 하고자 하는 의지가 유지되는 시간보다 일본어 문자를 외우는 데에 걸리는 시간이 더 길어지면 대개 문자를 다 외우지 못해서 일본어를 포기하게 된다고 합니다. 즉 일본어 문자인 '가나', 그중에서도 가장 기본인 '히라가나'를 얼마나 빨리 외우고 오랫동안 기억하느냐에 일본어 공부의 지속 여부가 달려 있습니다.

『일본어 잘하고 싶을 땐 다락원 독학 첫걸음』은 독특하고 재미있는 일본어 문자 암기 연상 아이디어 등을 가지고 다음 네 가지에 초점을 맞춰 만들었습니다.

- 첫째   일본어 첫걸음 최초로 '히라가나'를 '움직이는 그림(움짤: *.gif) 연상법을 이용해 최단 시간에 손쉽게 암기할 수 있도록 고안하였습니다.
- 둘째   '히라가나'뿐만 아니라 '가타카나'도 쉽게 떠오르도록 각 글자에 최적화된 연상 일러스트를 제작하였습니다. '움짤'도 '연상 일러스트'도 해당 그림을 연상하면 히라가나와 가타카나가 쉽게 떠오르도록 만들었습니다.
- 셋째   단어, 문형, 문법 등의 학습 내용은 처음 일본어를 접하는 학습자라도 꾸준히 공부할 수 있을 정도의 분량과 난이도로 구성하였습니다.
- 넷째   본책 학습을 다 마친 후, 총 복습을 겸해 자신의 실력을 체크하고 앞으로의 학습 방향을 생각할 수 있도록 JLPT N5 실전모의고사를 수록하였습니다.

어떠한 동기로든 홀로 일본어를 시작하거나 재도전하는 모든 학습자가 가장 쉽고 즐겁게, 포기하지 않고 끝까지 공부할 수 있도록 최선을 다해 만들었습니다. 모쪼록 이 책이 일본어를 시작하는 분들께 최적의 길라잡이가 되길 바랍니다.

끝으로 이 책을 쓰는 데에 많은 도움을 주신 木下奈津紀 선생님, 大場健司 선생님과 多々見紗帆, 유재연, 강희주 등 학생들, 본 교재의 출판에 도움을 주신 ㈜다락원의 정규도 사장님, 편집부, 미술부, 영업부, 이러닝 사업부 직원들에게 진심으로 감사드립니다.

정의상

이 책의 구성과 특징

『일본어 잘하고 싶을 땐 다락원 독학 첫걸음』은 일본어를 막 공부하기 시작한, 혹은 재도전하는 분들을 위하여 만들어진 교재입니다. 일본어 학습의 기본 토대인 히라가나부터 확실하게, 차근차근 공부해 보세요.

⭐ 일본어 문자와 발음
히라가나와 가타카나

일본어 공부를 시작할 때 가장 중요한 '히라가나'와 '가타카나'를 학습합니다.

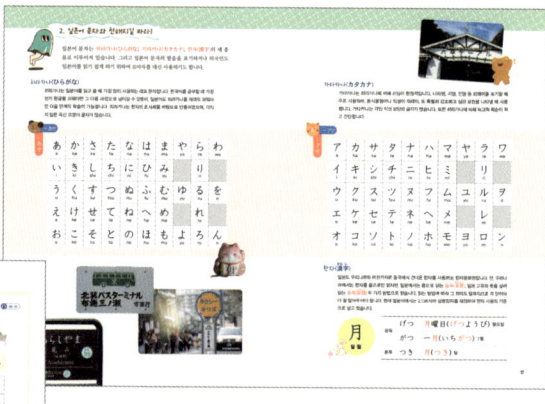

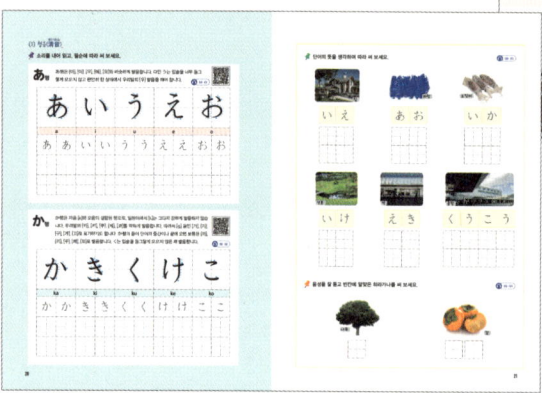

히라가나와 가타카나를 각 행별로 알기 쉽게 설명했으며, 정확한 필순과 직접 써 볼 수 있는 공간을 마련하여 바로 손에 익힐 수 있습니다. 본격적으로 일본어 학습을 시작하기 전에 문자를 제대로 알아둡시다.

탁음, 반탁음, 요음, 촉음, 발음, 장음 등 일본어 발음에 대하여 이해하기 쉽게 설명했으며, 귀여운 일러스트를 실어 학습에 재미를 더했습니다.

일상생활에서 많이 사용되는 기본 인사 표현을 익힙니다.

발음을 들어볼 수 있습니다.

유튜브에서도 확인할 수 있습니다.

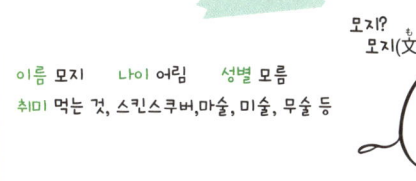

학습 도우미 ①
움짤로 학습하는 히라가나

귀여운 캐릭터 '모지'와 함께 움직이는 그림(움짤: *.gif)으로 쉽고 재미나게 히라가나를 학습할 수 있는 모바일 페이지를 제작하였습니다. QR코드를 스캔하여 접속해 보세요!

  [ne] 네

귀여운 캐릭터 '모지'와 함께 문자를 눈으로 익힙니다.

학습 도우미 ②
히라가나 오십음도 브로마이드
가타카나 오십음도 브로마이드

이미지를 연상하여 쉽게 암기할 수 있도록 각 글자에 최적화된 연상 일러스트를 한눈에 보여줍니다. 책상이나 냉장고 등 눈에 잘 띄는 곳에 붙여 놓고 쉽게 볼 수 있게 브로마이드를 제공합니다.

학습 도우미 ③
가나 쓰기 연습장

히라가나와 가타카나를 완벽하게 외우는 그날까지 열심히 써 보세요. 히라가나와 가타카나를 다 외우면 다락원 홈페이지에서 〈오십음도 완성하기 표.pdf〉를 다운로드 받아서 빈칸을 채워 보세요.

학습 포인트
각 UNIT에서 배우는 학습 포인트를 보기 쉽게 정리하였습니다.

실력확인
지난 과에서 학습한 내용을 잘 기억하고 있는지 점검해 보세요.

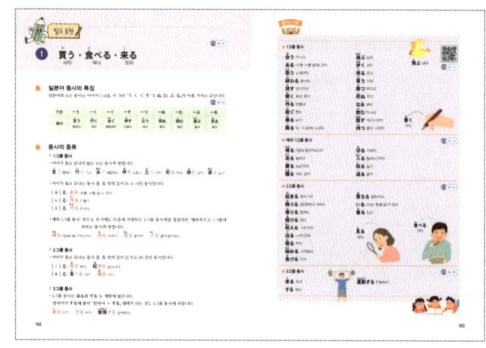

본문 회화에 나오는 표현을 중심으로 각 UNIT에서 꼭 알아두어야 할 내용을 자세한 설명과 예문으로 이해하기 쉽게 정리하였습니다. 함께 알아두면 좋은 팁과 플러스 어휘, 예문 속 외워야 할 단어를 보기 쉽게 정리하였습니다.

앞에서 학습한 필수 표현을 직접 연습해 볼 수 있게 구성하였습니다. 표현을 자신의 것으로 확실하게 만들고, 추가 어휘까지 함께 익힐 수 있습니다.

앞에서 학습한 표현과 어휘를 중심으로 구성된 회화문입니다. 회화문 음성은 느린 속도와 보통 속도로 구성하여 듣기와 말하기 연습에 도움이 될 수 있게 하였습니다. 회화문 해석은 옆에 위치하게 하여 문장의 의미를 바로 확인할 수 있게 하였습니다.

필수 표현에서 다룬 기본적인 학습 내용 이외에도 해당 회화문과 연계된 내용 중 부족한 설명을 보충하였습니다.

외우기 까다로운 동사 활용을 집중적으로 연습해 보세요.

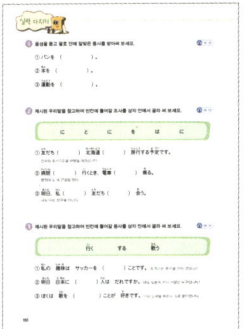

각 UNIT에서 공부한 내용을 문제를 풀면서 확인해 보세요.

본문과 관련된 일본 여행지를 소개합니다. 가벼운 마음으로 즐겨 주세요.

〈실력 쌓기〉와 〈실력 다지기〉의 정답, 해석, 스크립트를 실었습니다.

 일러두기

① 독학 학습자의 부담을 덜기 위하여 '일본어 문자와 발음'부터 'UNIT 07'까지는 한자를 사용하지 않았고, 가나 위에 한글로 독음을 표기하였습니다.

② 'UNIT 08'부터는 한자를 표기하고 한자 위에 히라가나로 해당 발음을 달았습니다. 한글 독음은 표기하지 않았습니다.

③ 한글 독음은 외래어 표기법을 따르지 않고 최대한 원어민 발음에 가깝게 표기하였습니다. 청음의 경우 어두와 무성화되는 음절은 거센소리, 기타 음절은 된소리로 표기하였습니다. 단, 예외가 있습니다.

④ 한글 독음에서 '-'는 일본어의 장음을 뜻하니 길게 발음해 주세요.

⑤ 일본어의 문장 구조에 대한 이해를 높이기 위하여 띄어쓰기를 하였습니다.

학습 도우미 ④
동영상 강의

〈일본어 문자와 발음〉과 각 UNIT 〈필수 표현〉의 동영상 강의를 시청할 수 있습니다. 이정희 선생님의 꼼꼼하고 자세한 설명을 들으면 혼자서도 문제없습니다. 스마트폰으로 QR코드를 스캔하거나 다락원 홈페이지 혹은 유튜브에 접속하여 『일본어 잘하고 싶을 땐 다락원 독학 첫걸음』을 검색해 주세요.

학습 도우미 ⑤
음성 | MP3

스마트폰
QR코드를 스캔하면 다락원 홈페이지의 본책 페이지로 바로 이동합니다. 'MP3 듣기' 버튼을 클릭합니다. 스마트폰으로 접속하면 회원 가입과 로그인 절차 없이 바로 MP3 파일을 듣거나 다운로드 받을 수 있습니다. 또한 콜롬북스 어플리케이션에서도 음성 파일을 들을 수 있습니다.

PC
다락원 홈페이지(www.darakwon.co.kr)에 접속하여 『일본어 잘하고 싶을 땐 다락원 독학 첫걸음』을 검색하면 자료실에서 MP3 파일을 듣거나 다운로드 받을 수 있습니다. 간단한 회원 가입 절차가 필요합니다.

학습 도우미 ⑥
목표 달성 챌린지 스티커

일본어 학습의 즐거움과 성취감을 높이기 위해 목표 달성 챌린지 스티커를 제공합니다.
스티커판은 책 앞표지 뒷면에, 스티커는 교재 뒷부분에 있습니다.
또한, 다락원 홈페이지 자료실에 준비된 〈58일 학습 계획표〉와 〈22일 학습 계획표〉를 함께 참고해 보세요.

학습 도우미 ⑦
미니북

본책에 나온 단어와 필수 회화, 기초 문법을
휴대하기 좋은 크기로 정리하였습니다.
출퇴근, 등하교 등 이동 시 활용해 주세요.

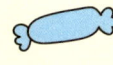
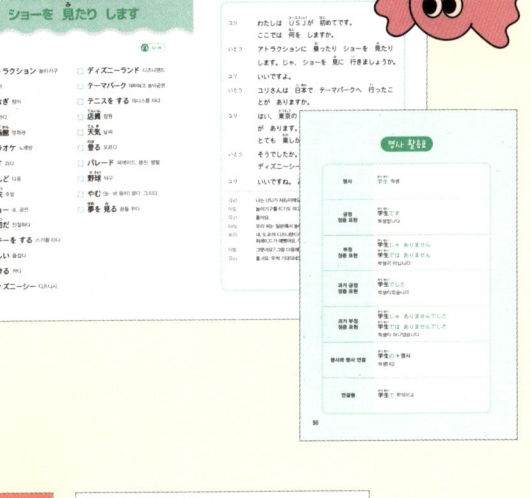

학습 도우미 ⑧
JLPT N5 실전모의고사

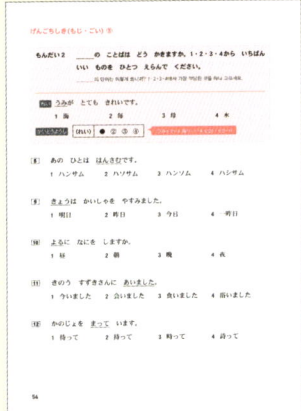

첫걸음 단계의 교재에서는 기본적으로 JLPT(일본어능력시험) N5 수준의 문법 및 표현, 어휘를
학습합니다. 본책의 학습이 다 끝난 뒤, 총 복습을 겸해 자신의 실력을 체크하고 일본어 학습 방향에
대한 계획을 세울 수 있도록 JLPT 수험서 분야 최다 판매 신화를 자랑하는 다락원에서 제공하는, 최신
기출 문제를 바탕으로 실제 시험과 똑같이 준비한 〈JLPT N5 실전모의고사〉 1회분을 풀어 보세요.

문제를 다 푼 뒤에는 다락원 홈페이지의 자료실에서 상세하게 정리한
〈JLPT N5 실전모의고사 해설 및 단어 정리.pdf〉를
다운로드 받아서 실력을 업그레이드하세요!

학습 도우미 ⑨
한자 쓰기 연습장 | PDF

본책 학습만으로는 조금 부족함을 느끼는 '열공족'을 위하여
다락원 홈페이지에서 〈한자 쓰기 연습장.pdf〉를 제공합니다.
각 UNIT별로 미리 알아 두면 좋은 한자 어휘를 정리하였습니다.
본격적인 일본어 학습에 필수불가결한 한자!
아직은 익숙하지 않지만 하나하나 따라 써 보면서 조금씩 친해져 보세요.

목차

여는 말 … 3
이 책의 구성과 특징 … 4

일본어 문자와 발음 히라가나와 가타카나 … 12
1 일본어 문자와 만나다
2 일본어 문자와 친해지길 바라!
3 히라가나 　(1) 청음　(2) 탁음과 반탁음　(3) 요음　(4) 촉음　(5) 발음　(6) 장음
4 가타카나
5 헷갈리기 쉬운 글자들
6 인사말

UNIT 01 はじめまして … 60
- 명사의 긍정 정중 표현
- 인칭 대명사
- 명사의 의문 정중 표현
- 명사의 부정 정중 표현

UNIT 02 これは なんですか … 72
- 사물 지시 대명사
- 조사 も, の의 용법
- 명사 수식 지시어
- 대체 명사 の의 용법

UNIT 03 きのうは やすみじゃ ありませんでした … 84
- 요일, 날, 해
- 숫자, 시간, 분
- 명사의 과거 정중 표현
- 명사의 과거 부정 정중 표현

UNIT 04 きょうは あついですね … 96
- い형용사
- い형용사의 긍정 정중 표현
- い형용사의 연결형(て형)
- い형용사의 부정 정중 표현

UNIT 05 ともだちは ハンサムで まじめです … 110
- な형용사의 기본형과 명사 수식형
- な형용사의 긍정 정중 표현
- な형용사의 연결형(で형)
- な형용사의 부정 정중 표현

UNIT 06 　きいろは ありますか　124
- 장소 지시 대명사
- 기본 조수사
- あります와 ありません
- 조수사(돈)

UNIT 07 　わたしには きょうだいが いません　138
- います와 いません
- 조수사(사람)
- 가족 호칭
- 열거 표현(〜や…など)

UNIT 08 　食べることが 大好きです　150
- 일본어 동사의 특징
- 조사 と, に의 용법
- 동사의 종류
- 동사의 명사 수식형

UNIT 09 　京都へ 行きます　164
- 동사의 긍정 정중 표현
- 동사의 과거 정중 표현
- 동사의 부정/과거 부정 정중 표현
- 동사의 희망 표현(〜たい)

UNIT 10 　雷門を 見て、浅草寺へ 行きます　178
- 동사의 연결형(て형)
- な형용사의 동사 수식형(〜に)
- 동사의 요구 표현(〜て ください)
- い형용사의 동사 수식형(〜く)

UNIT 11 　カレーを 食べて います　192
- 동사의 제안 표현(〜ましょう)
- 동사의 허가 표현(〜ても いいです)
- 동사의 진행 표현(〜て います)
- 동사의 금지 표현(〜ては いけません)

UNIT 12 　アトラクションに 乗ったり ショーを 見たり します　206
- 동사의 과거형(た형)
- 동작, 상태의 나열(〜たり 〜たり)
- 동사의 경험 표현(〜た ことが ある)
- 형용사의 과거 정중 표현

정답 및 스크립트　220

일본어 문자와 발음

히라가나와 가타카나

1. 일본어 문자와 만나다

일본어 문자는 크게 한글처럼 글자를 소리나는 대로 읽는 가나 문자와 우리에게 낯설지 않은 한자로 나뉩니다. 본격적으로 일본어 문자를 배우기 전에 가장 기본인 가나 문자를 우리말로 큰소리로 읽으면서 외워 봅시다. 세로 방향으로 "아이우에오, 카키쿠케코……" 이렇게요.

가로 줄(단)은 자음에 따라 문자를 분류하는 것을 말합니다.

첫 번째 가로 줄(단)은 아a, 카ka, 사sa, 타ta, 나na, 하ha, 마ma, 야ya, 라ra, 와wa로 대장 글자인 모음 '아a'를 품고 있습니다. '아'를 제외한 나머지 아홉 글자는 '자음+모음'의 형태입니다. 즉, 각 단의 자음은 대장 글자인 모음 '아, 이, 우, 에, 오'를 품고 있습니다.

아 a	카 ka	사 sa	타 ta	나 na	하 ha	마 ma	야 ya	라 ra	와 wa
이 i	키 ki	시 shi	치 chi	니 ni	히 hi	미 mi		리 ri	
우 u	쿠 ku	스 su	츠 tsu	누 nu	후 fu	무 mu	유 yu	루 ru	오 o
에 e	케 ke	세 se	테 te	네 ne	헤 he	메 me		레 re	
오 o	코 ko	소 so	토 to	노 no	호 ho	모 mo	요 yo	로 ro	응 n

세로 줄(행)의 아, 이, 우, 에, 오 다섯 글자가 일본어의 모음입니다.

행은 자음에 따라 문자가 분류되며, 아a행, 카ka행, 사sa행, 타ta행, 나na행, 하ha행, 마ma행, 야ya행, 라ra행, 와wa행으로 나뉩니다.

'응(n)'은 본디 오십음도에 포함되지 않지만 편의상 오십음도에 넣습니다.

우리말의 받침처럼 일본어에서 받침 역할을 합니다.

아이들의 우애가 오래오래 변치 않기를!

이렇게 가나 문자는 총 마흔여섯 글자입니다.

가나를 외울 때 핵심은 아[a]로 시작하는 첫 번째 세로 줄(행)과 가로 줄(단)입니다. 첫 번째 세로 줄인 아 행은 모음만 다섯 글자라서 비교적 외우기 쉽습니다.
아이우에오를 이렇게 외워 보세요.

첫 번째 가로줄 아 단, 즉 아카사타나하마야라와는 '아[a]'를 포함해 열 글자나 되기 때문에 외우기가 까다롭습니다. 만화와 함께 아 단을 쉽게 외워 봅시다. 아 단을 정확히 외워 두면 '동사 활용'과 같은 앞으로의 학습에 많은 도움이 됩니다.

영어 알파벳에 대문자와 소문자가 있듯이, 역할은 다르지만 일본어 가나 문자에는 히라가나와 가타카나가 있습니다. 영어의 대문자와 소문자가 생김새는 다르지만 문자 개수나 발음이 같듯이, 일본어의 히라가나와 가타카나도 생김새와 쓰임새는 다르지만 문자 개수와 발음은 같습니다. 즉, 지금까지 우리말로 공부하고 외운 일본어 가나 문자는 히라가나뿐 아니라 가타카나에도 똑같이 적용됩니다.

2. 일본어 문자와 친해지길 바라!

일본어 문자는 히라가나(ひらがな), 가타카나(カタカナ), 한자(漢字)의 세 종류로 이루어져 있습니다. 그리고 일본어 문자의 발음을 표기하거나 외국인도 일본어를 읽기 쉽게 하기 위하여 로마자를 대신 사용하기도 합니다.

히라가나(ひらがな)

히라가나는 일본어를 읽고 쓸 때 가장 많이 사용되는 대표 문자입니다. 한국어를 공부할 때 가장 먼저 한글을 외워야만 그 다음 과정으로 넘어갈 수 있듯이, 일본어도 히라가나를 제대로 외워야만 다음 단계의 학습이 가능합니다. 히라가나는 한자의 초서체를 바탕으로 만들어졌으며, 각지지 않은 곡선 모양의 글자가 많습니다.

→ あ단
→ あ행

あ a	か ka	さ sa	た ta	な na	は ha	ま ma	や ya	ら ra	わ wa
い i	き ki	し shi	ち chi	に ni	ひ hi	み mi		り ri	
う u	く ku	す su	つ tsu	ぬ nu	ふ fu	む mu	ゆ yu	る ru	を o
え e	け ke	せ se	て te	ね ne	へ he	め me		れ re	
お o	こ ko	そ so	と to	の no	ほ ho	も mo	よ yo	ろ ro	ん n

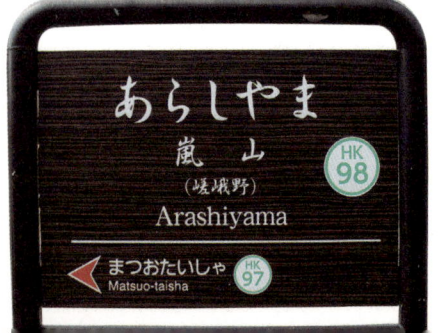

가타카나(**カタカナ**)

가타카나는 히라가나에 비해 쓰임이 한정적입니다. 나라명, 지명, 인명 등 외래어를 표기할 때 주로 사용되며, 동식물명이나 의성어·의태어, 또 특별히 강조하고 싶은 표현을 나타낼 때 사용됩니다. 가타카나는 각진 직선 모양의 글자가 많습니다. 또한 히라가나에 비해 비교적 획순이 적고 간단합니다.

→ ア단
↓ ア행

ア a	カ ka	サ sa	タ ta	ナ na	ハ ha	マ ma	ヤ ya	ラ ra	ワ wa
イ i	キ ki	シ shi	チ chi	ニ ni	ヒ hi	ミ mi		リ ri	
ウ u	ク ku	ス su	ツ tsu	ヌ nu	フ fu	ム mu	ユ yu	ル ru	ヲ o
エ e	ケ ke	セ se	テ te	ネ ne	ヘ he	メ me		レ re	
オ o	コ ko	ソ so	ト to	ノ no	ホ ho	モ mo	ヨ yo	ロ ro	ン n

한자(**漢字**)

일본도 우리나라와 마찬가지로 중국에서 건너온 한자를 사용하는 한자문화권입니다. 단, 우리나라에서는 한자를 음으로만 읽지만, 일본에서는 음으로 읽는 음독(音読), 일본 고유의 뜻을 살려 읽는 훈독(訓読) 두 가지 방법으로 읽습니다. 읽는 방법에 따라 그 의미도 달라지므로 각 단어마다 잘 알아두어야 합니다. 현대 일본어에서는 2,136자의 상용한자를 제정하여 한자 사용의 기준으로 삼고 있습니다.

月 달 월

음독	げつ	月曜日(げつようび) 월요일
	がつ	一月(いちがつ) 1월
훈독	つき	月(つき) 달

3. 히라가나

그림과 그 위에 그려 넣은 히라가나를 잘 매칭시킨 후, 해당 그림 전체를 연상하면 글자를 쉽게 암기할 수 있습니다.

아야! あ	입 다문 더할 가 か	사랑해 이리 와 さ	 빨리 타 た	나무꾼의 기도 な
오이 고추 い	기모노 き	낚시 し	건치 ち	니모 に
흘려쓴 우 う	쿠션 く	스프링 인형 す	부츠 つ	누런 이빨 물고기 ぬ
이크 에크~ え	게 け	세상 세 せ	스카치 테이프 て	고양이는 네꼬 ね
오 마이 갓! お	코끼리 코 こ	소시지 케첩 そ	토끼 と	노란 콩나물 の

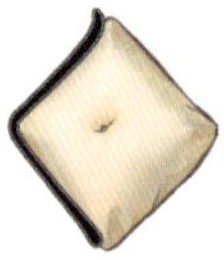

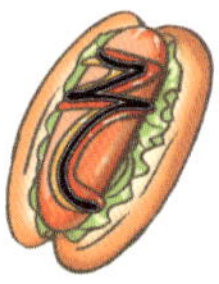

일본어 문자를 읽는 발음에는 일곱 종류가 있습니다. 대표적인 발음은 청음(淸音)입니다. 앞에서 배운 일본어 문자의 기본인 46개의 문자 대부분이 청음으로 발음됩니다. 그리고 탁한 발음이라고 할 수 있는 탁음(濁音)과 반탁음(半濁音)이 있으며 그 외에 요음(拗音), 촉음(促音), 발음(撥音), 장음(長音)이 있습니다.

H+a = 하 は	마녀 ま	야자수와 새 や	라면 ら	와! 놀랍다 わ
히히히 ひ	미운 오리 새끼 み		리본 り	
후드 ふ	무릎 꿇고 주먹 불끈 む	2(ư)+J=유(EJU) ゆ	꼬리 만 캥거루 る	치시오(ち+ C=を) を
해 뜨는 산 へ	매 맞는 물고기 め		레디! れ	
호호호 ほ	털 빠진 모 も	요가 よ	세잎클로버 ろ	응원 ん

(1) 청음(せいおん 清音)

📌 소리를 내어 읽고, 필순에 따라 써 보세요.

あ행 あ행은 [아], [이], [우], [에], [오]와 비슷하게 발음합니다. 다만 う는 입술을 너무 동그랗게 모으지 않고 편안히 한 상태에서 우리말의 [우] 발음을 해야 합니다.

 00-01

あ	い	う	え	お
a	i	u	e	o
あ　あ	い　い	う　う	え　え	お　お

か행 か행은 자음 [k]와 모음이 결합된 행으로, 일본어에서 [k]는 그다지 강하게 발음하지 않습니다. 우리말의 [카], [키], [쿠], [케], [코]를 약하게 발음합니다. 따라서 [g] 음인 [가], [기], [구], [게], [고]로 표기하기도 합니다. か행의 음이 단어의 중간이나 끝에 오면 보통은 [까], [끼], [꾸], [께], [꼬]로 발음합니다. く는 입술을 동그랗게 모으지 않은 채 발음합니다.

 00-02

か	き	く	け	こ
ka	ki	ku	ke	ko
か　か	き　き	く　く	け　け	こ　こ

📌 단어의 뜻을 생각하며 따라 써 보세요.

いえ　　あお　　いか

 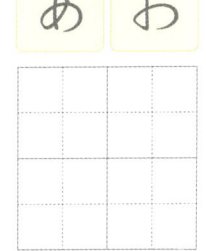 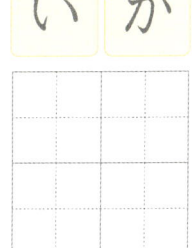

いけ　　えき　　くうこう

📌 음성을 잘 듣고 빈칸에 알맞은 히라가나를 써 보세요.

📌 소리를 내어 읽고, 필순에 따라 써 보세요.

さ행

さ행은 [사], [시], [스], [세], [소]와 비슷하게 발음합니다.
다만 す는 입술을 너무 동그랗게 모으지 않은 상태로 발음합니다.

 00-05

さ	し	す	せ	そ
sa	shi	su	se	so
さ　さ	し　し	す　す	せ　せ	そ　そ

た행

た행의 た, て, と는 [타], [테], [토]를 조금 약하게 발음합니다. 따라서 [다], [데], [도]라고 표기하는 경우도 있습니다. ち는 [치], つ는 [츠]와 비슷하게 발음합니다. た행의 음이 단어의 중간이나 끝에 오면 보통은 [따], [찌], [쯔], [떼], [또]에 가깝게 발음합니다.

 00-06

た	ち	つ	て	と
ta	chi	tsu	te	to
た　た	ち　ち	つ　つ	て　て	と　と

🖈 소리를 내어 읽고, 필순에 따라 써 보세요.

な행

な행은 [나], [니], [누], [네], [노]와 비슷하게 발음합니다.
ぬ는 입술을 동그랗게 모으지 않은 채 발음합니다.

 00-09

な	に	ぬ	ね	の
na	ni	nu	ne	no
な　な	に　に	ぬ　ぬ	ね　ね	の　の

は행

は행은 [하], [히], [후], [헤], [호]와 비슷하게 발음합니다.
ふ는 입술을 동그랗게 모으지 않은 채 발음합니다.

 00-10

は	ひ	ふ	へ	ほ
ha	hi	fu	he	ho
は　は	ひ　ひ	ふ　ふ	へ　へ	ほ　ほ

📌 단어의 뜻을 생각하며 따라 써 보세요. 🎧 00-11

꽃 / はな

배 / ふね

불꽃 / ほのお

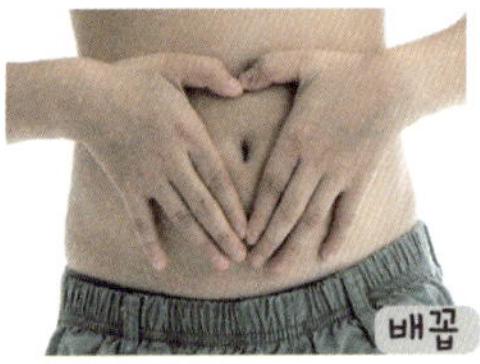

배꼽 / へそ

개 두 마리 / いぬ に ひき

📌 음성을 잘 듣고 빈칸에 알맞은 히라가나를 써 보세요. 🎧 00-12

고양이 / □こ

별 / □し

🖈 소리를 내어 읽고, 필순에 따라 써 보세요.

ま행

ま행은 [마], [미], [무], [메], [모]와 비슷하게 발음합니다.
む는 입술을 동그랗게 모으지 않은 채 발음합니다.

🎧 00-13

ま	み	む	め	も
ma	mi	mu	me	mo
ま　ま	み　み	む　む	め　め	も　も

や행

や행은 반모음으로 [야], [유], [요]와 발음이 비슷합니다.
や는 [i+a], ゆ는 [i+u], よ는 [i+o]로, 모두 기본 모음 두 개가 합쳐진 반모음입니다.

🎧 00-14

や	ゆ	よ
ya	yu	yo
や　や	ゆ　ゆ	よ　よ

🔖 소리를 내어 읽고, 필순에 따라 써 보세요.

ら행

ら행은 [라], [리], [루], [레], [로]와 발음이 비슷합니다.
る는 입술을 동그랗게 모으지 않은 채 발음합니다.

🎧 00-17

ra	ri	ru	re	ro
ら ら	り り	る る	れ れ	ろ ろ

わ・を・ん

わ는 [u+a]로, 기본 모음 두 개가 합쳐진 반모음입니다. [오]라고 발음하는 を는 あ행의 お와 발음이 거의 같습니다. 다만 を는 '～을/를'이라는 뜻의 목적격 조사로만 사용됩니다. ん은 우리나라의 받침과 비슷한 역할을 합니다. 다른 글자 뒤에 붙어 [-ㄴ], [-ㅁ], [-ㅇ] 등으로 발음됩니다.

🎧 00-18

wa	o	n
わ わ	を を	ん ん

📌 단어의 뜻을 생각하며 따라 써 보세요.　🎧 00-19

호랑이 | 다람쥐 | 제비꽃

とら 　　りす 　　すみれ

밤 | 강 | 서점

よる 　　かわ 　　ほんや

📌 음성을 잘 듣고 빈칸에 알맞은 히라가나를 써 보세요.　🎧 00-20

벚꽃　　책을 읽다

さく  □　　ほん □　よむ

(2) 탁음(濁音)과 반탁음(半濁音)

글자의 오른쪽 위에 탁점(゛)을 붙인 글자를 탁음이라고 하고, 반탁점(゜)을 붙인 글자를 반탁음이라고 합니다. 탁점이나 반탁점이 붙으면 글자의 발음이 달라집니다. 탁점을 붙일 수 있는 글자는 か행, さ행, た행, は행으로 한정되며, 반탁점을 붙일 수 있는 글자는 は행뿐입니다.

탁음				반탁음
が	ざ	だ	ば	ぱ
ga	za	da	ba	pa
ぎ	じ	ぢ	び	ぴ
gi	ji	ji	bi	pi
ぐ	ず	づ	ぶ	ぷ
gu	zu	zu	bu	pu
げ	ぜ	で	べ	ぺ
ge	ze	de	be	pe
ご	ぞ	ど	ぼ	ぽ
go	zo	do	bo	po

🔖 소리를 내어 읽고, 필순에 따라 써 보세요.

が행

が행은 [가], [기], [구], [게], [고]와 발음이 비슷합니다.
ぐ는 입술을 동그랗게 모으지 않은 채 발음합니다.

🎧 00-26

が	ぎ	ぐ	げ	ご
ga	gi	gu	ge	go
が が	ぎ ぎ	ぐ ぐ	げ げ	ご ご

ざ행

ざ행은 영어의 [z]와 발음이 비슷합니다.
ず는 입술을 동그랗게 모으지 않은 채 발음합니다.

🎧 00-27

ざ	じ	ず	ぜ	ぞ
za	ji	zu	ze	zo
ざ ざ	じ じ	ず ず	ぜ ぜ	ぞ ぞ

だ행

だ행의 だ, で, ど는 영어의 [d]와 발음이 비슷합니다.
ぢ와 づ는 각 じ, ず와 발음이 비슷한데, 현대 일본어에서는 거의 사용하지 않습니다.

🎧 00-28

だ	ぢ	づ	で	ど
da	ji	zu	de	do
だ だ	ぢ ぢ	づ づ	で で	ど ど

ば행

ば행은 [바], [비], [부], [베], [보]와 비슷하게 발음합니다.
ぶ는 입술을 동그랗게 모으지 않은 채 발음합니다.

🎧 00-29

ば	び	ぶ	べ	ぼ
ba	bi	bu	be	bo
ば ば	び び	ぶ ぶ	べ べ	ぼ ぼ

ぱ행

ぱ행은 [파], [피], [푸], [페], [포]에 가깝게 발음합니다.
다만 단어의 중간이나 끝에 오면 [빠], [삐], [뿌], [뻬], [뽀]와 비슷하게 발음합니다.
ぷ는 입술을 동그랗게 모으지 않은 채 발음합니다.

🎧 00-30

ぱ	ぴ	ぷ	ぺ	ぽ
pa	pi	pu	pe	po
ぱ ぱ	ぴ ぴ	ぷ ぷ	ぺ ぺ	ぽ ぽ

(3) 요음(拗音)

📌 소리를 내어 읽고, 따라 써 보세요.

요음은 반모음인 や, ゆ, よ를 작게 써서 붙여 만든 글자를 말합니다. 요음을 만들 수 있는 글자는 い와 거의 사용하지 않는 ぢ를 제외한 い단, 즉 「き・し・ち・に・ひ・み・り・ぎ・じ・び・ぴ」입니다. 요음은 두 글자이지만 한 글자, 한 음절로 취급하여 발음합니다. 예를 들어 「きや」는 두 글자이므로 '키야(kiya)' 라고 읽지만, や를 작게 써서 요음으로 만든 「きゃ」는 '캬(kya)'라고 읽습니다.

🎧 00-31

きゃ kya	きゃ	きゅ kyu	きゅ	きょ kyo	きょ
しゃ sha	しゃ	しゅ shu	しゅ	しょ sho	しょ
ちゃ cha	ちゃ	ちゅ chu	ちゅ	ちょ cho	ちょ
にゃ nya	にゃ	にゅ nyu	にゅ	にょ nyo	にょ
ひゃ hya	ひゃ	ひゅ hyu	ひゅ	ひょ hyo	ひょ
みゃ mya	みゃ	みゅ myu	みゅ	みょ myo	みょ
りゃ rya	りゃ	りゅ ryu	りゅ	りょ ryo	りょ
ぎゃ gya	ぎゃ	ぎゅ gyu	ぎゅ	ぎょ gyo	ぎょ
じゃ ja	じゃ	じゅ ju	じゅ	じょ jo	じょ
びゃ bya	びゃ	びゅ byu	びゅ	びょ byo	びょ
ぴゃ pya	ぴゃ	ぴゅ pyu	ぴゅ	ぴょ pyo	ぴょ

※ 가타카나의 요음은 '가나 쓰기 연습장'에서 연습해 주세요.

 정확하게 발음합시다!

🎧 00-32

미용실에서 일하는 줄 알았는데 병원에서 일해요.

びょういん
미용실

びょういん
병원

🎧 00-33

おもちゃ
장난감

おもちゃ
떡가게

떡 가게에 다녀오랬더니, 장난감을 사 왔어요.

🎧 00-34

じゅうに
자유롭게

じゅうにこ
열두 개

(4) 촉음(促音)

か행, ぱ행, さ행·た행 앞에 つ를 작게 표기한 っ를 촉음이라고 합니다. 우리말의 받침과 비슷한 역할을 하는 것으로 뒤에 오는 음에 따라 [-ㄱ], [-ㅂ], [-ㅅ]으로 발음합니다. 요음과 달리 っ는 한 박자로 발음합니다.

① [ㄱ] 받침으로 발음되는 경우

っ가 か행「か·き·く·け·こ」앞에 올 때

ほっかいどう 홋카이도〈지명〉   にっき 일기

② [ㅂ] 받침으로 발음되는 경우

っ가 ぱ행「ぱ·ぴ·ぷ·ぺ·ぽ」앞에 올 때

いっぱい 가득   しっぽ 꼬리

③ [ㅅ] 받침으로 발음되는 경우

っ가 さ행「さ·し·す·せ·そ」와 た행「た·ち·つ·て·と」앞에 올 때

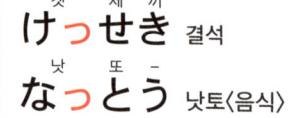 
けっせき 결석   ざっし 잡지
なっとう 낫토〈음식〉   しっと 질투

ねこ
고양이

ねっこ
나무 뿌리

고양이가 나무 뿌리를 파고 있어!

まっくら
아주 캄캄함

まくら
베개

아주 캄캄한 곳에서
베개를 찾고 있으려니 베개가 보이질 않아요.

さっか
작가

さか
언덕

언덕을 오르는 것이
글 쓰는 것보다 힘들어요!

(5) 발음(撥音)

발음은 ん을 말합니다. 촉음 っ와 마찬가지로 우리말의 받침과 비슷한 역할을 하는데 뒤에 오는 글자에 따라 [-ㄴ], [-ㅁ], [-ㅇ], [ㄴ과 ㅇ의 중간 소리]로 발음합니다. ん은 한 박자로 발음합니다.

① [ㄴ] 받침으로 발음되는 경우

ん이 さ행, ざ행, た행, だ행, な행, ら행 앞에 올 때

> さんそ (산소) 산소   かんじ (칸지) 한자   かんたん (칸딴) 간단(함)
> もんだい (몬다이) 문제   あんない (안나이) 안내   しんらい (신라이) 신뢰

② [ㅁ] 받침으로 발음되는 경우

ん이 ま행, ば행, ぱ행 앞에 올 때

> さんま (삼마) 꽁치   どんぶり (돔부리) 덮밥   かんぱい (캄빠이) 건배

③ [ㅇ] 받침으로 발음되는 경우

ん이 か행, が행 앞에 올 때

> でんき (뎅끼) 전기, 불   まんが (망가) 만화

④ [ㄴ]과 [ㅇ]의 중간 소리로 발음되는 경우

ん이 あ행, は행, や행, わ행 앞에 올 때와 ん으로 끝날 때

> まんいん (망잉) 만원, 꽉 참   ほんや (홍야) 책방, 서점
> でんわ (뎅와) 전화   おでん (오뎅) 어묵

 정확하게 발음합시다!

 00-45

かんじ
한자

もんだい
문제

かんぱい
건배

ほんや
책방, 서점

でんわ
전화

さんま
꽁치

まんが
만화

おでん
어묵

(6) 장음(長音)

장음은 각 단의 글자 뒤에 모음인 あ, い, う, え, お가 오면, 앞 글자를 두 박자로 길게 발음하는 것을 말합니다.

① あ단의 장음

あ단 글자 뒤에 あ가 오면 あ단 글자를 길게 읽습니다.

> 오까─상　　　　　　　　오바─상
> おかあさん 어머니　　おばあさん 할머니

② い단의 장음

い단 글자 뒤에 い가 오면 い단 글자를 길게 읽습니다.

> 오니─상　　　　　　　　오지─상
> おにいさん 오빠, 형　　おじいさん 할아버지

③ う단의 장음

う단 글자 뒤에 う가 오면 う단 글자를 길게 읽습니다.

> 쿠─끼　　　　　　　후─셍
> くうき 공기　　　　ふうせん 풍선

④ え단의 장음

え단 글자 뒤에 え나 い가 오면 え단 글자를 길게 읽습니다.

> 오네─상　　　　　　　　　센세─
> おねえさん 언니, 누나　　せんせい 선생(님)

⑤ お단의 장음

お단 글자 뒤에 お나 う가 오면 お단 글자를 길게 읽습니다.

> 토─이　　　　　호─　　　　　도─로
> とおい 멀다　　ほお 뺨, 볼　　どうろ 도로

⑥ 가타카나의 장음

부호 「ー」를 사용해서 나타냅니다.

> 코─라　　　　　　비─루　　　　　케─끼
> コーラ 콜라　　　ビール 맥주　　　ケーキ 케이크

쉬어가는 코너

그림을 보고 단어 속에 숨은 글자를 찾아 봅시다. 🎧 00-52

とらっく
트럭

すいか
수박

たいや
타이어

れいぞうこ
냉장고

かいだん
계단

🎧 00-53

いか 오징어　とら 호랑이　たい 도미　ぞう 코끼리　かい 조개

4. 가타카나

 아령 ア	 히라가나 카 カ	 사시미 サ	 타조 タ	 나비 ナ
 이쑤시개 イ	 히라가나 키 キ	 시를 쓰다 シ	 날치 チ	 히라가나 니 ニ
 우산 ウ	 쿠폰 ク	 스케이트 ス	 캐스터네츠 ツ	 카누 ヌ
 에어로빅 エ	 케이블카 ケ	 히라가나 세 セ	 테이블 テ	 최씨네 ネ
 오르골 オ	 코 コ	 소프트콘 ソ	 토 ト	 노래 ノ

🎵 소리를 내어 읽고, 필순에 따라 써 보세요.

ア행

🎧 00-54

ア	イ	ウ	エ	オ
a	i	u	e	o
ア　ア	イ　イ	ウ　ウ	エ　エ	オ　オ

カ행

🎧 00-55

カ	キ	ク	ケ	コ
ka	ki	ku	ke	ko
カ　カ	キ　キ	ク　ク	ケ　ケ	コ　コ

🔖 소리를 내어 읽고, 필순에 따라 써 보세요.

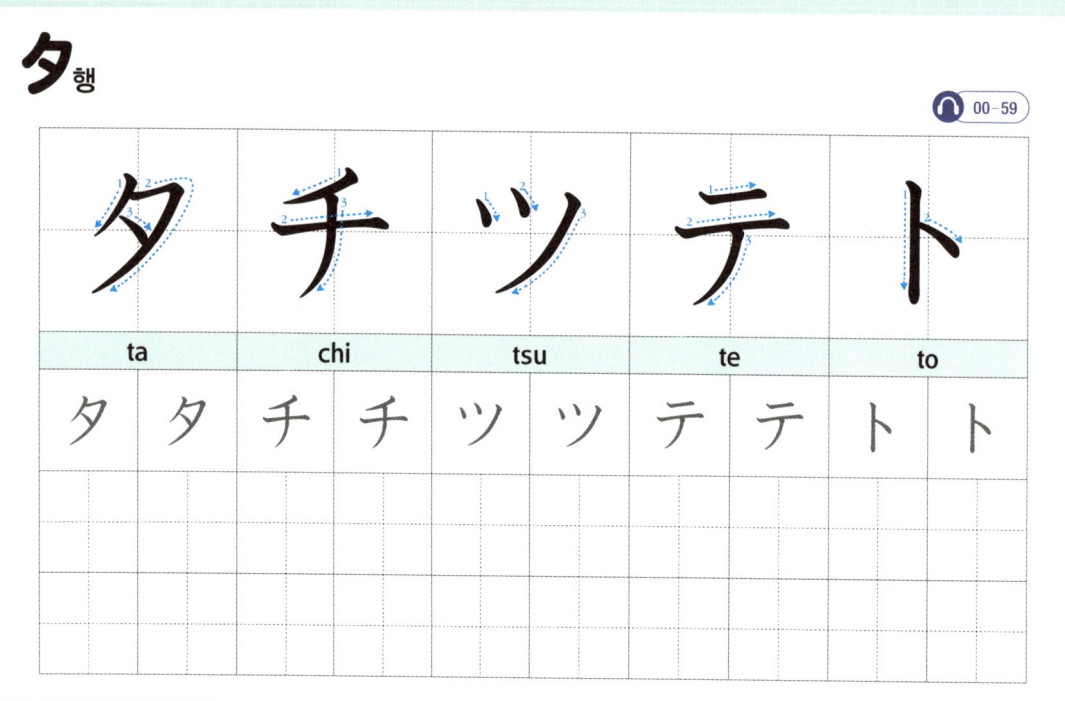

🔖 소리를 내어 읽고, 필순에 따라 써 보세요.

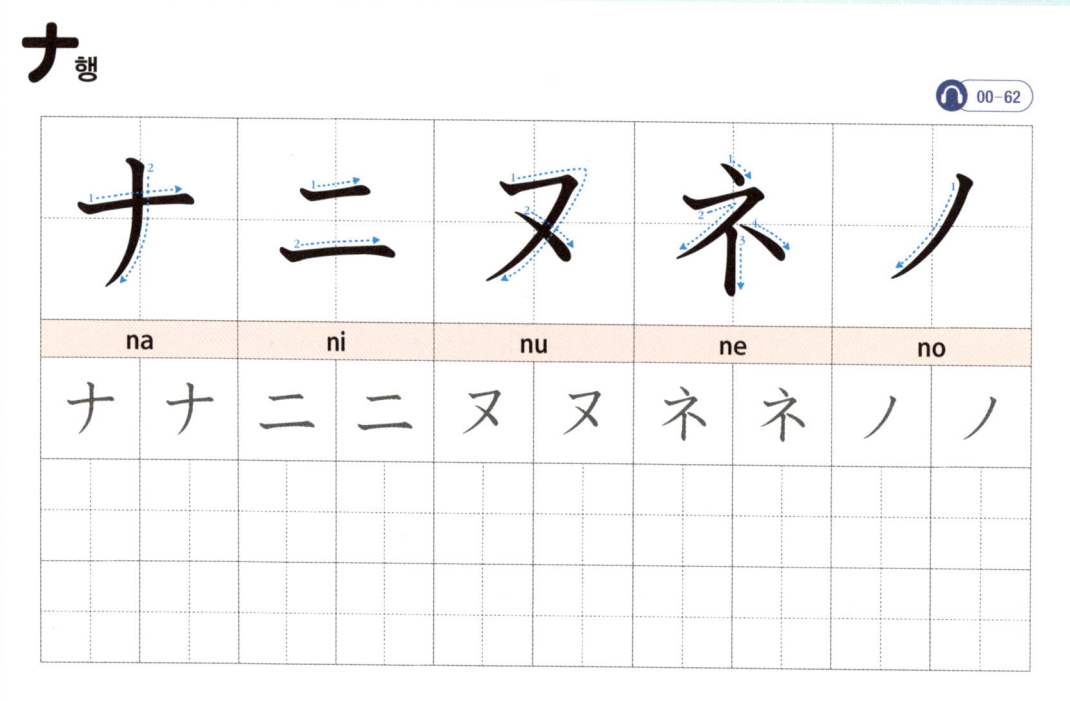

📌 소리를 내어 읽고, 필순에 따라 써 보세요.

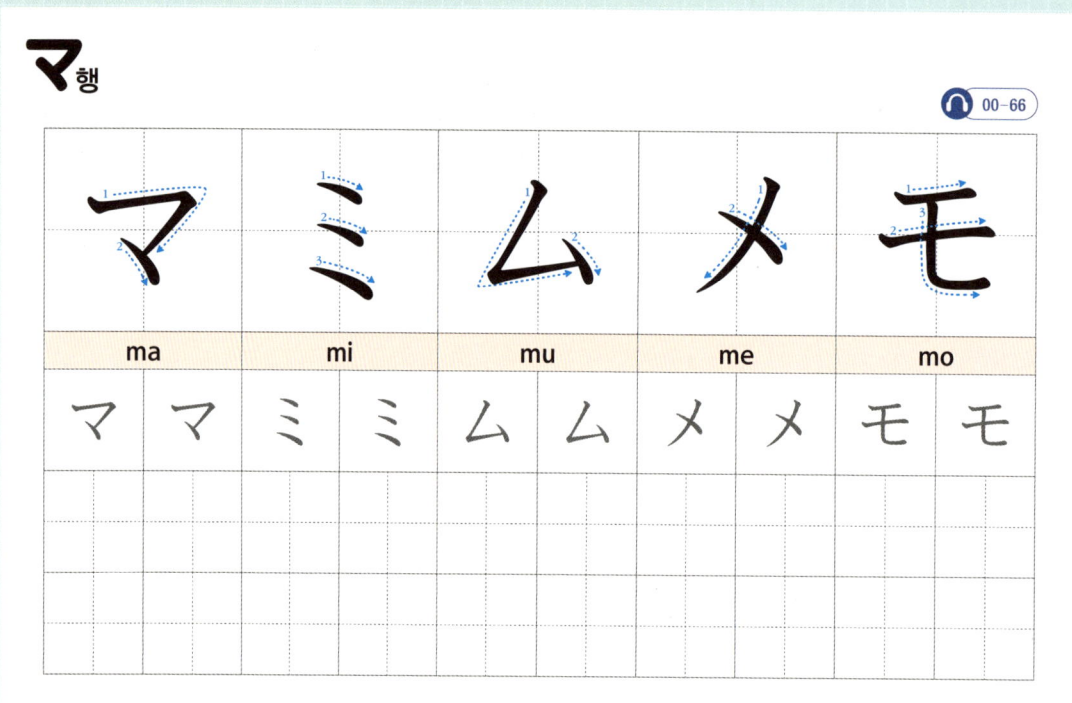

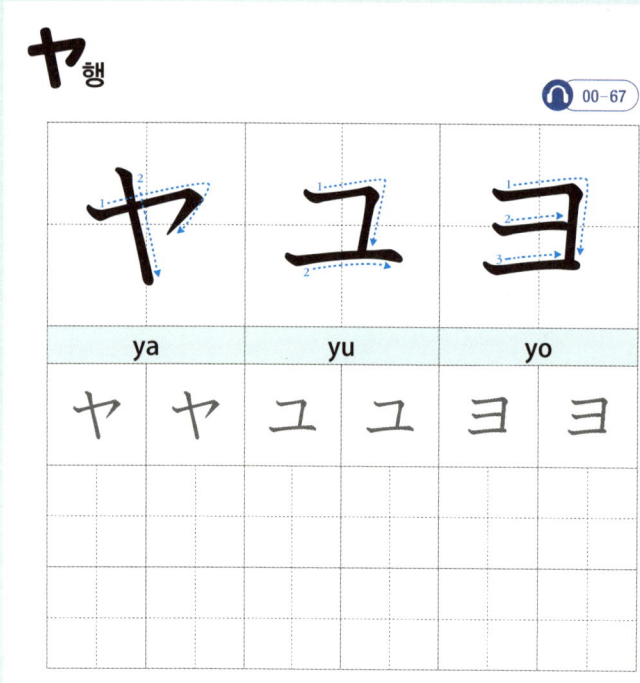

📌 소리를 내어 읽고, 필순에 따라 써 보세요.

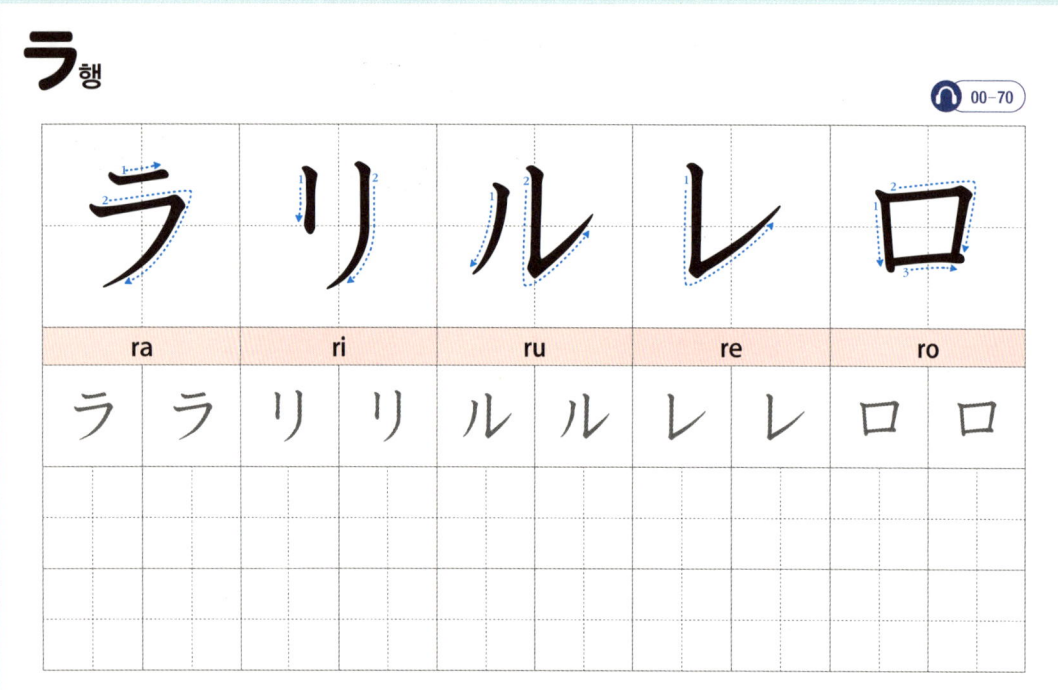

📌 단어의 뜻을 생각하며 따라 써 보세요. 🎧 00-72

📌 음성을 잘 듣고 빈칸에 알맞은 가타카나를 써 보세요. 🎧 00-73
단어와 맞는 사진을 선으로 연결해 보세요.

5. 헷갈리기 쉬운 글자들

あ　お	あ와 お는 둘 다 3획이지만, 두 번째 획과 세 번째 획이 확연히 다릅니다.
い　り	い는 왼쪽 획이 오른쪽 획보다 깁니다. り는 오른쪽 획이 왼쪽 획보다 길며 두 획 다 위에서 아래로 곧게 내려옵니다.
く　し	く는 오른쪽이 큰 부등호 모양(〈)입니다. し는 우리말의 'ㄴ' 모양과 비슷합니다.
き　さ　ち	き가 さ에 비해 가로 획이 하나 더 많습니다. ち는 두 번째 획이 내려오는 방향이 さ와 반대입니다.
こ　た　に	た와 に에는 こ가 들어 있습니다.
ぬ　め	ぬ는 두 번째 획을 돌려서 매듭을 만듭니다. め는 두 번째 획으로 매듭을 만들지 않고 안으로 둥글게 굴려 줍니다.
は　ほ	は는 총 3획으로 윗부분이 열려 있습니다. ほ는 총 4획으로 윗부분이 닫혀 있습니다.
ね　れ　わ	ね는 마지막 획을 돌려서 매듭을 만듭니다. れ는 마지막 획을 밖으로 꺾어서 빼 줍니다. わ는 마지막 획을 안으로 둥글게 굴려 줍니다.
る　ろ	る는 끝 부분을 둥글게 말아 올려 매듭을 만듭니다. ろ는 끝 부분을 매듭 없이 짧게 끝냅니다.

ア	マ		ア는 두 번째 획의 길이가 길게 쭉 내려옵니다. マ는 두 번째 획의 길이가 짧습니다.
ウ	ワ		ウ는 위에 꼭지가 달려 있습니다. ワ는 위에 꼭지가 없이 2획입니다.
ク	ワ		ク는 ワ에 비해 폭이 좁고 약간 기울어져 있습니다. ワ는 ク에 비해 폭이 넓습니다.
コ	ユ	ヨ	コ는 한글의 'ㄷ'을 거울에 비춘 모양입니다. ユ는 마지막 획의 길이가 コ에 비해 깁니다. ヨ는 한글의 'ㅌ'을 거울에 비춘 모양입니다.
シ	ツ		シ는 세 번째 획을 밑에서 위로 올려 씁니다. ツ는 세 번째 획을 위에서 밑으로 내려 씁니다.
ス	ヌ		ス는 한글의 'ス'과 모양이 비슷합니다. ヌ는 두 번째 획이 첫 번째 획을 통과합니다.
セ	ヤ		セ는 두 번째 획을 직각으로 구부려줍니다. ヤ는 두 번째 획을 직선으로 비스듬하게 내려 줍니다.
ソ	ン		ソ는 두 번째 획을 위에서 밑으로 내려 씁니다. ン는 두 번째 획을 밑에서 위로 올려 씁니다.
テ	ラ		テ는 총 3획이며, 세 번째 획이 두 번째 획의 중앙 지점에서 내려옵니다. ラ는 총 2획입니다.
こ	ニ		히라가나 こ는 부드러운 곡선형입니다. 가타카나 ニ는 딱딱한 직선형입니다. 한자 '二(두 이)'와 비슷하게 생겼습니다.

6. 인사말

● 만났을 때

🎧 00-74

^{오 하 요 -}
おはよう。
안녕.〈아침 인사〉

^{오 하 요 - 고 자 이 마 스}
おはようございます。
안녕하세요.〈아침 인사〉

🎧 00-75

^{콘 니 찌 와}
こんにちは。
안녕하세요.〈점심 인사〉

^{콘 니 찌 와}
こんにちは。
안녕.〈점심 인사〉

🎧 00-76

^{콤 방 와}
こんばんは。
안녕하세요.〈저녁 인사〉

^{콤 방 와}
こんばんは。
안녕.〈저녁 인사〉

헤어질 때

^{쟈 - 네}
じゃあね。
잘 가!

^{마 따   아 시 따}
また あした。
내일 봐!

^{바 이 바 이}
バイバイ。
바이바이!

^{오 사 끼 니   시 쯔 레 - 시 마 스}
おさきに しつれいします。
먼저 실례하겠습니다.

^{오 쯔 까 레 사 마 데 시 따}
おつかれさまでした。
수고하셨습니다.

^{오 야 스 미}
おやすみ。
잘 자.

^{오 야 스 미 나 사 이}
おやすみなさい。
안녕히 주무세요.

고마움·미안함을 전할 때

_{아 리 가 또 - 고 자 이 마 스}
ありがとうございます。
고맙습니다.

_{도 - 이 따 시 마 시 떼}
どういたしまして。
뭘요.

_{스 미 마 셍}
すみません。
죄송합니다.

_{다 이 죠 - 부 데 스}
だいじょうぶです。
괜찮습니다.

_{이 따 다 끼 마 스}
いただきます。
잘 먹겠습니다.

_{고 찌소 - 사 마 데 시 따}
ごちそうさまでした。
잘 먹었습니다.

마중·배웅할 때

^{잇 떼 키 마 스}
いってきます。
다녀오겠습니다.

^{잇 떼 랏 샤 이}
いってらっしゃい。
잘 다녀와(잘 다녀오세요).

^{타 다 이 마}
ただいま。
다녀왔습니다.

^{오 까 에 리 나 사 이}
おかえりなさい。
잘 다녀왔어요?

^{이 랏 샤 이 마 세}
いらっしゃいませ。
어서 오세요.

UNIT 01

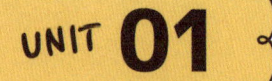

はじめまして
하지메마시떼

처음 뵙겠습니다

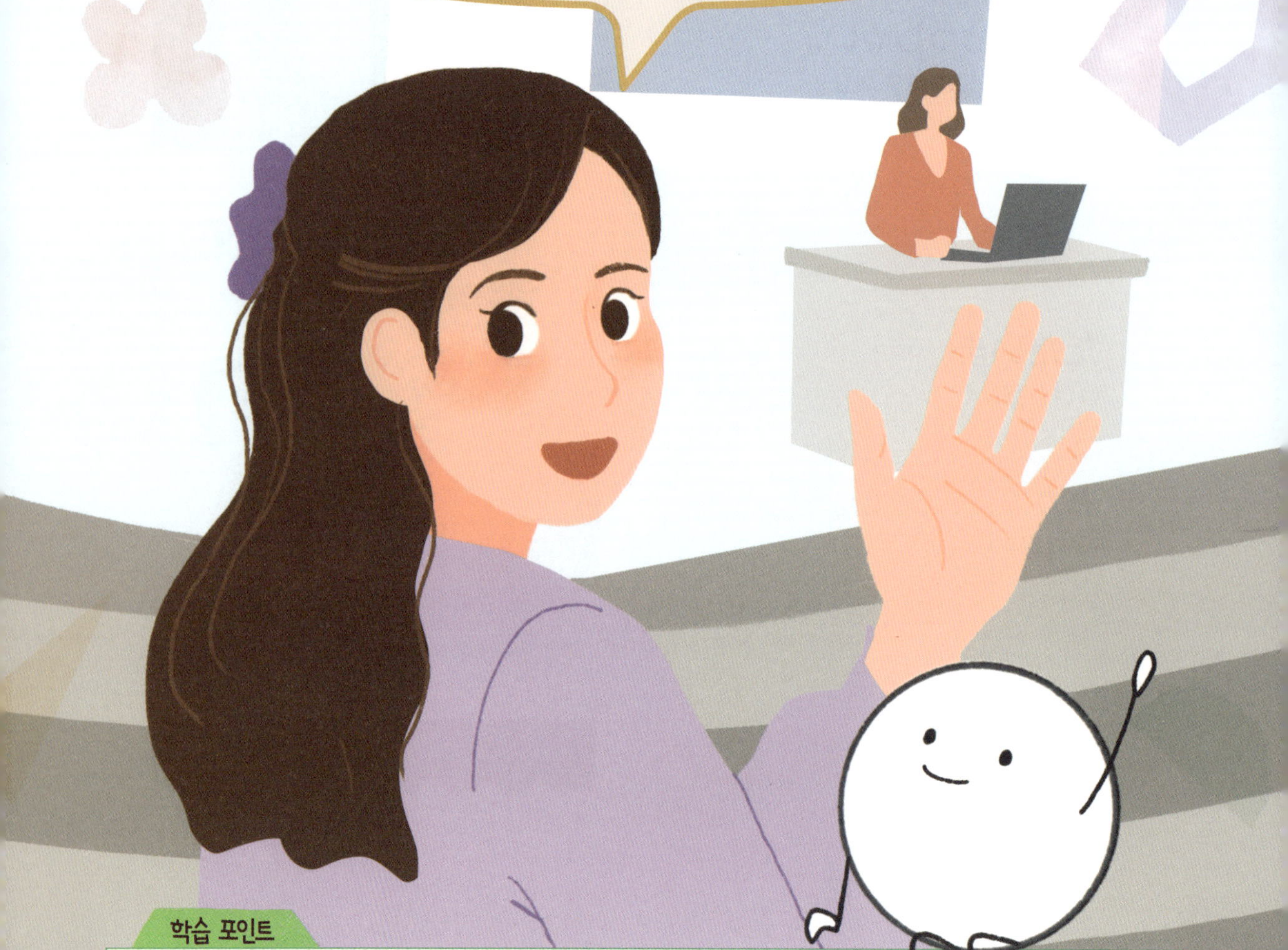

학습 포인트

- 명사의 긍정 정중 표현
- 인칭 대명사
- 명사의 의문 정중 표현
- 명사의 부정 정중 표현

실력 확인

あ	か		た		は			ら	わ
	き		ち	に	み			り	
う		す			ふ			る	
	け	せ		ね		め			
お			と	ほ		も	よ		ん

1 わたしは イ・ユリです。
（와 따시와 이 유리데스）
나는 이유리입니다.

🔔 **わたし** 나, 저

わたし는 '나, 저'에 해당하는 1인칭 대명사입니다.
자주 쓰이는 1인칭 대명사에는 わたし 외에 ぼく가 있는데, 이는 주로 남성이 사용합니다.

🔔 **〜は** 〜은/는

우리말의 '〜은/는'에 해당합니다.
は는 기본적으로 '하(ha)'라고 발음하지만, 조사로 쓰일 때는 '와(wa)'라고 발음합니다.

🔔 **〜です** 〜입니다〈명사의 긍정 정중 표현〉

「〜です」는 우리말의 '〜입니다'에 해당하는 공손한 표현으로, 명사에 붙여서 사용합니다.

がくせいです。 학생입니다.

わたしは かんこくじんです。 나는 한국인입니다.

ぼくは かいしゃいんです。 나는 회사원입니다.

すずきさんは にほんじんです。 스즈키 씨는 일본인입니다.

마침표
일본어에서 마침표는 문장의 끝에 「。」를 붙여 나타냅니다.

모음의 무성화
일본어에서는 주로 무성자음 〈k, t, p, s, h〉와 〈k, t, p, s, h〉 사이에 모음 [i]나 [u]가 끼이면 이들 모음이 무성화되어 아주 약하게 발음되는데, 이를 '모음의 무성화'라고 합니다. 또한 문장 끝의 です[desu], ます[masu]에서 [u] 음은 생략되고 발음됩니다.

がく**せいで**す
（가ㅋ세-데ㅅ）
[gak̚usei] [des̚u]

플러스 어휘 **국적**

ちゅうごくじん 중국인
アメリカじん 미국인
ベトナムじん 베트남 사람
イギリスじん 영국인
フランスじん 프랑스 사람
メキシコじん 멕시코 사람

がくせい 학생 **かんこくじん** 한국인 **かいしゃいん** 회사원 **〜さん** 〜씨, 〜님 **にほんじん** 일본인

2 こちらは クリスさんです。
<small>코 찌 라 와 크 리 스 산 데 스</small>
<small>이 분은 크리스 씨예요.</small>

🔔 **こちら** 이쪽, 이 분, 나
こちら는 '이쪽'이라는 의미로 방향을 나타내는 지시어이지만, 상대방에게 사람을 소개하거나 말하는 사람 자신을 나타낼 때도 사용합니다.

🔔 **あなた** 너, 당신
あなた는 2인칭 대명사입니다.
우리말의 '당신'과 쓰임새가 비슷하여 아내가 남편을 부를 때 자주 사용됩니다. 하지만 상대방, 특히 윗사람에게 あなた라고 하면 몹시 무례하게 느껴질 수 있으므로 대개 상대방의 이름에 직책이나 「〜さん(〜씨, 〜님)」을 붙여 말합니다.

🔔 **かれ** 그 **かのじょ** 그녀
かれ는 3인칭 남성인 '그'에 해당하고, かのじょ는 3인칭 여성인 '그녀'에 해당합니다. 각각 남자친구, 여자친구와 같이 연인을 나타내기도 합니다.

인칭 대명사

1인칭 대명사	2인칭 대명사	3인칭 대명사
わたし 나, 저 ぼく 나, 저〈주로 남성이 사용〉	あなた 너, 당신	かれ 그 かのじょ 그녀

こちらは ユリさんです。　이 분은 유리 씨예요.

あなたは がくせいです。　당신은 학생입니다.

かれは ぎんこういんです。　그는 은행원입니다.

かのじょは モデルです。　그녀는 모델입니다.

ぎんこういん 은행원　モデル 모델

3 ユリさんは がくせいですか。
_{유 리 상 와 가ㅋ세-데스까}
유리 씨는 학생입니까?

 01-07

🔔 **〜ですか** ~입니까?〈명사의 의문 정중 표현〉
명사의 정중 표현인「〜です(입니다)」에 의문 조사「〜か」를 붙이면 '~입니까?'를 뜻하는 정중한 의문 표현이 됩니다.

🔔 **はい** 네, 예
はい는 긍정으로 대답하는 '네, 예'를 뜻하는 말입니다.
はい는 주로「〜です(~입니다)」와 어울려 쓰입니다.

クリスさんは シェフですか。 크리스 씨는 셰프입니까?
たなかさんは せんせいですか。 다나카 씨는 선생님입니까?
かのじょは パイロットですか。 그녀는 파일럿입니까?
A かれは こうむいんですか。 그는 공무원입니까?
B はい、かれは こうむいんです。 네, 그는 공무원입니다.
A しゃちょうは アメリカじんですか。 사장님은 미국인입니까?
B はい、そうです。 네, 그렇습니다.

외래어의 가타카나 표기법

본래의 발음에 가깝게 표기하는 것이 원칙입니다.

① 단어의 마지막 음을 읽을 때 자음 t, d에는 'o'를, 그외에는 'u'를 붙여서 발음합니다.

フレンド 친구(friend)
ビール 맥주(beer)

② 모음의 イ, エ, オ는 'w'음과 접속해 イ, エ, オ를 작게 쓰고 'ウィ[wi], ウェ[we], ウォ[wo]'라고 표기합니다. 모음 글자의 크기를 줄이지 않고 쓰기도 합니다.

ウィスキー(ウイスキー)
위스키(whiskey)

 01-08

〜さん 씨, ~님　〜は ~은/는　がくせい 학생　シェフ 셰프, 요리사　せんせい 선생님　かのじょ 그녀, 여자친구
パイロット 파일럿, 조종사　かれ 그, 남자친구　こうむいん 공무원　しゃちょう 사장(님)　アメリカじん 미국인
そうです 그렇습니다

4 いいえ、かいしゃいんじゃ ありません。
_{이 — 에 카 이 샤 인 쟈 아 리 마 셍}
아니요, 회사원이 아닙니다.

🔔 **~じゃ(では) ありません** ~이/가 아닙니다
〈명사의 부정 정중 표현〉

「~じゃ(~では) ありません」은 「~です(~입니다)」의 부정 표현입니다. 회화에서는 「~では ありません」보다 「~じゃ ありません」이 더 많이 쓰입니다.

🔔 **いいえ** 아니요

いいえ는 질문에 부정하는 '아니요'를 뜻하는 말입니다.
いいえ는 주로 「~じゃ ありません(~이/가 아닙니다)」과 어울려 쓰입니다.

かれは イギリスじんじゃ ありません。 アメリカじんです。
그는 영국인이 아닙니다. 미국인입니다.

いいえ、ミンジさんは かんごしじゃ ありません。
아니요, 민지 씨는 간호사가 아닙니다.

いいえ、わたしは がくせいじゃ ありません。
아니요, 나는 학생이 아닙니다.

A あなたは こうむいんですか。 당신은 공무원입니까?
B いいえ、わたしは こうむいんじゃ ありません。
아니요, 나는 공무원이 아닙니다.

플러스 어휘 직업
- いしゃ 의사
- かしゅ 가수
- けいさつかん 경찰관
- ぐんじん 군인
- スチュワーデス 스튜어디스, 승무원
- きょうし 교사, 선생
- しゅふ 주부
- パティシエ 파티시에, 제빵사

かいしゃいん 회사원　イギリスじん 영국인　かんごし 간호사　わたし 나, 저　あなた 너, 당신

실력 쌓기

1 예시를 보고 문장을 만들어 보세요.

1

| 예 | わたしは　イ・ユリです。　나는 이유리입니다. |

① ミノさん　　　かいしゃいん
② ぼく　　　　　こうむいん
③ かのじょ　　　にほんじん

2 그림을 보고 ⓐ와 ⓑ 중 알맞은 것을 골라 보세요.

1

| 예 | かれは　(ⓐ シェフ　ⓑ かいしゃいん)です。
그는 셰프입니다. |

①  かのじょは　(ⓐ ぐんじん　ⓑ いしゃ)です。

②  わたしは　(ⓐ けいさつかん　ⓑ パイロット)です。

わたし 나, 저　~は ~은/는　~さん ~씨, ~님　かいしゃいん 회사원　ぼく 나, 저〈주로 남성이 사용〉　こうむいん 공무원
かのじょ 그녀, 여자친구　にほんじん 일본인　かれ 그, 남자친구　シェフ 셰프, 요리사　ぐんじん 군인　いしゃ 의사
けいさつかん 경찰관　パイロット 파일럿, 조종사

2

예 ユリさんは　がくせいですか。　유리 씨는 학생입니까?

① すずきさん　　パティシエ
② ポールさん　　パイロット
③ かれ　　　　　メキシコじん

2

예　たなかさんは　がくせいですか。　다나카 씨는 학생입니까?
　　ⓐ はい、そうです。　네, 그렇습니다.
　　ⓑ いいえ、がくせいじゃ　ありません。　아니요, 학생이 아닙니다.

①
　　かのじょは　スチュワーデスですか。
　　ⓐ はい、そうです。
　　ⓑ いいえ、スチュワーデスじゃ　ありません。

②
　　かれは　モデルですか。
　　ⓐ はい、そうです。
　　ⓑ いいえ、モデルじゃ　ありません。

がくせい 학생　パティシエ 파티시에, 제빵사　メキシコじん 멕시코 사람　はい 네, 예　そうです 그렇습니다　いいえ 아니요
スチュワーデス 스튜어디스, 승무원　モデル 모델

필수 회화

01-18 | 01-19
천천히 | 보통

ユリ　　みゆきさん、こんばんは。
　　　　(미유끼 상 콤방와)

みゆき　こんばんは！
　　　　(콤방와)
　　　　あ、ユリさん。こちらは　クリスさんです。
　　　　(아 유리 상 코찌라와 크리스 상 데스)

ユリ　　はじめまして。わたしは　イ・ユリです。
　　　　(하지메마시떼 와따시와 이 유리데스)
　　　　どうぞ　よろしく　おねがいします。
　　　　(도-조 요로시꾸 오네가이시마스)

クリス　はじめまして。クリスです。
　　　　(하지메마시떼 크리스데스)
　　　　こちらこそ　よろしく　おねがいします。
　　　　(코찌라꼬소 요로시꾸 오네가이시마스)
　　　　ユリさんは　がくせいですか。
　　　　(유리 상와 가쿠세-데스까)

ユリ　　はい、そうです。
　　　　(하이 소-데스)
　　　　クリスさんは　かいしゃいんですか。
　　　　(크리스 상와 카이샤 인데스까)

クリス　いいえ、かいしゃいんじゃ　ありません。
　　　　(이-에 카이샤 인쟈 아리마셍)
　　　　シェフです。
　　　　(쉐후데스)

~さん ~씨, ~님　　こんばんは 안녕하세요〈저녁 인사〉　　あ 아〈감탄사〉　　こちら 이쪽, 이 분　　~は ~은/는
はじめまして 처음 뵙겠습니다　　わたし 나, 저　　どうぞ 아무쪼록　　よろしく 잘　　おねがいします 부탁합니다
こちらこそ 이쪽이야말로, 저야말로　　がくせい 학생　　~か ~까?　　はい 네, 예　　そうです 그렇습니다　　かいしゃいん 회사원
いいえ 아니요　　シェフ 셰프, 요리사

유리	미유키 씨, 안녕하세요.
미유키	안녕하세요! 아, 유리 씨. 이 분은 크리스 씨예요.
유리	처음 뵙겠습니다. 저는 이유리입니다. 아무쪼록 잘 부탁드립니다.
크리스	처음 뵙겠습니다. 크리스입니다. 저야말로 잘 부탁드립니다. 유리 씨는 학생인가요?
유리	네, 그렇습니다. 크리스 씨는 회사원인가요?
크리스	아니요, 회사원이 아닙니다. 셰프입니다.

● **はじめまして。** 처음 뵙겠습니다.

처음 만난 사람에게 사용하는 인사말입니다.

● **どうぞ よろしく おねがいします。** 아무쪼록 잘 부탁드립니다.

상대방에게 정중하게 잘 부탁한다고 말할 때 쓰는 표현입니다. 줄여서 「どうぞ よろしく」 혹은 「よろしく おねがいします」라고도 할 수 있습니다. 이에 대한 대답으로 '이쪽(=말하는 화자)'을 뜻하는 「こちら」와 '~야말로'를 뜻하는 「こそ」를 결합하여 「こちらこそ」라고 한 뒤 「よろしく おねがいします」를 덧붙이면 '저야말로 잘 부탁드립니다'라는 의미가 됩니다.

1 음성을 잘 듣고 알맞은 단어를 골라 보세요. 🎧 01-21

① ☐ かんごし ・ ☐ がんごし

② ☐ ぎんこいん ・ ☐ ぎんこういん

③ ☐ かいしゃいん ・ ☐ かいしやいん

2 우리말 단어를 일본어로 바꾸어 써 보세요. 🎧 01-22

① 나, 저 _____ ② 학생 _____

③ 셰프, 요리사 _____ ④ 한국인 _____

⑤ 일본인 _____ ⑥ 처음 뵙겠습니다 _____

3 제시된 우리말을 참고하여 빈칸에 들어갈 말을 상자 안에서 골라 써 보세요. 🎧 01-23

> は   じゃ ありません   ですか   はい   は   いいえ

① わたし (　　　) がくせいです。 나는 학생입니다.

② A かれは かんこくじん (　　　　)。 그는 한국인입니까?
　 B (　　　)、そうです。 네, 그렇습니다.

③ A あなたは かいしゃいんですか。 당신은 회사원입니까?
　 B (　　　)、わたし (　　　) かいしゃいん (　　　　　)。
　 ぐんじんです。 아니요, 나는 회사원이 아닙니다. 군인입니다.

4 우리말 문장을 일본어로 바꾸어 써 보세요.

| 예 | 저는 한국인입니다.
→ わたしは　かんこくじんです。 |

① 당신은 회사원입니까?

→ _____

② 그녀는 간호사가 아닙니다.

→ _____

5 제시된 질문에 (　　) 안의 단어를 사용하여 답해 보세요.

| 예 | Q　かれは　ぎんこういんですか。（　はい　）
A　はい、そうです。　/　はい、ぎんこういんです。 |

① Q　かのじょは　がくせいですか。（　いいえ　）

　A _____

② Q　クリスさんは　シェフですか。（　はい　）

　A _____

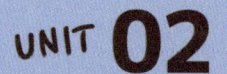

これは なんですか
이것은 무엇입니까?

학습 포인트

- 사물 지시 대명사
- 조사 も, の의 용법
- 명사 수식 지시어
- 대체 명사 の의 용법

실력 확인

A　ユリさん、こちらは　クリスさん _____ 。 유리 씨, 이 분은 크리스 씨예요.

B　はじめまして。_____ イ・ユリです。 처음 뵙겠습니다. 저는 이유리입니다.

C　はじめまして。ユリさんは _____ 。 처음 뵙겠습니다. 유리 씨는 학생입니까?

B　_____、そうです。 네, 그렇습니다.

1 これは なんですか。
코레와 난 데스까
이것은 무엇입니까?

🔔 **これ** 이것 **それ** 그것 **あれ** 저것 **どれ** 어느 것

사물을 가리키는 지시 대명사에는 말하는 사람과 가까운 것을 가리키는 「これ(이것)」, 듣는 사람에게 가까운 것을 가리키는 「それ(그것)」, 말하는 사람과 듣는 사람 둘 다에게 먼 것을 가리키는 「あれ(저것)」, 의문 대명사인 「どれ(어느 것)」가 있습니다. 말하는 사람과 듣는 사람, 사물의 위치에 따라 잘 구별해서 사용합니다.

사물 지시 대명사

말하는 사람 근처	듣는 사람 근처	먼 곳	의문(부정칭)
これ 이것	それ 그것	あれ 저것	どれ 어느 것

🔔 **なん** 무엇

의문을 나타내는 '무엇'에 해당하는 말입니다.
'무엇입니까?'라고 질문하려면 '~입니까?'에 해당하는 「~ですか」를 붙여 **なんですか**라고 하면 됩니다.

'무엇'의 발음

「なん」은 한자로 「何」이라고 쓰는데, 뒤에 따라오는 조사나 명사에 따라서 「なに」라고 읽기도 합니다.

それは おちゃです。 그것은 (녹)차입니다.

A あれは なんですか。 저것은 무엇입니까?
B あれは しんかんせんです。 저것은 신칸센입니다.

A おさけは どれですか。 술은 어느 것입니까?
B これです。 이것입니다.

~は ~은/는　~か ~까?　おちゃ (녹)차　しんかんせん 신칸센〈일본 고속 열차〉　おさけ 술

2 これも おこめの おかしです.
코레모 오꼬메노 오까시데스
이것도 쌀 과자입니다.

 02-04

🔔 **～も** ~도

「～も」는 앞에서 언급한 것과 같은 종류임을 나타내는 조사입니다.

🔔 **～の** ~의〈명사와 명사 연결〉

명사와 명사를 연결할 때 사용하는 조사입니다.
'명사 + の + 명사'의 형태로 쓰며, 앞의 명사가 뒤의 명사를 수식하여
명사 간의 생산지, 재료, 소유물, 소속 등의 관계를 나타냅니다.
우리말로는 해석되지 않는 경우도 많습니다.

みゆきさんは　かいしゃいんです。
ジホさん**も**　かいしゃいんです。
미유키 씨는 회사원입니다. 지호 씨도 회사원입니다.

これ**も**　にほん**の**　おさけです。　이것도 일본 술입니다.[생산지]

あれは　ドイツ**の**　くるまです。　저것은 독일 자동차입니다.[생산지]

それは　りんご**の**　ジャムです。　그것은 사과 잼입니다.[재료]

すずきさん**の**　さいふは　どれですか。
스즈키 씨의 지갑은 어느 것입니까?[소유물]

A　キムさん**の**　パソコンは　あれですか。
김 씨의 컴퓨터는 저것입니까?

B　いいえ、キムさん**の**　パソコンは　それです。
아니요, 김 씨의 컴퓨터는 그것입니다.

 02-05

おこめ 쌀　おかし 과자　～さん ~씨, ~님　かいしゃいん 회사원　にほん 일본　ドイツ 독일　くるま 자동차　りんご 사과
ジャム 잼　さいふ 지갑　パソコン 컴퓨터, PC　いいえ 아니요

3. _{소노} その _{하꼬와} はこは _{난데스까} なんですか。
　그　　상자는　　　무엇입니까?

 この 이　**その** 그　**あの** 저　**どの** 어느

뒤에 오는 명사를 수식·한정하는 지시어입니다
「この(이)」,「その(그)」,「あの(저)」,「どの(어느)」도 말하는 사람과 듣는 사람, 사물의 위치에 따라 구별해서 사용합니다.

명사 수식 지시어			
말하는 사람 근처	듣는 사람 근처	먼 곳	의문(부정칭)
この 이	その 그	あの 저	どの 어느

あの　ひとは　スミスさんです。　저 사람은 스미스 씨입니다.

この　はなは　ばらの　はなです。
이 꽃은 장미 꽃입니다.

A その　かたは　だれですか。　그 분은 누구입니까?

B この　かたは　わたしの　せんせいです。
　　이 분은 제 선생님입니다.

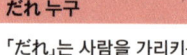

だれ 누구
「だれ」는 사람을 가리키는 의문대명사입니다.

はこ 상자　〜は 〜은/는　なん 무엇　〜か 〜까?　ひと 사람　〜さん 〜씨, 〜님　はな 꽃　〜の 의　ばら 장미　かた 분
だれ 누구　わたし 나, 저　せんせい 선생(님)

76

4 これは　みゆきさんのです。
코레와　미유끼산 노데스
이것은　　　　미유키 씨의 것입니다.

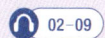 02-09

🔔 **〜の** ~(의) 것〈대체 명사〉

앞에서 언급했거나 말하는 사람과 상대방 모두가 이미 알고 있는 명사를 가리킬 때, 중복을 피하기 위하여 그 명사 대신 「〜の」를 씁니다.
이때는 주로 '~(의) 것'으로 해석되며 바로 뒤에 「〜です」가 오는 경우가 많습니다.
일반적으로 「〜の」는 앞에 오는 사람의 소유물을 대신하지만, 생산지 등을 나타내는 경우도 있습니다.

その　スマホは　わたしのです。
그 스마트폰은 내 것입니다. [소유물]

あの　くるまは　パクさんのです。
저 차는 박 씨의 것입니다. [소유물]

この　おさけは　ちゅうごくのです。
이 술은 중국의 것(중국산 술)입니다. [생산지]

あの　かばんは　フランスのです。
저 가방은 프랑스의 것(프랑스산 가방)입니다. [생산지]

 02-10

これ 이것　スマホ 스마트폰　くるま 자동차　おさけ 술　ちゅうごく 중국　かばん 가방　フランス 프랑스

실력 쌓기

1 예시를 보고 문장을 만들어 보세요.

🎧 02-11

| 1 | 예 | これも　おこめの　おかしです。 | 이것도 쌀과자입니다. |

① あれ　　　　ちゅうごく　　おちゃ
② それ　　　　キムさん　　　かさ
③ いとうさん　わたし　　　　ともだち

---

2 그림을 보고 ⓐ와 ⓑ, ⓒ와 ⓓ 중 알맞은 것을 골라 보세요.

🎧 02-13

| 1 | 예 |  | それは　（ⓐおこめの　おかし　ⓑおこめ　おかし）です。
그것은 쌀과자입니다. |

① 　これは　（ⓐくるま　ざっし　ⓑくるまの　ざっし）です。

② 　かのじょは　（ⓐわたしの　せんせい　ⓑわたし　せんせい）です。

🎧 02-15

これ 이것　～も ～도　おこめ 쌀　～の ～의　おかし 과자　あれ 저것　ちゅうごく 중국　おちゃ 차　それ 그것
～さん ～씨, ～님　かさ 우산　わたし 나, 저　ともだち 친구　～は ～은/는　くるま 자동차　ざっし 잡지
かのじょ 그녀, 여자친구　せんせい 선생님

2

🎧 02-12

| 예 | この　おかし は　かんこく のです。 | 이 과자는 한국 것입니다. |

① その　　　ほん　　　　わたし
② あの　　　じてんしゃ　　パクさん
③ その　　　ペン　　　　　スミスさん

2

🎧 02-14

예  （ⓐこの　ⓑ これ）　おかしは
かんこく（ⓒのです　ⓓ です）。　이 과자는 한국 것입니다.

①  （ⓐ あの　ⓑ あれ）　かばんは
たなかさん（ⓒ です　ⓓ のです）。

②  （ⓐ これ　ⓑ この）は　セナさん（ⓒ のです　ⓓ です）。

🎧 02-16

この 이　かんこく 한국　その 그　ほん 책　あの 저　じてんしゃ 자전거　ペン 펜　かばん 가방

 필수 회화

ユリ　いとうさん、これ　どうぞ。おみやげです。

いとう　わ、どうも　ありがとうございます。
　　　　これは　なんですか。

ユリ　それは　おこめの　おかしです。

いとう　この　おかしは　かんこくのですか。

ユリ　はい、そうです。

いとう　あ、ユリさん、その　はこは　なんですか。

ユリ　これも　おこめの　おかしです。
　　　これは　みゆきさんのです。

~さん ~씨, ~님　**これ** 이것　**どうぞ** 받으세요　**おみやげ** 기념품, 여행 선물　**わ** 와!(감탄사)　**どうも** 정말, 매우, 대단히
ありがとうございます 고맙습니다, 감사합니다　**~は** ~은/는　**なん** 무엇　**~か** ~까?　**それ** 그것　**おこめ** 쌀　**~の** ~의
おかし 과자　**この** 이　**かんこく** 한국　**~の** (~의)것　**はい** 네, 예　**そうです** 그렇습니다　**その** 그　**はこ** 상자　**~も** ~도

유리	이토 씨, 이거 받으세요. 선물이에요.
이토	와! 정말 고마워요.
	이건 뭐예요?
유리	그건 쌀과자예요.
이토	이 과자는 한국 건가요?
유리	네, 그래요.
이토	아, 유리 씨, 그 상자는 뭐예요?
유리	이것도 쌀과자예요.
	이건 미유키 씨 거예요.

 플러스 표현   02-20

❁ どうぞ와 どうも

「どうぞ」는 '부디, 아무쪼록'이라는 뜻으로 상대방에게 무엇인가를 권유하거나 요청할 때 씁니다. 「どうも」는 '정말, 매우, 대단히'라는 뜻으로 「どうも ありがとうございます(정말 감사합니다)」나 「どうも すみません(대단히 죄송합니다)」처럼 표현의 정도를 강조할 때 사용합니다. 뒷말을 생략하고 「どうも」라고만 해도 감사의 의미를 전달할 수 있습니다.

❶ 선물을 주거나 의뢰 받은 물건을 건네는 상황
　A　どうぞ。 여기 있습니다.
　B　どうも。 감사합니다.

❷ 의자에 앉기를 권하는 상황
　A　どうぞ。 앉으시죠.
　B　どうも。 감사합니다.

❸ 뭔가를 마시거나 먹으라고 권하는 상황
　A　どうぞ。 드세요.
　B　どうも。 감사합니다.

1 음성을 잘 듣고 일본어 단어를 받아써 보세요. 🎧 02-21

① _____

② _____

③ _____

2 우리말 단어를 일본어로 바꾸어 써 보세요. 🎧 02-22

① 회사원 _____   ② 과자 _____

③ 기념품, 여행선물 _____   ④ 상자 _____

⑤ 내 스마트폰 _____   ⑥ 한국 술 _____

3 제시된 우리말을 참고하여 빈칸에 들어갈 말을 상자 안에서 골라 써 보세요. 🎧 02-23

> の　　だれ　　の　　それ　　この　　も　　の

① その　かた（　　　）わたし（　　　）せんせいです。 그 분도 나의 선생님입니다.

② （　　　）は　なん（　　　）ほんですか。 그것은 무슨 책입니까?

③ （　　　）かばんは　キムさん（　　　）です。 이 가방은 김 씨의 것입니다.

④ それは　（　　　）の　さいふですか。 그것은 누구의 지갑입니까?

4 우리말 문장을 일본어로 바꾸어 써 보세요.　🎧 02-24

| 예 | 이것은 모리 씨의 가방입니다.
 → これは　もりさんの　かばんです。 |

① 그 스마트폰은 제 것입니다.

→ _____

② 그것은 스미스 씨의 컴퓨터입니다.

→ _____

5 제시된 질문에 (　　) 안의 단어를 사용해 답해 보세요.　🎧 02-25

| 예 | Q　これは　すずきさんの　さいふですか。（　はい　）
 A　はい、それは　すずきさんの　さいふです。 |

① Q　それは　なんですか。（　ちゅうごくの　おちゃ　）

　A _____

② Q　あの　くるまは　パクさんのですか。（　いいえ　）

　A _____

학습 포인트

- 요일, 날, 해
- 숫자, 시간, 분
- 명사의 과거 정중 표현
- 명사의 과거 부정 정중 표현

실력 확인

A　Bさん、＿＿＿＿＿＿＿＿　はこは　＿＿＿＿＿＿＿＿ですか。
　　B 씨, 그 상자는 무엇이에요?

B　＿＿＿＿＿＿＿＿　おこめ　＿＿＿＿＿＿＿＿　おかしです。이것도 쌀(의)과자예요.

　　これは　みゆきさん＿＿＿＿＿＿＿＿。이것은 미유키 씨의 거예요.

1 きょうは　げつようび。
쿄ー와　게쯔요ー비
오늘은　　　　월요일.

🔔 요일

월요일	화요일	수요일	목요일
げつようび	かようび	すいようび	もくようび
금요일	토요일	일요일	무슨 요일
きんようび	どようび	にちようび	なんようび

🔔 날

그저께	어제	오늘	내일	내일 모레
おととい	きのう	きょう	あした	あさって

🔔 해

작년	올해	내년
きょねん	ことし	らいねん

あしたは　もくようびです。
내일은 목요일입니다.

テストは　あさって、きんようびからです。
시험은 모레, 금요일부터입니다.

これは　らいねんの　カレンダーです。
이것은 내년 달력입니다.

A きょうは　なんようびですか。 오늘은 무슨 요일이에요?
B すいようびです。 수요일입니다.

> **〜から(부터)**
> 행위의 시작점을 나타내는 조사로, 도착점을 나타내는 조사 「〜まで(까지)」와 같이 쓰일 때도 많습니다.

〜は ~은/는　テスト 테스트, 시험　〜から ~부터　これ 이것　カレンダー 달력　〜か ~까?

② いま、はちじ　はんです。
이마　하찌지　한데스
지금　　　　8시　　　　　　반입니다.

🔔 숫자

0	1	2	3	4	5
ゼロ れい まる	いち	に	さん	し・よん	ご
	6	7	8	9	10
	ろく	しち・なな	はち	きゅう・く	じゅう

🔔 시간

1시	2시	3시	4시	5시	6시
いちじ	にじ	さんじ	よじ	ごじ	ろくじ
7시	8시	9시	10시	11시	12시
しちじ	はちじ	くじ	じゅうじ	じゅういちじ	じゅうにじ

🔔 분

1분	2분	3분	4분	5분
いっぷん	にふん	さんぷん	よんぷん	ごふん
6분	7분	8분	9분	10분
ろっぷん	ななふん	はっぷん	きゅうふん	じゅっぷん じっぷん
20분	30분	40분	50분	60분
にじゅっぷん にじっぷん	さんじゅっぷん さんじっぷん	よんじゅっぷん よんじっぷん	ごじゅっぷん ごじっぷん	ろくじゅっぷん ろくじっぷん

いま、なんじ　なんぷんですか。　지금 몇 시 몇 분입니까?

ごぜん　くじ　はっぷんです。　오전 9시 8분입니다.

ごご　よじ　さんじゅっぷんです。　오후 4시 30분입니다.

ゼロにーの　さんよんごーろくの　ななはちきゅういちです。
02-3456-7891입니다.

전화번호
전화번호를 읽을 때 숫자는 한 자씩 읽고, '-'는 「の」라고 읽습니다. 0은 「れい」나 「ゼロ」라고 읽습니다. 2(に)와 5(ご)는 박자감을 위하여 각 「にー」, 「ごー」라고 음절을 늘려서 읽습니다.

いま 지금　はん 반, 30분　なんじ 몇 시　なんぷん 몇 분　ごぜん 오전　ごご 오후　～の ～의, -〈전화번호〉

3 にちようびも しごとでした。
니찌요-비모 시고또데시따
일요일도 일이었어요.

🔔 **〜でした** ~었습니다〈명사의 과거 정중 표현〉

「〜です(~입니다)」의 과거 표현입니다.
명사에 붙어 '~었습니다'라고 해석됩니다.
「〜でした(~었습니다)」에 의문 조사 「〜か」를 붙인 「〜でしたか(~었습니까?)」는 의문을 나타내는 표현입니다.

きのうも　はれでした。　어제도 맑았습니다.

わたしは　パイロットでした。　나는 파일럿이었습니다.

すいようびは　やすみでした。　수요일은 쉬는 날이었습니다.

かのじょは　ぐんじんでしたか。　그녀는 군인이었습니까?

きょねんの　こどものひは　なんようびでしたか。
작년 어린이날은 무슨 요일이었습니까?

플러스 어휘 날씨
はれ 맑음
くもり 흐림
あめ 비
ゆき 눈
かぜ 바람

にちようび 일요일　〜も ~도　しごと 일, 직업　きのう 어제　はれ 맑음　わたし 나　〜は ~은/는　パイロット 파일럿, 조종사
すいようび 수요일　やすみ 쉬는 날, 휴가　かのじょ 그녀, 여자친구　ぐんじん 군인　きょねん 작년　こどものひ 어린이날
なんようび 무슨 요일

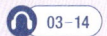

4 きのうは やすみじゃ ありませんでした。
キノーワ ヤスミジャ アリマセンデシタ
어제는 쉬는 날이 아니었습니다.

🔔 **～じゃ ありませんでした** ～이/가 아니었습니다
〈명사의 과거 부정 정중 표현〉

명사에 「～じゃ(では) ありませんでした」를 붙이면 정중한 과거 부정 표현이 됩니다.

명사의 정중 표현

	긍정	부정
현재	がくせいです 학생입니다	がくせいじゃ(では) ありません 학생이 아닙니다
과거	がくせいでした 학생이었습니다	がくせいじゃ(では) ありませんでした 학생이 아니었습니다

かれは ぶちょうじゃ ありませんでした。
그는 부장님이 아니었습니다.

きょねんは かいしゃいんじゃ ありませんでした。
작년에는 회사원이 아니었습니다.

きのうは あめじゃ ありませんでした。
어제는 비가 오지 않았습니다.

～は
시간, 때를 나타내는 말 뒤에 조사「～は(～은/는)」가 오는 경우에 따라서 '～에는'이라고 해석되기도 합니다.

きのう 어제　**がくせい** 학생　**かれ** 그, 남자친구　**ぶちょう** 부장(님)　**かいしゃいん** 회사원　**あめ** 비

실력 쌓기

1 예시를 보고 문장을 만들어 보세요.

🎧 03-16

| 1 | 예 | にちようびも　しごとでした。 일요일도 일이었습니다. |

① かのじょ　　　ぎんこういん

② きんようび　　ゆき

③ かれ　　　　　けいさつかん

2 그림을 보고 ⓐ와 ⓑ 중 알맞은 것을 골라 보세요.

🎧 03-18

| 1 | 예 |  | いま、（ⓐ いちじ　はん　ⓑ はちじ　はん）です。
지금 8시 반입니다. |

①  かんこくは　いま、
（ⓐ くじ　よんじゅっぷん　ⓑ くじ　にじゅっぷん）です。

②  アメリカは　いま、（ⓐ ごじ　ⓑ よじ）です。

🎧 03-20

にちようび 일요일　～も ~도　しごと 일, 직업　かのじょ 그녀, 여자친구　ぎんこういん 은행원　きんようび 금요일　ゆき 눈
かれ 그, 남자친구　けいさつかん 경찰관　いま 지금　いちじ 1시　はん 반, 30분　はちじ 8시　かんこく 한국　くじ 9시
よんじゅっぷん 40분　にじゅっぷん 20분　アメリカ 미국, 아메리카　ごじ 5시　よじ 4시

2

예 | きのうは やすみじゃ ありませんでした。
어제는 쉬는 날이 아니었습니다.

① わたし　　シェフ
② きょねん　　こうむいん
③ おととい　　はれ

2

예 |  にちようびは やすみ
(ⓐ でした　ⓑ じゃ ありませんでした)。
일요일은 쉬는 날이 아니었습니다.

①  はははスチュワーデス
(ⓐ でした　ⓑ じゃ ありませんでした)。

②  きのうは あめ (ⓐ でした　ⓑ じゃ ありませんでした)。

きのう 어제　やすみ 쉬는 날, 휴가　わたし 나, 저　シェフ 셰프, 요리사　きょねん 작년　こうむいん 공무원　おととい 그저께
はれ 맑음　はは 엄마, 어머니　スチュワーデス 스튜어디스, 승무원　あめ 비

필수 회화

ジホ　きょうは　げつようび。
　　　きょうから　また　しごとですね。

みゆき　はい、でも　わたしは　きのうも　やすみじゃ　ありません
　　　でした。

ジホ　にちようびも　しごとでしたか。

みゆき　はい、そうでした。
　　　あっ、ジホさん、いま　なんじですか。

ジホ　ええと、いま、はちじ　はんです。

みゆき　ありがとうございます。
　　　わたしは　くじから　かいぎです。

ジホ　かいぎですか。おつかれさまです。

きょう 오늘　～は ~은/는　げつようび 월요일　～から ~부터　また 또　しごと 일, 직업　～ね ~군요, ~네요, ~이지요
はい 네, 예　でも 하지만　わたし 나, 저　きのう 어제　～も ~도　やすみ 쉬는 날, 휴가　にちようび 일요일　～か ~까?
そうでした 그랬습니다　あっ 앗(감탄사)　～さん ~씨, ~님　いま 지금　なんじ 몇 시　ええと 음　はちじ 8시　はん 반, 30분
ありがとうございます 고맙습니다　くじ 9시　かいぎ 회의　おつかれさまです 수고가 많으세요

지호	오늘은 월요일.
	오늘부터 또 일이네요.
미유키	네, 하지만 나는 어제도 쉬는 날이 아니었어요.
지호	일요일에도 일이었어요?
미유키	네, 그랬어요.
	앗! 지호 씨, 지금 몇 시예요?
지호	음, 지금 8시 반이에요.
미유키	고마워요.
	난 9시부터 회의예요.
지호	회의요? 수고가 많으세요.

● ね ~군요, ~네요, ~이지요

문장 끝에 붙어 감탄을 나타내거나 상대방에게 동의를 구할 때 쓰이는 종조사입니다.

- かのじょは きれいですね。 그녀는 예쁘군요.
- きょうは あついですね。 오늘은 덥네요.

실력 다지기

1 음성을 잘 듣고 알맞은 단어를 골라 보세요.　　　　　　　　　　　　　🎧 03-26

① ☐ しごと　　　・　　　☐ ひごと

② ☐ かようび　　・　　　☐ かようひ

③ ☐ かいき　　　・　　　☐ かいぎ

2 우리말 단어를 일본어로 바꾸어 써 보세요.　　　　　　　　　　　　　🎧 03-27

① 오전 _____　　② 오후 _____

③ 40분 _____　　④ 토요일 _____

⑤ 지금 _____　　⑥ 쉬는 날, 휴가 _____

3 달력을 보고 제시된 날짜가 무슨 요일인지 일본어로 써 보세요.　　🎧 03-28

예 3/4 　　げつようび

① 3/7 _____

② 3/13 _____

③ 3/24 _____

④ 3/29 _____

4 우리말 문장을 일본어로 바꾸어 써 보세요.　　　　　　　　　🎧 03-29

예	어제는 금요일이었습니다. → きのうは　きんようびでした。

① 저의 엄마는 은행원이었습니다.

→ _____

② 그는 군인이 아니었습니다.

→ _____

5 제시된 질문에 (　　) 안의 단어를 사용하여 답해 보세요.　🎧 03-30

예	A　いま、なんじですか。（　18:00　） B　ごご　ろくじです。

① A　きょうは　なんようびですか。（　きんようび　）

　B _____

② A　きのうは　あめでしたか。（　いいえ　）

　B _____

UNIT 04

きょうは あついですね
쿄ー와 아쯔이데스네
오늘은 덥네요

학습 포인트

- い형용사
- い형용사의 긍정 정중 표현
- い형용사의 연결형(て형)
- い형용사의 부정 정중 표현

실력 확인

A _____ は　なんようびですか。 오늘은 무슨 요일입니까?

B _____ です。 월요일입니다.

A いまは _____ ですか。 지금은 몇 시입니까?

B _____ です。 8시 반입니다.

1 むしあつい ひ
_{무시아쯔이 히}
무더운 날

🔔 **い형용사**

일본어의 형용사에는 **い**형용사와 **な**형용사가 있습니다.
여기에서는 먼저 **い**형용사에 대해 공부하겠습니다.
い형용사란 기본형의 어미가 **い**로 끝나는 형용사입니다.
い형용사는 뒤에 오는 명사를 수식할 때에도 형태가 바뀌지 않습니다.

❖ **むしあつい** 무덥다 → **むしあつい** 무더운 + **ひ** 날 = **むしあつい ひ** 무더운 날
　い형용사의 기본형　　　い형용사의 명사 수식형　　명사

❖ **たかい** 높다 → **たかい** 높은 + **やま** 산 = **たかい やま** 높은 산
　い형용사의 기본형　　　い형용사의 명사 수식형　　명사

・ 기본형

あの　やまは　**たかい**。　저 산은 높다.

その　くるまは　**あたらしい**。　그 자동차는 새것이다.

この　キムチは　**からい**。　이 김치는 맵다.

・ 명사 수식형

みゆきさんは　**やさしい**　ひとです。　미유키 씨는 상냥한 사람입니다.

きのうは　**いい**　てんきでした。　어제는 좋은 날씨였습니다(날씨가 좋았습니다).

むしあつい 무덥다, 후덥지근하다	ひ 날	たかい 높다, 비싸다	やま 산	あの 저	~は ~은/는	その 그	くるま 자동차
あたらしい 새롭다, 새것이다	この 이	キムチ 김치	からい 맵다	~さん ~씨, ~님	やさしい 상냥하다, 온순하다	ひと 사람
きのう 어제	いい(よい) 좋다	てんき 날씨

❖ 대응을 이루는 い형용사

いい(よい) 좋다 ↔ わるい 나쁘다
あたらしい 새롭다 ↔ ふるい 낡다
うれしい 기쁘다 ↔ かなしい 슬프다
おいしい 맛있다 ↔ まずい 맛이 없다
おおい 많다 ↔ すくない 적다
かるい 가볍다 ↔ おもい 무겁다
つよい 강하다 ↔ よわい 약하다
とおい 멀다 ↔ ちかい 가깝다
おもしろい 재미있다 ↔ つまらない 재미없다, 지루하다

ながい 길다 ↔ みじかい 짧다
はやい 빠르다 ↔ おそい 늦다
ひろい 넓다 ↔ せまい 좁다

おおきい 크다
ちいさい 작다

❖ 같은 듯 다른 い형용사

やさ(優)しい 상냥하다, 온순하다 ≠ やさ(易)しい 쉽다 ↔ むずかしい 어렵다
ひくい 낮다, 키가 작다 ↔ たか(高)い 높다, 키가 크다 ≠ たか(高)い 비싸다 ↔ やすい 싸다, 저렴하다
つめたい 차다, 차갑다 ↔ あつ(熱)い 뜨겁다 ≠ あつ(暑)い 덥다 ↔ さむい 춥다

❖ 맛을 나타내는 い형용사

しょっぱい (しおからい) 짜다
あまい 달다
すっぱい 시다
にがい 쓰다
からい 맵다

◆ 색깔을 나타내는 い형용사　04-06

あかい 빨갛다　**あおい** 파랗다　**くろい** 검다　**きいろい** 노랗다　**しろい** 하얗다

◆ 날씨를 나타내는 い형용사　04-07

あつい 덥다
さむい 춥다
すずしい 시원하다
むしあつい 무덥다, 후덥지근하다
あたたかい 따뜻하다

◆ 그밖에 자주 쓰이는 い형용사　04-08

かわいい 귀엽다, 예쁘다
いそがしい 바쁘다
たのしい 즐겁다
こわい 무섭다
つらい 괴롭다
すごい 굉장하다, 엄청나다
すばらしい 멋지다, 훌륭하다
うるさい 시끄럽다 〈반대말 ▶ p.113〉

2 きょうは あついですね。
_{쿄 - 와 아쯔이데스네}
오늘은 덥네요.

🔔 **〜です** 〜(습)니다〈い형용사의 긍정 정중 표현〉

い형용사의 기본형에 です를 붙이면 い형용사의 긍정 정중 표현이 됩니다.

❖ **あつい** 덥다 → **あつい** + **です** = **あついです** 덥습니다
　い형용사의 기본형　　　　　　　　　　　い형용사의 정중 표현

❖ **たかい** 비싸다 → **たかい** + **です** = **たかいです** 비쌉니다
　い형용사의 기본형　　　　　　　　　　　い형용사의 정중 표현

この　パンは　おいしいです。　이 빵은 맛있습니다.

ショッピングは　たのしいです。　쇼핑은 즐겁습니다.

あの　ひとの　はなしは　いつも　おもしろいです。
저 사람의 이야기는 항상 재미있습니다.

きょうは　とても　さむいですね。　오늘은 무척 춥네요.

この　もんだい、むずかしいですね。　이 문제 어렵네요.

きょう 오늘　あつい 덥다　〜ね 〜군요, 〜네요, 〜이지요　たかい 비싸다, 높다　この 이　パン 빵　おいしい 맛있다
ショッピング 쇼핑　たのしい 즐겁다　あの 저　ひと 사람　〜の 〜의　はなし 이야기　いつも 항상, 늘
おもしろい 재미있다　とても 매우, 무척　さむい 춥다　もんだい 문제　むずかしい 어렵다

 **필수 표현**

🎧 04-11

3
コ ノ　　　　ザ ル ソ バ　　　　　ツ メ ター ク テ
この　ざるそば、つめたくて
　　이　　　판 메밀국수　　　　　　차고

オ イ シ イ デ ス ネ
おいしいですね。
　　　맛있네요.

🔔 **〜くて** 〜(하)고, 〜(해)서 〈い형용사의 연결형(て형)〉
い형용사의 연결형(て형)은 기본형의 어미 い를 く로 바꾸고 て를 붙여서 만듭니다.
'〜(하)고, 〜(해)서'라고 해석되며 문장의 중지, 열거, 원인 등의 의미를 나타냅니다.

◆ **つめたい** 차다 → **つめたい̶く** ＋ **て** ＝ **つめたくて** 차고, 차서
　　い형용사의 기본형　　　어미 い를 く로 바꾸고 て를 붙인다　　い형용사의 연결형

◆ **おいしい** 맛있다 → **おいしい̶く** ＋ **て** ＝ **おいしくて** 맛있고, 맛있어서
　　い형용사의 기본형　　　어미 い를 く로 바꾸고 て를 붙인다　　い형용사의 연결형

🎧 04-12

なつは　あつくて、ふゆは　さむいです。
여름은 덥고 겨울은 춥습니다.

この　ラーメンは　やすくて　おいしいです。
이 라면은 싸고 맛있습니다.

きょうは　てんきも　よくて、かぜも　すずしいです。
오늘은 날씨도 좋고 바람도 시원합니다.

 **플러스 어휘 계절**
はる 봄　　なつ 여름
あき 가을　ふゆ 겨울

いい・よい(좋다)의 て형
「いい・よい(좋다)」는 て형으로 바꾸어 '좋고, 좋아서'를 나타낼 때 「いい」가 아니라 「よい」에서만 활용합니다. 따라서 「いい・よい」의 て형은 「よくて」입니다.

🎧 04-13

この 이　ざるそば 판 메밀국수　つめたい 차다, 차갑다　おいしい 맛있다　〜ね 〜군요, 〜네요, 〜이지요　なつ 여름　〜は 〜은/는　あつい 덥다, 뜨겁다　ふゆ 겨울　さむい 춥다　ラーメン 라면　やすい 싸다, 저렴하다　きょう 오늘　てんき 날씨　〜も 〜도　いい(よい) 좋다　かぜ 바람　すずしい 시원하다

4 ねだんも たかく ありませんね.
_{네 담 모 타까꾸 아리마셍네}
가격도 비싸지 않네요.

🔔 ～く ありません(ないです) ~(하)지 않습니다
〈い형용사의 부정 정중 표현〉

い형용사의 어미 い를 く로 바꾸고, 부정을 뜻하는 ない를 붙여서「～く ない(~하지 않다)」의 형태로 만들면 い형용사의 부정형이 됩니다. 부정형을 정중하게 말하려면 ない 뒤에 です를 붙여서「～く ないです」라고 하거나, ないです를 ありません으로 바꾸어서「～く ありません」이라고 합니다.

❖ **たかい** 비싸다 → **たか~~い~~ く** + **ない** = **たかく ない** 비싸지 않다
 い형용사의 기본형　　어미 い를 く로 바꾸고 ない를 붙인다　　い형용사의 부정형

→ **たかく ない** 비싸지 않다 + **です** = **たかく ないです** 비싸지 않습니다
 い형용사의 부정형에 です를 붙인다　　い형용사의 부정 정중 표현

→ **たかく ないです** = **たかく ありません** 비싸지 않습니다
      い형용사의 부정 정중 표현

あの メロンは あまく ないです。
저 멜론은 달지 않습니다.

きょうは あつく ありませんね。
오늘은 덥지 않네요.

すしは やすく ありません。
초밥은 싸지 않습니다.

きょうの てんきは よく ありません。
오늘 날씨는 좋지 않습니다.

> **いい・よい(좋다)의 부정형**
> 「いい・よい(좋다)」의 부정형도「いい」가 아니라「よい」에서만 활용합니다. 따라서「いい・よい」의 부정형은「よく ない」이고, 부정형 정중 표현은「よく ないです / よく ありません」입니다.

ねだん 가격　たかい 비싸다, 높다　あの 저　メロン 멜론　あまい 달다　すし 초밥　～の ~의

실력 쌓기

1 예시를 보고 문장을 만들어 보세요.

🎧 04-16

1　예　**きょうは　あついですね。** 오늘은 덥네요.

① **ふじさん**　　たかい
② **にほんご**　　むずかしい
③ **この りょうり**　からい

---

2 그림을 보고 ⓐ와 ⓑ 중 알맞은 것을 골라 보세요.

🎧 04-18

1　예　ざるそばは　(ⓐ あつくて　**ⓑ つめたくて**)
おいしいですね。
판 메밀국수는 차고 맛있어요.

①  あの ねこは　(ⓐ ちいさくて　ⓑ すくなくて)
かわいいです。

②  ケーキは　(ⓐ しおからくて　ⓑ あまくて)
おいしいです。

🎧 04-20

きょう 오늘　～は ~은/는　あつい 덥다, 뜨겁다　～ね ~군요, ~네요, ~이지요　ふじさん 후지산　たかい 높다, 비싸다
にほんご 일본어　むずかしい 어렵다　この 이　りょうり 요리, 음식　からい 맵다　ざるそば 판 메밀국수　つめたい 차다, 차갑다
おいしい 맛있다　あの 저　ねこ 고양이　ちいさい 작다　すくない 적다　かわいい 귀엽다, 예쁘다　ケーキ 케이크
しおからい 짜다　あまい 달다

🎧 04-17

2

| 예 | きょうは　むしあつい　ひです。 오늘은 무더운 날입니다. |

① かれ　　　やさしい　　　　ひと
② これ　　　むずかしい　　　クイズ
③ あれ　　　おもしろい　　　アニメ

🎧 04-19

2

예　このかばんは　(ⓐ たかく　ⓑ やすく)
ありません。
이 가방은 비싸지 않습니다.

① きょうは　(ⓐ あつく　ⓑ さむく)　ありません。

② ぼくは　(ⓐ うれしく　ⓑ かなしく)　ありません。

🎧 04-21

むしあつい 무덥다, 후덥지근하다　ひ 날　かれ 그, 남자친구　やさしい 상냥하다, 온순하다　ひと 사람　これ 이것
クイズ 퀴즈　あれ 저것　おもしろい 재미있다　アニメ 애니메이션　かばん 가방　やすい 싸다, 저렴하다　さむい 춥다
ぼく 나, 저〈주로 남성이 사용〉　うれしい 기쁘다　かなしい 슬프다

필수 회화

04-22 | 04-23
천천히 | 보통

ユリ	きょう、とても あついですね。
いとう	そうですね。そとは さんじゅうはちどです。
ユリ	そんなに たかいですか。すごいですね。
いとう	はい、そうです。それに むしあつい ひです。
てんいん	おまたせしました。ざるそばです。どうぞ。
ユリ・いとう	いただきます。
ユリ	わあ、この ざるそば、つめたくて おいしいですね。
いとう	はい、ねだんも たかく ありませんね。

きょう 오늘　とても 매우, 무척　あつい 덥다　～ね ～군요, ～네요, ～이지요　そうですね 그렇군요　そと 밖, 바깥　～は ～은/는
さんじゅうはちど 38도　そんなに 그렇게　たかい 높다, 비싸다　～か ～까?　すごい 굉장하다, 엄청나다　はい 네, 예
それに 게다가　むしあつい 무덥다, 후덥지근하다　ひ 날　てんいん 점원　おまたせしました 오래 기다리셨습니다
ざるそば 판 메밀국수　どうぞ 드세요　いただきます 잘 먹겠습니다　わあ 우와!〈감탄사〉　この 이　つめたい 차다, 차갑다
おいしい 맛있다　ねだん 가격　～も ～도

유리	오늘 무척 덥네요.
이토	그러게요. 밖은 38도예요.
유리	그렇게 높아요? 엄청나네요.
이토	네, 그래요. 게다가 후덥지근한 날이에요.
점원	오래 기다리셨습니다. 판 메밀국수예요. 드세요.
유리·이토	잘 먹겠습니다.
유리	우와! 이 판 메밀국수 차고 맛있네요.
이토	네, 가격도 비싸지 않네요.

いただきます 와 ごちそうさまでした

「いただきます(잘 먹겠습니다)」는 음식을 먹기 전에 하는 표현이고, 「ごちそうさまでした(잘 먹었습니다)」는 음식을 먹은 후에 사용하는 표현입니다. 두 표현은 음식점이나 가정 등에서 식사 전후에 사용하며, 일본인은 혼자 식사하는 경우에도 이 인사말을 합니다.

실력 다지기

1 음성을 듣고 괄호 안에 알맞은 い형용사를 받아써 보세요. 🎧 04-25

① さしみは （　　　　　　）です。

② かれの　へやは　（　　　　　　）です。

③ これは　とても　（　　　　　　）　えいがです。

2 제시된 い형용사를 활용해 보세요. 🎧 04-26

기본형	～です	～くて	～く ありません
예 おおきい	おおきいです	おおきくて	おおきく ありません
① かわいい			
② いい			
③ すくない			

3 우리말을 참고하여 빈칸에 い형용사를 넣어 보세요. 필요할 경우 적당한 활용형으로 써 주세요. 🎧 04-27

① きょうは　<u>　あつい →　　　　　　　</u>ひです。 오늘은 더운 날입니다.

② A ともだちは　おおいですか。 친구는 많습니까?

　 B いいえ、<u>　おおい →　　　　　　</u>ありません。<u>　すくない →　　　　　　</u>です。
　 아니요, 많지 않습니다. 적습니다.

③ A あなたの　さいふは　たかいですか。 당신의 지갑은 비쌉니까?

　 B いいえ、<u>　たかい →　　　　　　</u>ありません。<u>　やすい →　　　　　　</u>です。
　 아니요, 비싸지 않습니다. 쌉니다.

4 우리말 문장을 일본어로 바꾸어 써 보세요. 🎧 04-28

| 예 | 판 메밀국수는 차고 맛있습니다.
→ ざるそばは　つめたくて　おいしいです。 |

① 이 자동차는 새것이고 비쌉니다.

→ _____

② 오늘은 춥지 않습니다.

→ _____

③ 저 작은 가방은 스즈키 씨 것입니다.

→ _____

5 제시된 질문에 (　　) 안의 단어를 사용해 답해 보세요. 🎧 04-29

| 예 | Q　あなたの　くるまは　あたらしいですか。（　いいえ　）
A　いいえ、あたらしく　ありません。 |

① Q　にほんごの　べんきょうは　たのしいですか。（　はい　）

　A _____

② Q　その　りょうりは　からいですか。（　いいえ　）

　A _____

UNIT 05

ともだちは ハンサムで まじめです
토모다찌와 한싸무데 마지메데스
친구는 잘생겼고 성실합니다

학습 포인트

- な형용사의 기본형과 명사 수식형
- な형용사의 긍정 정중 표현
- な형용사의 연결형(で형)
- な형용사의 부정 정중 표현

실력 확인

A きょうは とても _____ ね。 오늘은 매우 덥네요.

B そうですね。それに _____ ひです。 그러게요. 게다가 후덥지근한 날이에요.

A わあ、この ざるそば、_____ おいしいですね。
와, 이 판 메밀국수 차고 맛있네요.

B はい、ねだんも _____ ね。 네, 가격도 비싸지 않네요.

필수 표현

 05-01

1 ほがらかな ひと
(호가라까나 히또) 명랑한 사람

🔔 **な형용사**

な형용사란 기본형의 어미가 だ로 끝나는 형용사입니다.
な형용사는 뒤에 오는 명사를 수식할 때 어미 だ가 な로 바뀌기 때문에
な형용사라고 부릅니다.
い형용사와 달리 기본형과 명사 수식형의 활용 어미가 다르다는 점을 잘
기억해 두어야 합니다.

◆ **ほがらかだ** 명랑하다 → **ほがらかだ な** 명랑한 + **ひと** 사람 = **ほがらかな ひと** 명랑한 사람
  な형용사의 기본형   어미 だ를 な로 바꾼다   명사   な형용사의 명사 수식형

◆ **しずかだ** 조용하다 → **しずかだ な** 조용한 + **へや** 방 = **しずかな へや** 조용한 방
  な형용사의 기본형   어미 だ를 な로 바꾼다   명사   な형용사의 명사 수식형

・ **기본형**

あの カフェは いつも **にぎやかだ**。
저 카페는 항상 북적인다.

ソウルの ちかてつは とても **べんりだ**。
서울의 지하철은 매우 편리하다.

・ **명사 수식형**

もりさんは **まじめな** ひとです。 모리 씨는 성실한 사람입니다.

すきな たべものは なんですか。 좋아하는 음식은 무엇입니까?

ふたりは **おなじ** なまえです。
두 사람은 같은 이름입니다(이름이 같습니다).

📖 **おなじだ의 명사 수식형**

다른 な형용사와 달리 「おなじだ(같다)」는 뒤에 명사가 올 때 어미가 な로 바뀌지 않습니다. 어미 だ를 떼고 그대로 명사 앞에 씁니다. 다만, 뒤에 「〜ので(〜(하)기 때문에)」 등의 조사가 올 때는 「〜な」의 형태로 접속합니다.

なまえが **おなじなので**
이름이 같기 때문에

 05-02

ほがらかだ 명랑하다   ひと 사람   しずかだ 조용하다   へや 방   あの 저   カフェ 카페   いつも 항상, 늘
にぎやかだ 번화하다, 북적이다   ソウル 서울〈지명〉   ちかてつ 지하철   とても 매우, 무척   べんりだ 편리하다   〜さん 〜씨, 〜님
まじめだ 성실하다   すきだ 좋아하다   たべもの 음식, 먹을 것   なん 무엇   〜か 〜까?   ふたり 두 명, 두 사람   おなじだ 같다
なまえ 이름

플러스 어휘

◆ 대응을 이루는 な형용사

05-03

かんたんだ 간단하다, 쉽다 ↔ ふくざつだ 복잡하다
すきだ 좋아하다 ↔ きらいだ 싫어하다
じょうずだ 잘하다, 능숙하다 ↔ へただ 못하다, 서투르다
とくいだ 잘하다, 자신 있다 ↔ にがてだ 못하다, 자신 없다
はでだ 화려하다 ↔ じみだ 수수하다
らくだ 편하다 ↔ たいへんだ 힘들다, 큰일이다

べんりだ 편리하다

ふべんだ 불편하다

◆ 자주 쓰이는 な형용사

05-04

きれいだ 깨끗하다, 예쁘다   げんきだ 활달하다, 활기차다
しあわせだ 행복하다   しんせつだ 친절하다
すてきだ 멋지다, 훌륭하다   じょうぶだ 튼튼하다
たいくつだ 지루하다   たいせつだ 중요하다, 소중하다
だめだ 안된다   にぎやかだ 번화하다, 북적이다
ひまだ 한가하다, 여유롭다   ほがらかだ 명랑하다
まじめだ 성실하다   しずかだ 조용하다 〈반대말 ▶ p.100〉

おなじだ 같다

◆ 외래어에서 온 な형용사

カジュアルだ 캐쥬얼하다   キュートだ 귀엽다
クールだ 쿨하다   シャイだ 수줍어 하다
シンプルだ 심플하다, 단순하다   スリムだ 날씬하다
スマートだ 스마트하다   タフだ 터프하다
ハンサムだ 잘생기다   ラッキーだ 운이 좋다, 행운이다

05-05

2. しがつ なのかまでは ひまです。
시가쯔 나노까마데와 히마데스
4월 7일까지는 한가합니다.

🔔 **〜です** 〜합니다 〈な형용사의 긍정 정중 표현〉

な형용사 기본형의 어미 だ를 떼고 어간에 です를 붙이면 な형용사의 긍정 정중 표현이 됩니다.

❖ **ひまだ** 한가하다 → **ひまだ です** = **ひまです** 한가합니다
　な형용사의 기본형　　　어미 だ를 빼고 です를 붙인다　な형용사의 정중 표현

この　りょうりは　**かんたんです。** 이 요리는 간단합니다.

かれは　おんがくが　**すきです。** 그는 음악을 좋아합니다.

クリスさんは　テニスが　**じょうずです。**
크리스 씨는 테니스를 잘합니다.

대상 + が + な형용사

すきだ 좋아하다
きらいだ 싫어하다
じょうずだ 잘하다, 능숙하다
へただ 못하다, 서투르다
とくいだ 잘하다, 자신 있다
にがてだ 못하다, 자신 없다

등과 같은 な형용사 앞에 오는 대상에는 조사 「〜が」를 붙여서 목적격(〜을/를)을 나타냅니다.

🔔 **〜まで** 〜까지

조사 「〜まで」는 시간, 일시, 장소 등의 종료점을 나타냅니다. 우리말로는 '〜까지'라고 해석하며, 시작점을 나타내는 조사 「〜から(〜부터)」와 함께 쓰이는 경우가 많습니다.
「〜まで」에 조사 「〜は(〜은/는)」가 더해지면 '〜까지는'이 됩니다.

ついたち**から**　ここのか**まで**　やすみです。
1일부터 9일까지 휴가(쉬는 날)입니다.

テストは　なんじ**から**　なんじ**まで**ですか。
시험은 몇 시부터 몇 시까지입니까?

しがつ 4월　なのか 7일　〜までは 〜까지는　ひまだ 한가하다　この 이　りょうり 요리, 음식　かんたんだ 간단하다, 쉽다　かれ 그, 남자친구　おんがく 음악　〜が 〜을/를　すきだ 좋아하다　テニス 테니스　じょうずだ 잘하다, 능숙하다　ついたち 1일　〜から 〜부터　ここのか 9일　やすみ 쉬는 날, 휴가　テスト 테스트, 시험　なんじ 몇 시　〜か 〜까?

달력

1月 いちがつ	2月 にがつ	3月 さんがつ	4月 しがつ	5月 ごがつ	6月 ろくがつ
7月 しちがつ	8月 はちがつ	9月 くがつ	10月 じゅうがつ	11月 じゅういちがつ	12月 じゅうにがつ

월요일	화요일	수요일	목요일	금요일	토요일	일요일
げつようび	かようび	すいようび	もくようび	きんようび	どようび	にちようび

1일	2일	3일	4일	5일	6일	7일
ついたち	ふつか	みっか	よっか	いつか	むいか	なのか
8일	9일	10일	11일	12일	13일	14일
ようか	ここのか	とおか	じゅういちにち	じゅうににち	じゅうさんにち	じゅうよっか
15일	16일	17일	18일	19일	20일	21일
じゅうごにち	じゅうろくにち	じゅうしちにち	じゅうはちにち	じゅうくにち	はつか	にじゅういちにち
22일	23일	24일	25일	26일	27일	28일
にじゅうににち	にじゅうさんにち	にじゅうよっか	にじゅうごにち	にじゅうろくにち	にじゅうしちにち	にじゅうはちにち
29일	30일	31일				
にじゅうくにち	さんじゅうにち	さんじゅういちにち				

3 ハンサムで　まじめです。
_{한　싸무데　마지메데스}
　잘생기고　　　　　성실합니다.

🔔 **～で** ～(하)고, ～(해)서〈な형용사의 연결형(で형)〉

な형용사의 연결형(で형)은 기본형 어미 だ를 で로 바꾸면 완성됩니다. '～(하)고, ～(해)서'라고 해석되며 문장의 중지, 열거, 원인 등의 의미를 나타냅니다.

◆ **ハンサムだ** 잘생기다　→　**ハンサムだ** で　=　**ハンサムで** 잘생기고, 잘생겨서
　　な형용사의 기본형　　　　어미 だ를 で로 바꾼다　　な형용사의 연결형

この　ホテルは　**きれいで**　しずかです。
이 호텔은 깨끗하고 조용합니다.

その　かばんは　**じょうぶで**　べんりです。
그 가방은 튼튼하고 편리합니다.

わたしは　りょうりが　**にがてで**　きらいです。
나는 요리를 못해서 (요리하는 것을) 싫어합니다.

かのじょは　にほんごが　**とくいで**、えいごが　にがてです。
그녀는 일본어를 잘하고, 영어를 못합니다.

ハンサムだ 잘생기다　まじめだ 성실하다　この 이　ホテル 호텔　きれいだ 깨끗하다, 예쁘다　しずかだ 조용하다　その 그
かばん 가방　じょうぶだ 튼튼하다　べんりだ 편리하다　わたし 나, 저　りょうり 요리, 음식　～が ～을/를
にがてだ 못하다, 자신 없다　きらいだ 싫어하다　かのじょ 그녀, 여자친구　にほんご 일본어　とくいだ 잘하다, 자신 있다
えいご 영어

4 あまり まじめじゃ ありません。
_{아마리   마지메쟈   아리마셍}
그다지   성실하지   않습니다.

🔔 ～じゃ(では) ありません(ないです)
～(하)지 않습니다 〈な형용사의 부정 정중 표현〉

な형용사 기본형의 어미 だ를 じゃ(では)로 바꾸고, 부정의 의미를 나타내는 ない를 붙이면 「～じゃ(では) ない」의 형태로 な형용사의 부정형이 됩니다. 부정형을 정중하게 말하려면 ない 뒤에 です를 붙여서 「～じゃ(では) ないです」라고 하거나 ないです를 ありません으로 바꾸어서 「～じゃ(では) ありません」으로 표현합니다.

◆ **まじめだ** 성실하다 → **まじめ~~だ~~ じゃ(では)** + **ない** = **まじめじゃ(では) ない** 성실하지 않다
_{な형용사의 기본형　　　　어미 だ를 じゃ(では)로 바꾸고 ない를 붙인다　　　　な형용사의 부정형}

→ **まじめじゃ(では) ない + です** = **まじめじゃ(では) ないです** 성실하지 않습니다
_{な형용사의 부정형에 です를 붙인다　　　　な형용사의 부정 정중 표현}

→ **まじめじゃ(では) ないです** = **まじめじゃ(では) ありません**
_{な형용사의 부정 정중 표현}

おさけは　あまり　**すきじゃない**。 술은 그다지 좋아하지 않는다.

いま　**ひまじゃ　ないです**。 지금 한가하지 않습니다.

おおさかの　ちかてつは　**ふべんじゃ　ありません**。
오사카의 지하철은 불편하지 않습니다.

わたしは　テニスが　すきですが、
あまり　**じょうずじゃ　ないです**。
나는 테니스를 좋아하지만 그다지 잘 못합니다.

> **あまり**
> あまり는 부정 표현과 함께 쓰여 '그다지, 별로'라는 뜻을 나타내는 부사입니다.

> **접속 조사 ～が**
> 문장과 문장을 연결할 때 앞 문장 끝에 붙는 が는 역접의 뜻으로 앞문장과 뒷문장이 서로 대립함을 나타냅니다.

あまり 그다지, 별로　まじめだ 성실하다　おさけ 술　すきだ 좋아하다　いま 지금　ひまだ 한가하다　おおさか 오사카〈지명〉
ちかてつ 지하철　ふべんだ 불편하다　テニス 테니스　～が ～(하)지만　じょうずだ 잘하다, 능숙하다

117

실력 쌓기

1 예시를 보고 문장을 만들어 보세요.

🎧 05-16

| 예 | **とうきょうは にぎやかです。** 도쿄는 북적입니다. |

① この りょうり　　かんたんだ

② かのじょの ぼうし　　すてきだ

③ スポーツ　　きらいだ

---

2 그림을 보고 ⓐ와 ⓑ 중 알맞은 것을 골라 보세요.

🎧 05-18

1

| 예 | かれは （ⓐ まじめ　ⓑ へた ）で ハンサムです。
그는 성실하고 잘생겼습니다. |

①  ホテルは （ⓐ きれい　ⓑ きらい ）で しずかです。

②  わたしの さいふは （ⓐ はで　ⓑ にがて ）で ながいです。

🎧 05-20

とうきょう 도쿄〈지명〉　にぎやかだ 번화하다, 북적이다　この 이　りょうり 요리, 음식　かんたんだ 간단하다, 쉽다
かのじょ 그녀, 여자친구　ぼうし 모자　すてきだ 멋지다, 훌륭하다　スポーツ 스포츠, 운동　きらいだ 싫어하다　かれ 그, 남자친구
まじめだ 성실하다　へただ 못하다, 서투르다　ハンサムだ 잘생기다　ホテル 호텔　きれいだ 깨끗하다, 예쁘다　しずかだ 조용하다
わたし 나, 저　〜の 〜의　さいふ 지갑　はでだ 화려하다　にがてだ 못하다, 자신 없다　ながい 길다

🎧 05-17

2

예　| **かのじょは　ほがらかな　ひとです。** 그녀는 명랑한 사람입니다.

① きもの　　　はでだ　　　ふく
② かれ　　　　しんせつだ　ひと
③ ふたり　　　おなじだ　　とし

🎧 05-19

2

예　かれは　あまり
（ⓐ まじめです　ⓑ まじめじゃ　ありません）。
그는 그다지 성실하지 않습니다.

① あしたは　（ⓐ ひまです　ⓑ ひまじゃ　ありません）。

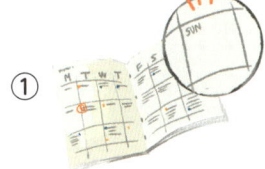

② うたは　（ⓐ じょうずです　ⓑ じょうずじゃ　ありません）。

🎧 05-21

ほがらかだ 명랑하다　ひと 사람　きもの 기모노〈일본 전통 의복〉　ふく 옷　しんせつだ 친절하다　ふたり 두 사람
おなじだ 같다　とし 나이　あまり 그다지, 별로　あした 내일　ひまだ 한가하다, 여유롭다　うた 노래　じょうずだ 잘하다, 능숙하다

필수 회화

🎧 05-22 | 05-23
천천히 | 보통

ジホ　きょうは　あまり　いそがしく　ありませんね。

みゆき　そうですね。
　　　　しがつ　なのかまでは　すこし　ひまです。

ジホ　みゆきさん、その　しゃしんの　ひとたちは　だれですか。

みゆき　わたしの　ともだちです。
　　　　これは　こばやしで、これは　すずきです。

ジホ　みんな　イケメンですね。

みゆき　はい、ハンサムで　まじめです。
　　　　ジホさんの　ともだちは　どんな　ひとですか。

ジホ　うたが　じょうずで　ほがらかな　ひとです。
　　　　でも、あまり　まじめじゃ　ありません。

きょう 오늘　あまり 그다지, 별로　いそがしい 바쁘다　~ね ~군요, ~네요, ~이지요　そうですね 그렇군요　しがつ 4월
なのか 7일　~までは ~까지는　すこし 조금　ひまだ 한가하다, 여유롭다　~さん ~씨, ~님　その 그　しゃしん 사진
~の ~의　ひとたち 사람들　だれ 누구　ともだち 친구　これ 이것　~で ~이고　みんな 모두　イケメン 잘생긴 사람, 미남
はい 네, 예　ハンサムだ 잘생기다　まじめだ 성실하다　どんな 어떤　ひと 사람　うた 노래　~が ~을/를
じょうずだ 잘하다, 능숙하다　ほがらかだ 명랑하다　でも 하지만

지호	오늘은 그다지 바쁘지 않네요.
미유키	그러게요.
	4월 7일까지는 좀 여유로워요.
지호	미유키 씨, 그 사진의 사람들은 누구예요?
미유키	내 친구들이에요.
	얘는 고바야시고, 얘는 스즈키예요.
지호	다들 미남이네요.
미유키	네, 잘생겼고 성실해요.
	지호 씨의 친구는 어떤 사람이에요?
지호	노래를 잘하고 명랑한 사람이에요.
	하지만 그다지 성실하지 않아요.

 플러스 표현

● ～で ~이고〈명사의 연결형〉

'명사+です'로 이루어진 문장 두 개를 연결할 경우, 앞문장을 '명사+で(です의 연결형)'로 바꾸어서 뒷문장과 연결할 수 있습니다.

- これは　りんごです 이것은 사과입니다 ＋ これは　バナナです 이것은 바나나입니다.
  → これは　りんごで、これは　バナナです。 이것은 사과이고, 이것은 바나나입니다.

1. 음성을 듣고 괄호 안에 알맞은 な형용사를 받아써 보세요. 🎧 05-26

① おおさかは （　　　　　）です。

② りょうりは （　　　　　）です。

③ みゆきさんは （　　　　　） ひとです。

2. 제시된 な형용사를 활용해 보세요. 🎧 05-27

기본형	～な	～で	～じゃ ありません
예 べんりだ	べんりな	べんりで	べんりじゃ ありません
① すきだ			
② しんせつだ			
③ きれいだ			

3. 우리말을 참고하여 빈칸에 な형용사를 넣어 보세요. 필요할 경우 적당한 활용형으로 써 주세요. 🎧 05-28

① A あしたは ひまですか。 내일은 한가한가요?

　B いいえ、 ひまだ → ＿＿＿＿＿＿ ありません。 아니요, 한가하지 않습니다.

② A きらいな たべものは なんですか。 싫어하는 음식은 무엇입니까?

　B さしみが きらいだ → ＿＿＿＿＿＿ です。 생선회를 싫어합니다.

③ A ソウルの ちかてつは ふべんですか。 서울 지하철은 불편합니까?

　B いいえ、 ふべんだ → ＿＿＿＿＿ ありません。 べんりだ → ＿＿＿＿＿ です。
　　아니요, 불편하지 않습니다. 편리합니다.

4 우리말 문장을 일본어로 바꾸어 써 보세요.

| 예 | 내 친구는 친절하고 잘생겼습니다.
→ わたしの　ともだちは　しんせつで　ハンサムです。 |

① 스즈키 씨는 활기차고 명랑합니다.

→ _____

② 그녀는 스포츠를 좋아하고 잘합니다.

→ _____

③ 나는 행복한 사람입니다.

→ _____

5 제시된 질문에 (　　) 안의 단어를 사용해 답해 보세요.

| 예 | Q あなたは　なっとうが　すきですか。（ いいえ・にがてだ ）
A いいえ、すきじゃ　ありません。にがてです。 |

① Q あなたは　うたが　じょうずですか。（ いいえ・へただ ）

　A _____

② Q ソウルは　しずかですか。（ いいえ・にぎやかだ ）

　A _____

학습 포인트

- 장소 지시 대명사
- あります와 ありません
- 기본 조수사
- 조수사(돈)

실력 확인

A　みんな　イケメンですね。 다들 미남이네요.

B　はい、＿＿＿＿＿＿＿＿＿＿　まじめです。 네, 잘생겼고 성실해요.

A　わたしの　ともだちは　うたが　＿＿＿＿＿＿＿＿、＿＿＿＿＿＿＿＿
　　ひとです。でも、あまり　＿＿＿＿＿＿＿＿＿＿＿＿＿＿。
　　내 친구는 노래를 잘하고, 명랑한 사람이에요. 하지만 그다지 성실하지 않아요.

필수 표현

1 ふくやは　ここですね。
　　후꾸야와　　코꼬데스네
　　옷가게는　　　여기네요.

🔔 **ここ** 여기　**そこ** 거기　**あそこ** 저기　**どこ** 어디

장소(위치)를 가리키는 지시 대명사에는 말하는 사람과 가까운 곳을 가리키는 「ここ(여기, 이곳)」, 듣는 사람에게 가까운 곳을 가리키는 「そこ(거기, 그곳)」, 말하는 사람과 듣는 사람 둘 다에게 먼 곳을 가리키는 「あそこ(저기, 저곳)」, 의문 대명사인 「どこ(어디, 어느 곳)」가 있습니다. 말하는 사람과 듣는 사람, 사물의 위치에 따라 구별해서 사용합니다.

장소 지시 대명사			
말하는 사람 근처	듣는 사람 근처	먼 곳	의문(부정칭)
ここ 여기, 이곳	そこ 거기, 그곳	あそこ 저기, 저곳	どこ 어디, 어느 곳

ここは　わたしの　うちです。　여기는 내 집입니다.

そこは　かいぎしつです。　거기는 회의실입니다.

A　トイレは　**どこ**ですか。　화장실은 어디예요?
B　**あそこ**です。　저기입니다.

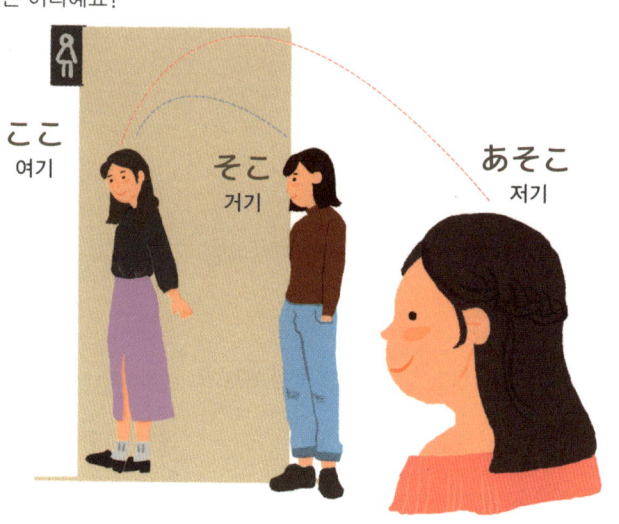

ふくや 옷가게　～ね ~군요, ~네요, ~이지요　～の ~의　うち 집, 우리집　かいぎしつ 회의실　トイレ 화장실

2 ベージュは ここに あります。
베-쥬 와 코꼬니 아리마스
베이지색은　　　여기에　　　있습니다.

- **あります** 있습니다　**ありません** 없습니다
「あります(있습니다)」와 「ありません(없습니다)」은 식물이나 사물 등의 존재를 나타내는 표현입니다. 시간과 같은 추상적인 개념에도 사용합니다. 사람이나 동물에 대해서는 사용할 수 없습니다.

- **～に** ～에
「～に」는 사물이나 사람 등이 존재하는 장소를 나타내는 조사입니다. 우리말의 '～에'에 해당합니다.

デパートは あそこに あります。　백화점은 저기에 있습니다.

おかねは ぜんぜん ありません。　돈은 전혀 없습니다.

ちょっと じかん ありますか。　잠깐 시간 있습니까?

にじまで じゅぎょうは ありません。
두 시까지 수업은 없습니다.

えきは どこに ありますか。　역은 어디에 있습니까?

テレビは へやに あります。　텔레비전은 방에 있습니다.

ベージュ 베이지색　**デパート** 백화점　**おかね** 돈　**ぜんぜん** 전혀　**ちょっと** 잠깐, 조금　**じかん** 시간　**にじ** 2시
～まで ～까지　**じゅぎょう** 수업　**えき** 역　**テレビ** 텔레비전　**へや** 방

3 ベージュを 2まい ください。

베―쥬 오 니마이 쿠다사이
베이지색을   두 장   주세요.

🔔 **조수사**

'조수사'란 물건이나 사람 등을 셀 때 숫자 뒤에 붙는 말입니다.
조수사는 세는 물건이나 사람 등의 종류에 따라 달라집니다.
예를 들어, 1개(一個), 3명(三人), 5장(五枚)에서 숫자 뒤에 오는 '개(個)',
'명(人)', '장(枚)' 등을 조수사라고 합니다.

🔔 **〜を** ~을/를

「〜を」는 목적격 조사로 우리말의 '~을/를'에 해당합니다.
あ행의 お와 발음이 같은 を는 현대 일본어에서 조사로만 사용됩니다.

🔔 **ください** 주세요

ください는 무엇인가를 요구하거나 부탁할 때 쓰이는 표현입니다.
우리말로 해석하면 '주세요'이지만, 명령에 가까운 요구 표현이기 때문에
윗사람에게 정중하게 말할 때는 사용하지 않는 편이 좋습니다.

アイスクリームを みっつ ください。 아이스크림을 세 개 주세요.

たこやきを ろっこ ください。 다코야키를 여섯 개 주세요.

ビールを いっぽん ください。 맥주를 한 병 주세요.

にんじんを さんぼん ください。 당근을 세 개 주세요.

かみは ごまい あります。 종이는 다섯 장 있습니다.

ベージュ 베이지색　にまい 두 장　アイスクリーム 아이스크림　みっつ 세 개　たこやき 다코야키〈음식〉　ろっこ 여섯 개
ビール 맥주　いっぽん 한 병, 한 자루　にんじん 당근　さんぼん 세 병, 세 자루, 세 개　かみ 종이　ごまい 다섯 장
あります 〈식물·사물 등이〉 있습니다

◆ ～つ   ～개. 개수를 셀 때 사용하는 조수사. 기본적으로 우리말의
　　　　'하나, 둘, 셋, …'에 해당되며, '한 개, 두 개, 세 개, …'로 사용되기도 한다.

몇 개 いくつ?				
ひとつ 한 개	ふたつ 두 개	みっつ 세 개	よっつ 네 개	いつつ 다섯 개
むっつ 여섯 개	ななつ 일곱 개	やっつ 여덟 개	ここのつ 아홉 개	とお 열 개

◆ ～こ   ～개. 개수를 셀 때 사용하는 조수사.

몇 개 なんこ?				
いっこ 한 개	にこ 두 개	さんこ 세 개	よんこ 네 개	ごこ 다섯 개
ろっこ 여섯 개	ななこ 일곱 개	はっこ / はちこ 여덟 개	きゅうこ 아홉 개	じゅっこ 열 개

◆ ～ほん   ～병, ～자루. 병이나 가늘고 긴 물건을 셀 때 사용하는 조수사.

몇 자루/병 なんぼん?				
いっぽん 한 병, 한 자루	にほん 두 병, 두 자루	さんぼん 세 병, 세 자루	よんほん 네 병, 네 자루	ごほん 다섯 병, 다섯 자루
ろっぽん 여섯 병, 여섯 자루	ななほん 일곱 병, 일곱 자루	はっぽん 여덟 병, 여덟 자루	きゅうほん 아홉 병, 아홉 자루	じゅっぽん じっぽん 열 병, 열 자루

◆ ～まい   ～장. 종이나 셔츠 등 얇거나 평평한 것을 셀 때 사용하는 조수사.

몇 장 なんまい?				
いちまい 한 장	にまい 두 장	さんまい 세 장	よんまい 네 장	ごまい 다섯 장
ろくまい 여섯 장	しちまい ななまい 일곱 장	はちまい 여덟 장	きゅうまい 아홉 장	じゅうまい 열 장

4
니 마 이 데　　　산젱　　엥　데 스
２まいで　3,000えんです。
두 장에　　　　3,000엔입니다.

🔔 **～で** ～에, ～해서
값이나 범위, 기한 등을 나타내는 조사로 우리말로는 '～에, ～해서' 정도로 해석됩니다.

ぜんぶで　1,000（せん）えんです。
전부 해서 1,000엔입니다.

この　たまごは　さんこで　500（ごひゃく）えんです。
이 달걀은 세 개에 500엔입니다.

あの　ワインは　にほんで　7,000（ななせん）えんです。
저 와인은 두 병에 7,000엔입니다.

A **その　りんごは　いくらですか。** 그 사과는 얼마예요?
B **ひとつで　150（ひゃくごじゅう）えんです。** 하나에 150엔입니다.

にまい 두 장　さんぜん 삼천(3,000)　えん 엔〈일본 화폐 단위〉　ぜんぶ 전부　せん 천(1,000)　たまご 달걀　さんこ 세 개
ごひゃく 오백(500)　あの 저　ワイン 와인　にほん 두 병, 두 자루　ななせん 칠천(7,000)　その 그　りんご 사과　いくら 얼마
ひとつ 하나, 한 개　ひゃくごじゅう 백오십(150)

◆ 돈

¥1~10 　　　　　　　　　　　　　　　　　　　　　　　　　　얼마 いくら?

いちえん 1엔	にえん 2엔	さんえん 3엔	よえん 4엔	ごえん 5엔
ろくえん 6엔	ななえん 7엔	はちえん 8엔	きゅうえん 9엔	じゅうえん 10엔

¥10~100

じゅうえん 10엔	にじゅうえん 20엔	さんじゅうえん 30엔	よんじゅうえん 40엔	ごじゅうえん 50엔
ろくじゅうえん 60엔	ななじゅうえん 70엔	はちじゅうえん 80엔	きゅうじゅうえん 90엔	ひゃくえん 100엔

¥100~1,000

ひゃくえん 100엔	にひゃくえん 200엔	さんびゃくえん 300엔	よんひゃくえん 400엔	ごひゃくえん 500엔
ろっぴゃくえん 600엔	ななひゃくえん 700엔	はっぴゃくえん 800엔	きゅうひゃくえん 900엔	せんえん 1,000엔

¥1,000~10,000

せんえん 1,000엔	にせんえん 2,000엔	さんぜんえん 3,000엔	よんせんえん 4,000엔	ごせんえん 5,000엔
ろくせんえん 6,000엔	ななせんえん 7,000엔	はっせんえん 8,000엔	きゅうせんえん 9,000엔	いちまんえん 10,000엔

소비세

일본은 물건을 구입할 때 소비세가 10%(2021년 기준)가 별도로 붙는 경우가 많습니다. 예를 들어 100엔짜리 물건을 사면 소비세를 포함해 110엔을 지불합니다. 따라서 엔화는 1엔 단위도 알아두면 좋습니다. 참고로, 가격 옆에 税込(ぜいこみ)라고 써 있는 것은 세금이 포함된 가격입니다.

실력 쌓기

1 예시를 보고 문장을 만들어 보세요.

🎧 06-18

1

| 예 | ふくやは　ここです。 | 옷가게는 여기입니다. |

① ぎんこう　　あそこ
② デパート　　ここ
③ パンや　　　そこ

2 그림을 보고 ⓐ와 ⓑ 중 알맞은 것을 골라 보세요.

🎧 06-20

1

예　Tシャツは　にまいで
（ⓐ さんぜん　ⓑ さんせん ）えんです。
티셔츠는 두 장에 3,000엔입니다.

① 　この　チケットは　さんまいで
（ⓐ くせん　ⓑ きゅうせん ）えんです。

② 　あの　コップは　はちこで
（ⓐ はっぴゃく　ⓑ はちひゃく ）えんです。

🎧 06-22

ふくや 옷가게	ここ 여기, 이곳	ぎんこう 은행	あそこ 저기, 저곳	デパート 백화점	パンや 빵집, 베이커리	そこ 거기, 그곳
T(ティー)シャツ 티셔츠	にまい 두 장	～で ~에, ~해서	さんぜん 삼천(3,000)	えん ~엔〈일본 화폐 단위〉	チケット 티켓
さんまい 세 장	きゅうせん 구천(9,000)	あの 저	コップ 컵	はちこ 여덟 개	はっぴゃく 팔백(800)

2

| 예 | ここに きいろは ありません。 이곳에 노란색은 없습니다. |

① あそこ　　　　　コンビニ
② わたしの へや　　テレビ
③ この カフェ　　　いちごの ケーキ

2

예　ばらを （ⓐ さんぼん　ⓑ さんほん） ください。
장미를 세 송이 주세요.

① 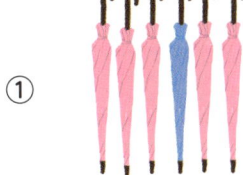 かさを （ⓐ ろっぽん　ⓑ ろくほん） ください。

②  チーズケーキを （ⓐ いっこ　ⓑ いちこ） ください。

~に ~에　きいろ 노란색　ありません (식물·사물 등이) 없습니다　コンビニ 편의점　わたし 나, 저　~の ~의　へや 방
テレビ 텔레비전　カフェ 카페　いちご 딸기　ケーキ 케이크　ばら 장미　~を 을/를　さんぼん 세 송이, 세 병, 세 자루
ください 주세요　かさ 우산　ろっぽん 여섯 병, 여섯 자루, 여섯 개　チーズケーキ 치즈 케이크　いっこ 한 개

필수 회화

いとう　ふくやは　ここですね。
　　　　あっ、こんげつ　じゅうよっかまで　セールですね。

ユリ　　ラッキー！ わあ、この　Tシャツ　すてきですね。
　　　　すみません。これ、きいろは　ありますか。

てんいん　すみません。きいろは　ありません。

ユリ　　ベージュは　ありますか。

てんいん　はい、ここに　あります。

ユリ　　それでは、ベージュを　2まい　ください。

てんいん　ぜんぶで　2まいですか。

ユリ　　はい、いくらですか。

てんいん　この　Tシャツは　2まいで　3,000えんです。

ふくや 옷가게　ここ 여기, 이곳　～ね ~군요, ~네요, ~이지요　あっ 앗〈감탄사〉　こんげつ 이번 달　じゅうよっか 14일
～まで ~까지　セール 세일　ラッキー 럭키, 행운　わあ 우와!〈감탄사〉　T(ティー)シャツ 티셔츠　すてきだ 멋지다, 훌륭하다
すみません 여기요, 저기요, 실례합니다　これ 이것　きいろ 노란색　あります (식물·사물 등이) 있습니다　てんいん 점원
すみません 죄송합니다, 미안합니다　ありません (식물·사물 등이) 없습니다　ベージュ 베이지색　はい 네, 예　～に ~에
それでは 그러면　～を 을/를　2(に)まい 두 장　ください 주세요　ぜんぶ 전부　～で ~에, ~해서　いくら 얼마
3,000(さんぜん) 삼천(3,000)　えん ~엔

이토	옷가게는 여기네요. 앗! 이번 달 14일까지 세일이네요.
유리	럭키! 우와! 이 티셔츠 멋지네요. 여기요, 이거 노란색은 있나요?
점원	죄송합니다. 노란색은 없습니다.
유리	베이지색은 있나요?
점원	네, 여기에 있습니다.
유리	그러면 베이지색을 두 장 주세요.
점원	전부 해서 두 장이신가요?
유리	네, 얼마예요?
점원	이 티셔츠는 두 장에 3천 엔입니다.

 플러스 표현

🍊 すみません

❶ 미안합니다, 죄송합니다: 가장 일반적으로 사용되는 의미로 자신의 행위에 대한 사죄를 뜻합니다.

❷ 여기요, 저기요, 실례합니다: 식당이나 가게에서 종업원을 부르거나, 길거리에서 모르는 사람에게 말을 걸 때 쓰입니다.
- **すみません。 うどん ください。** 저기요. 우동 주세요.
- **すみません。 これ、 いくらですか。** 실례합니다. 이거 얼마예요?
- **すみません。 ちょっと、 いいですか。** 실례합니다. 잠깐 괜찮으신가요?

❸ 고맙습니다: 상대방에 대한 감사를 나타낼 때 쓰입니다. 이때는 '신경을 쓰게 해서 미안하다'는 의미도 들어 있습니다.

실력 다지기

1 음성을 듣고 괄호 안에 알맞은 조수사를 받아써 보세요. 🎧 06-28

① アイスクリームを （　　　　　） ください。

② その　シャツを （　　　　　） ください。

③ この　さいふは （　　　　　） です。

2 제시된 우리말을 참고하여 빈칸에 들어갈 조사를 상자 안에서 골라 써 보세요. 🎧 06-29

| は　　に　　で　　は　　に　　は |

① ぎんこう（　　） あそこ（　　　） あります。 은행은 저기에 있습니다.

② トイレ（　　） どこ（　　　） ありますか。 화장실은 어디에 있습니까?

③ にんじん（　　） 3ぼん（　　　） 330えんです。 당근은 세 개에 330엔입니다.

3 그림을 보고 괄호 안에 알맞은 수사를 써 넣으세요. 🎧 06-30

① りんごを （　　　　　） ください。

② ビールを （　　　　　） ください。

4 우리말 문장을 일본어로 바꾸어 써 보세요.　　　　　🎧 06-31

| 예 | 베이지색을 한 장 주세요.
→　ベージュを　いちまい　ください。 |

① 역은 어디에 있습니까?

→ _____

② 티켓은 두 장에 6천 엔입니다.

→ _____

5 제시된 질문에 (　　) 안의 단어를 사용해 답해 보세요.　　🎧 06-32

| 예 | Q　すみません、デパートは　どこに　ありますか。(　あそこ　)
A　あそこに　あります。 |

① Q　すみません、ぎんこうは　どこに　ありますか。(　そこ　)

　A _____

② Q　すみません、バナナは　いくらですか。(　ななほん・480えん　)

　A _____

UNIT 07

わたしには きょうだいが いません
와따시니와 쿄ー다이가 이마셍
내게는 형제가 없습니다

학습 포인트
- います와 いません
- 가족 호칭
- 조수사(사람)
- 열거 표현(〜や … など)

실력확인

A　すみません、これ　きいろは _____ 。 여기요, 이거 노란색은 있나요?

B　すみません。きいろは _____ 。 죄송합니다. 노란색은 없습니다.

A　ベージュは _____ 。 베이지색은 있나요?

B　はい、ここに _____ 。 _____ で _____ です。
네, 여기에 있습니다. 한 장에 1,000엔입니다.

1　きょうだいが　います。
_{쿄　－　다　이　가　　　　이　마　스}
형제가　　　　　　　있습니다.

🔔 **います** 있습니다　**いません** 없습니다
「います(있습니다)」와 「いません(없습니다)」은 사람이나 동물 등의 존재를 나타내는 표현입니다.
식물이나 사물에 대해서는 사용할 수 없습니다. 6과에서 배운 「あります・ありません ((식물·사물 등이) 있습니다·없습니다)」과 구별해서 알아두어야 합니다.

🔔 **〜が** ~이/가
「〜が」는 주격 조사로 우리말의 '~이/가'에 해당합니다.
성질과 상태, 동작과 작용을 갖는 주체, 즉 주어를 나타냅니다.

すずきさんは　カフェに　います。
스즈키 씨는 카페에 있습니다.

ジホさんは　じむしつに　いません。
지호 씨는 사무실에 없습니다.

きょうは　うちに　だれも　いません。
오늘은 집에 아무도 없습니다.

わたしの　うちには　いぬが　います。
우리집에는 개가 있습니다.

にわに　きが　にほん　あります。
마당에 나무가 두 그루 있습니다.

きょうだい 형제　**カフェ** 카페　**〜に** ~에　**じむしつ** 사무실　**きょう** 오늘　**うち** 집, 우리집　**だれも** 아무도　**〜には** ~에는
いぬ 개　**にわ** 정원, 마당　**き** 나무　**にほん** 두 그루, 두 병, 두 자루　**あります** (식물·사물 등이) 있습니다

2 あにが ひとりと、あねが ひとり。
_{아 니 가   히 또 리 또   아 네 가   히 또 리}
오빠가 한 명이고 언니가 한 명.

🔔 가족
일본어에서는 자신의 가족을 말할 때와 남의 가족을 말할 때 쓰는 호칭이 다릅니다.

	내 가족을 남에게 말할 때	남의 가족을 말할 때 / 내가 우리 가족을 부를 때
할머니	そぼ	おばあさん
할아버지	そふ	おじいさん
엄마, 어머니	はは	おかあさん
아빠, 아버지	ちち	おとうさん
언니, 누나	あね	おねえさん
오빠, 형	あに	おにいさん
여동생	いもうと	いもうとさん
남동생	おとうと	おとうとさん

여동생과 남동생
내가 우리 가족을 부를 때, 여동생과 남동생은 이름으로 부릅니다.

ははも **ちち**も げんきです。 엄마도 아빠도 건강합니다.

すずきさんの **いもうとさん**は かわいいです。
스즈키 씨의 여동생은 귀엽습니다.

おかあさん、おとうさん。 おやすみなさい。
엄마, 아빠. 안녕히 주무세요.

🔔 ～と ～와/과, ～이고
「～と」는 사람(동물)이나 사물을 열거할 때 사용하는 조사입니다.

わたしは りんご**と** バナナが すきです。
나는 사과와 바나나를 좋아합니다.

あそこに わたしの いもうと**と** おとうとが います。
저기에 내 여동생과 남동생이 있습니다.

ひとり 한 명　**～も** ～도　**げんきだ** 활달하다, 건강하다　**かわいい** 귀엽다, 예쁘다　**りんご** 사과　**バナナ** 바나나　**～が** ～을/를
すきだ 좋아하다　**あそこ** 저기, 저곳

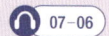

3 おとうとが ふたり います。
오또-또가 후따리 이마스
남동생이 　　　두 명　　　있어요.

🔔 조수사〈사람〉

사람 수를 셀 때는 한자「人」을 사용합니다.
이 경우「人」는「にん」으로 표기하고 읽습니다. 다만, 예외적으로 '한 명'은「一人(ひとり)」, '두 명'은「二人(ふたり)」라고 읽습니다. 세 명부터는 숫자에「にん」을 붙여서 읽으면 됩니다. '네 명'은「よにん」, '아홉 명'은「くにん」혹은「きゅうにん」으로 읽히는 것에 주의해 주세요.

한 명, 1명	두 명, 2명	세 명, 3명	네 명, 4명	다섯 명, 5명
ひとり	ふたり	さんにん	よにん	ごにん
여섯 명, 6명	일곱 명, 7명	여덟 명, 8명	아홉 명, 9명	열 명, 10명
ろくにん	しちにん	はちにん	くにん きゅうにん	じゅうにん

きょうしつに　がくせいが　さんにん　います。
교실에 학생이 세 명 있습니다.

こどもは　ぜんぶで　じゅういちにんです。
어린이는 전부 해서 열한 명입니다.

わたしには　あねが　ひとりと、　あにが　よにん　います。
내게는 누나가 한 명이고, 형이 네 명 있습니다.

A なんにん　かぞくですか。 가족은 몇 명입니까?
B ごにん　かぞくです。 다섯 식구입니다.

おとうと 남동생　います (사람·동물 등이) 있습니다　きょうしつ 교실　〜に 〜에　がくせい 학생　〜が 〜이/가
こども 어린이, 아이　ぜんぶ 전부　〜で 〜에, 〜해서　じゅういちにん 열한 명　〜には 〜에게는　あね 언니, 누나　あに 오빠, 형
なんにん 몇 명　かぞく 가족, 식구

4 いぬや ねこなどが います。
_{이 누 야　네꼬나도가　이 마 스}
개랑　고양이 등이　있어요.

🔔 **～や …など** ～랑/나 … 등/따위〈열거 표현〉

「～や(~랑/나)」는 같은 종류의 생물, 무생물을 두세 가지 정도 열거할 때 쓰이는 조사입니다.
보통 「…など(… 등/따위)」와 함께 쓰여 앞에 나열한 두세 가지 외에도 이와 비슷한 것들이 또 있음을 나타냅니다.

どうぶつえんには　パンダや　ライオンなどが　います。
동물원에는 판다랑 사자 등이 있습니다.

かいしゃの　きんじょには　カフェや　こうえんなどが　あります。
회사 근처에는 카페나 공원 등이 있어요.

みせの　まえに　じてんしゃや　かさなどが　あります。
가게 앞에 자전거랑 우산 등이 있습니다.

ドアの　うしろに　おもちゃや　かばんなどが　あります。
문 뒤에 장난감이랑 가방 등이 있습니다.

テーブルの　うしろに　ソファーが　あります。
탁자 뒤에 소파가 있습니다.

いぬ 개　　ねこ 고양이　　どうぶつえん 동물원　　～には ~에는　　パンダ 판다　　ライオン 사자　　かいしゃ 회사　　きんじょ 근처
カフェ 카페　　こうえん 공원　　あります (식물·사물 등이) 있습니다　　みせ 가게　　まえ 앞　　じてんしゃ 자전거　　かさ 우산　　ドア 문
うしろ 뒤　　おもちゃ 장난감　　かばん 가방　　テーブル 테이블, 탁자　　ソファー 소파

실력 쌓기

1 예시를 보고 문장을 만들어 보세요.

🎧 07-12

1

예	きょうしつには　がくせいが　よにん　います。
	교실에는 학생이 네 명 있습니다.

① かいぎしつ　　しゃいん　　　ごにん
② レストラン　　おきゃくさん　はちにん
③ なら　　　　　しか　　　　　たくさん

2 그림을 보고 ⓐ와 ⓑ 중 알맞은 것을 골라 보세요.

🎧 07-14

1

예　かばんの　（ⓐ なか　ⓑ そと）に
　　さいふや　スマホ　などが　あります。
　　가방 안에 지갑이랑 스마트폰 등이 있습니다.

①  くるまの　（ⓐ うしろ　ⓑ まえ）に　いぬが　います。

②  いすの　（ⓐ うえ　ⓑ した）に　バナナが　あります。

🎧 07-16

きょうしつ 교실　～には ~에는　がくせい 학생　～が ~이/가　よにん 네 명　います (사람·동물 등이) 있습니다
かいぎしつ 회의실　しゃいん 사원　ごにん 다섯 명　レストラン 레스토랑, 식당　おきゃくさん 손님　はちにん 여덟 명
なら 나라〈지명〉　しか 사슴　たくさん 많이　かばん 가방　なか 안　そと 밖, 바깥　～に ~에　さいふ 지갑　～や ~랑, ~나
スマホ 스마트폰　～など 등, ~따위　あります (식물·사물 등이) 있습니다　くるま 자동차　うしろ 뒤　まえ 앞　いぬ 개
いす 의자　うえ 위　した 아래　バナナ 바나나

🎧 07-13

2 예　**うち**には　**いぬ**や　**ねこ**などが　います（あります）。
우리집에는 개랑 고양이 등이 있습니다.

① どうぶつえん　　くま　　　　さる
② ソファーの　うえ　キー　　　　カメラ
③ この　ビル　　　びょういん　　くすりや

🎧 07-15

2 예　 はこの　なかに　ねこが　(ⓐ います　ⓑ あります)。
상자 안에 고양이가 있습니다.

①  この　へやには　だれも　(ⓐ ありません　ⓑ いません)。

②  テーブルの　うえに　はなが　(ⓐ あります　ⓑ います)。

🎧 07-17

うち 집, 우리집　ねこ 고양이　どうぶつえん 동물원　くま 곰　さる 원숭이　ソファー 소파　キー 키, 열쇠　カメラ 카메라
ビル 빌딩　びょういん 병원　くすりや 약국　はこ 상자　へや 방　だれも 아무도　ありません (식물·사물 등이) 없습니다
いません (사람·동물 등이) 없습니다　テーブル 테이블, 탁자　はな 꽃

07-18 | 07-19
천천히 | 보통

ジホ みゆきさんは きょうだいが いますか。

みゆき はい、います。
あにが ひとりと あねが ひとり、おとうとが ふたり。
ぜんぶで よにん います。ジホさんは？

ジホ わたしには きょうだいが いません。
でも、うちには いぬや ねこなどが います。
これ、しゃしんです。

みゆき わあ、とても かわいいですね！
ねこは さんびきも いますか。

ジホ はい、います。
わたしの りょうしんは どうぶつが だいすきですから。
みゆきさんの うちには どうぶつが いますか。

みゆき いいえ、いっぴきも いません。

きょうだい 형제	~が ~이/가	います (사람·동물 등이) 있습니다	はい 네, 예	あに 오빠, 형	ひとり 한 명	~と ~와/과, ~이고
あね 언니, 누나	おとうと 남동생	ふたり 두 명	ぜんぶ 전부	~で ~에, ~해서	よにん 네 명	~には ~에게는
いません (사람·동물 등이) 없습니다	でも 하지만	うち 집, 우리집	~には ~에는	いぬ 개	~や ~랑, ~나	ねこ 고양이
~など ~등, ~따위	これ 이것	しゃしん 사진	わあ 우와!(감탄사)	とても 매우, 무척	かわいい 귀엽다, 예쁘다
~ね ~군요, ~네요, ~이지요	さんびき 세 마리	~も ~이나, ~도	りょうしん 양친, 부모님	どうぶつ 동물	~が ~을/를
だいすきだ 아주 좋아하다	~から ~(하)기 때문에	いいえ 아니요	いっぴき 한 마리

지호 　 미유키 씨는 형제가 있나요?

미유키 　 네, 있어요.
　　　　 오빠가 한 명이고 언니가 한 명, 남동생이 두 명.
　　　　 전부 해서 네 명 있어요. 지호 씨는요?

지호 　 내게는 형제가 없어요.
　　　　 하지만 우리집에는 강아지랑 고양이 등이 있어요.
　　　　 이거, 사진이에요.

미유키 　 우와! 무척 귀여워요!
　　　　 고양이는 세 마리나 있나요?

지호 　 네, 있어요.
　　　　 우리 부모님은 동물을 아주 좋아하거든요.
　　　　 미유키 씨 집에는 동물이 있나요?

미유키 　 아니요, 한 마리도 없어요.

 플러스 표현

〜も 〜이나, 〜도

강조를 나타냅니다. 「수사·조수사+も」의 형태인 경우가 많습니다.

- りんごは　みっつも　あります。 사과는 세 개나 있습니다.
- ともだちが　ひとりも　いません。 친구가 한 명도 없습니다.

〜から 〜(하)기 때문에, 〜(하)니까

문장 끝에 붙는 から는 원인이나 이유를 나타냅니다. 말하는 사람의 주관적인 느낌이 강합니다.

- どうぶつが　だいすきですから。 동물을 아주 좋아하기 때문에.

실력 다지기

1 음성을 잘 듣고 알맞은 단어를 골라 보세요.　　🎧 07-22

① ☐ おばあさん　　　☐ おばさん

② ☐ おじさん　　　　☐ おじいさん

③ ☐ いもうと　　　　☐ おとうと

2 우리말 단어를 일본어로 바꾸어 써 보세요.　　🎧 07-23

① 어머니(남의 가족) _____　② 아버지(남의 가족) _____

③ 가족 _____　　　　　　④ 동물 _____

⑤ 양친, 부모님 _____　　　⑥ 아주 좋아하다 _____

3 제시된 우리말을 참고하여 빈칸에 들어갈 말을 상자 안에서 골라 써 보세요.　　🎧 07-24

| いますか　　いません　　あります　　ありません |

① たなかさんは　どこに　(　　　　　)。 다나카 씨는 어디에 있습니까?

② ドアの　まえに　くるまが　(　　　　　)。 문 앞에 자동차가 있습니다.

③ うちの　きんじょには　デパートや　レストランなどが　(　　　　　)。
우리집 근처에는 백화점이나 레스토랑 등이 없습니다.

④ わたしには　きょうだいが　(　　　　　)。 내게는 형제가 없습니다.

4 우리말 문장을 일본어로 바꾸어 써 보세요. 🎧 07-25

> 예 우리집에는 강아지랑 고양이 등이 있습니다.
> → うちには　いぬや　ねこなどが　います。

① 내게는 형이 두 명 있습니다.

→ _____

② 우리집에는 고양이가 한 마리도 없습니다.

→ _____

5 제시된 질문에 (　　) 안의 단어를 사용해 답해 보세요. 🎧 07-26

> 예 Q　きょうだいが　いますか。（ いいえ ）
> A　いいえ、いません。

① Q　かいしゃの　きんじょに　なにが　ありますか。(レストラン・カフェなど)

　A _____

② Q　どうぶつえんに　なにが　いますか。(さる・くまなど)

　A _____

학습 포인트

- 일본어 동사의 특징
- 조사 と, に의 용법
- 동사의 종류
- 동사의 명사 수식형

실력 확인

A   Bさんは　きょうだいが　_____。 B 씨는 형제가 있나요?

B   はい、います。あねが　_____　と　おとうとが　_____ います。Aさんは? 네, 있습니다. 언니가 한 명이고 남동생이 두 명 있습니다. A 씨는요?

A   わたしには　きょうだいが　_____。でも、うちには　いぬや　ねこ _____ が　います。 내게는 형제가 없어요. 하지만 우리집에는 개랑 고양이 등이 있어요.

1 買う・食べる・来る
　　　　사다　　먹다　　오다

🔔 **일본어 동사의 특징**

일본어의 모든 동사는 어미가 [-u]음, 즉 う단 「う, く, ぐ, す, つ, ぬ, む, ぶ, る」의 아홉 가지로 끝납니다.

う단	-う	-く	-ぐ	-す	-つ	-ぬ	-む	-ぶ	-る
동사	言う 말하다	行く 가다	泳ぐ 헤엄치다	押す 누르다	立つ 서다	死ぬ 죽다	読む 읽다	遊ぶ 놀다	見る 보다

🔔 **동사의 종류**

◆ **1그룹 동사**

- 어미가 る로 끝나지 않는 모든 동사를 말합니다.

  言う 말하다　行く 가다　泳ぐ 헤엄치다　押す 누르다　立つ 서다　死ぬ 죽다　読む 읽다　遊ぶ 놀다

- 어미가 る로 끝나는 동사 중, る 앞의 음이 [a, u, o]인 동사입니다.

  [a] る: ある (식물·사물 등이) 있다
  [u] る: 作る 만들다
  [o] る: 守る 지키다

- 예외 1그룹 동사: 겉으로 보기에는 다음에 설명하는 2그룹 동사처럼 생겼지만, 예외적으로 1그룹에 속하는 동사를 말합니다.

  帰る (집에) 돌아가(오)다　切る 자르다　走る 달리다　入る 들어오(가)다

◆ **2그룹 동사**

- 어미가 る로 끝나는 동사 중, る 앞의 음이 [i] 또는 [e] 음인 동사입니다.

  [i] る: 見る 보다　起きる 일어나다
  [e] る: 食べる 먹다　寝る 자다

◆ **3그룹 동사**

- 3그룹 동사는 来る와 する 두 개밖에 없습니다.
  한자어가 する에 붙어 「한자어 + する」 형태가 되는 것도 3그룹 동사에 속합니다.

  来る 오다　する 하다　勉強する 공부하다

1그룹 동사

会う	만나다	遊ぶ	놀다
ある	(식물·사물 등이) 있다	歩く	걷다
歌う	노래하다	売る	팔다
終わる	끝나다	買う	사다
貸す	빌려주다	勝つ	이기다
聞く	듣다, 묻다	死ぬ	죽다
作る	만들다	なる	되다
脱ぐ	벗다	飲む	마시다
乗る	타다	話す	이야기하다
降る	(눈·비 등이) 내리다	持つ	들다, 가지다

飛ぶ 날다

書く 쓰다

예외 1그룹 동사

帰る	(집에) 돌아가(오)다	切る	자르다
走る	달리다	入る	들어오(가)다
要る	필요하다	知る	알다
握る	쥐다, 잡다	減る	줄다

2그룹 동사

起きる	일어나다	落ちる	떨어지다
降りる	(탈것에서) 내리다	いる	(사람·동물 등이) 있다
借りる	빌리다	着る	입다
開ける	열다		
教える	가르치다		
出る	나가(오)다		
寝る	자다		
始める	시작하다		
負ける	지다		

見る 보다

食べる 먹다

3그룹 동사

来る	오다	運動する	운동하다
する	하다		

② 友^{とも}だちと 海^{かい}外^{がい}に 行^いく。
친구와 해외에 간다.

～と ～와/과 (함께)

7과에서 「～と」의 사람이나 사물을 열거할 때 사용하는 용법을 학습했는데, 「～と」는 사람이나 동물과 함께 쓰여 공동 행위의 대상을 나타내기도 합니다.

毎^{まい}日^{にち} 犬^{いぬ}と 散^{さん}歩^ぽする。 매일 개와 함께 산책한다.

～に(へ) ～에, ～으로

6과에서 「～に」는 장소에 붙어 사물이나 사람의 존재를 나타내는 조사라는 것을 학습했는데, 「장소 + に」 뒤에 이동을 나타내는 동사가 함께 쓰일 때에는 행위의 목적지를 나타냅니다.
이 경우 「～に」는 조사 「～へ」와 바꾸어 쓸 수 있습니다. 「～に」는 행위의 목적지를, 「～へ」는 행위의 방향을 가리킬 때 쓰인다는 차이점이 있으나 대부분의 경우 비슷한 의미로 쓰입니다. へ는 기본적으로 '헤(he)'라고 발음하지만, 조사로 쓰일 때는 '에(e)'라고 발음합니다.

이동을 나타내는 동사
- 行^いく 가다
- 来^くる 오다
- 出^でる 나가(오)다
- 入^{はい}る 들어가(오)다
- 帰^{かえ}る (집에) 돌아가(오)다
- 戻^{もど}る 되돌아가(오)다

病^{びょう}院^{いん}に(へ) 行^いく。 병원에 간다.
家^{うち}に(へ) 帰^{かえ}る。 집에 돌아간다.

～に ～을/를

동사 「会^あう(만나다)」와 「乗^のる(타다)」 앞에 오는 대상에는 6과에서 배운 목적격 조사 「～を」가 아닌 조사 「～に」를 씁니다. 이때 「～に」는 '～을/를'로 해석됩니다.

先^{せん}生^{せい}に 会^あう。 선생님을 만난다.
電^{でん}車^{しゃ}に 乗^のる。 전철을 탄다.

| 友^{とも}だち 친구 | 海^{かい}外^{がい} 해외 | 行^いく 가다 | 毎^{まい}日^{にち} 매일 | 犬^{いぬ} 개 | 散^{さん}歩^ぽする 산책하다 | 病^{びょう}院^{いん} 병원 | 家^{うち} 집, 우리집 | 帰^{かえ}る (집에) 돌아가(오)다 |
| 先^{せん}生^{せい} 선생(님) | 会^あう 만나다 | 電^{でん}車^{しゃ} 전철 | 乗^のる 타다 |

3 おいしいものを 食べること
맛있는 것을   먹는 것

🔔 동사의 명사 수식형
'명사 수식형'이란 술어인 동사나 형용사가 뒤에 오는 명사를 수식할 때의 형태를 말합니다. 동사의 명사 수식형은 5과에서 배운 い형용사와 마찬가지로 기본형과 형태가 동일합니다.

私は 歌を 歌う時が いちばん 幸せです。
나는 노래를 부를 때가 가장 행복합니다.

午後は 本を 読む予定です。
오후에는 책을 읽을 예정입니다.

🔔 もの・こと 것〈형식 명사〉
もの와 こと는 형식 명사입니다. もの와 こと는 둘 다 '것'이라고 해석되는데, 일반적으로 もの는 눈에 보이는 구체적인 물건, こと는 눈에 보이지 않는 추상적인 개념을 나타낼 때 사용합니다.

彼女は いつも かわいいものを 買う。
여자친구는 늘 귀여운 것을 산다.

クリスさんの 趣味は 歌を 歌うことです。
크리스 씨의 취미는 노래를 부르는 것입니다.

家の ねこは 寝ることが 好きです。
우리집 고양이는 자는 것을 좋아합니다.

おいしい 맛있다　～を ～을/를　食べる 먹다　私 나, 저　歌 노래　歌う (노래를) 부르다　時 때　～が ～이/가
いちばん 가장, 제일　幸せだ 행복하다　午後 오후　本 책　読む 읽다　予定 예정　彼女 그녀, 여자친구　いつも 항상, 늘
かわいい 귀엽다, 예쁘다　買う 사다　趣味 취미　ねこ 고양이　寝る 자다　～が ～을/를　好きだ 좋아하다

실력 쌓기

1 예시를 보고 문장을 만들어 보세요.

1

예 | すしを 食べる。
초밥을 먹는다.

① 映画　　見る
② 手紙　　書く
③ 空　　　飛ぶ

2 그림을 보고 ⓐ와 ⓑ 중 알맞은 것을 골라 보세요.

1

예 |  ジュースを （ⓐ 飲む　ⓑ 読む）。 주스를 마신다.

① スマホを （ⓐ 話す　ⓑ 買う）。

② ケーキを （ⓐ 食べる　ⓑ 起きる）。

すし 초밥　～を ～을/를　食べる 먹다　映画 영화　見る 보다　手紙 편지　書く 쓰다　空 하늘　飛ぶ 날다
ジュース 주스　飲む 마시다　読む 읽다　スマホ 스마트폰　話す 이야기하다　買う 사다　ケーキ 케이크　起きる 일어나다

2

예 趣味は おいしいものを 食べることです。
취미는 맛있는 것을 먹는 것입니다.

① 明日　　　運動を する　　　予定
② 彼の 趣味　音楽を 聞く　　　こと
③ クリスマス　友だちと 遊ぶ　　予定

2

예  サッカー（ⓐを　ⓑへ）する。 축구를 한다.

①  電車（ⓐに　ⓑを）乗る。

②  友だち（ⓐを　ⓑに）会う。

趣味 취미　おいしい 맛있다　もの 것〈구체적 물건〉　こと 것〈추상적인 것〉　明日 내일　運動 운동　する 하다　予定 예정
彼 그, 남자친구　音楽 음악　聞く 듣다, 묻다　クリスマス 크리스마스, 성탄절　友だち 친구　遊ぶ 놀다　サッカー 축구
電車 전철　～に ~을/를(+乗る·会う)　乗る 타다　会う 만나다

いとう　　ユリさん、趣味は 何ですか。

ユリ　　　おいしいものを 食べることです。
　　　　　私は 食べることが 大好きです。

いとう　　好きな 食べ物は 何ですか。

ユリ　　　おすしです。特に マグロの すしが 大好きです。

いとう　　そうですか。では、すき焼きも 好きですか。

ユリ　　　はい、すき焼きも 好きです。
　　　　　いとうさんの 趣味は 何ですか。

いとう　　旅行することです。
　　　　　特に、友だちと 海外に 行くことが 好きです。

ユリ　　　そうですか。いい 趣味ですね。

趣味 취미　何 무엇　おいしい 맛있다　もの 것〈구체적 물건〉　～を ～을/를　食べる 먹다　こと 것〈추상적인 것〉　私 나, 저　～が ～을/를　大好きだ 아주 좋아하다　好きだ 좋아하다　食べ物 음식　お～ 미화어〈말을 예쁘게 꾸미는 접두어〉　すし 초밥　特に 특히　マグロ 참치　そうですか 그렇습니까　では 그러면　すき焼き 스키야키〈음식〉　～も ～도　旅行する 여행하다　友だち 친구　～と ～와/과 (함께)　海外 해외　～に ～에, ～으로　行く 가다　いい(よい) 좋다　～ね ～군요, ～네요, ～이지요

이토	유리 씨, 취미는 무엇인가요?
유리	맛있는 것을 먹는 것입니다.
	저는 먹는 것을 아주 좋아해요.
이토	좋아하는 음식은 뭔가요?
유리	초밥이에요. 특히 참치 초밥을 매우 좋아해요.
이토	그런가요? 그러면 스키야키도 좋아하나요?
유리	네, 스키야키도 좋아합니다.
	이토 씨의 취미는 뭐예요?
이토	여행하는 것입니다.
	특히 친구와 해외에 가는 것을 좋아해요.
유리	그런가요? 좋은 취미네요.

플러스 표현

의문사

무엇	왜	언제	누구
何(なに・なん)	なぜ・どうして	いつ	だれ
어디	어느 것	어느 쪽	어느 정도
どこ	どれ	どちら	どのくらい

실력 다지기

1 음성을 듣고 괄호 안에 알맞은 동사를 받아써 보세요. 🎧 08-22

① パンを （　　　　　）。

② 本を （　　　　　）。

③ 運動を （　　　　　）。

2 제시된 우리말을 참고하여 빈칸에 들어갈 조사를 상자 안에서 골라 써 보세요. 🎧 08-23

> に　と　に　を　は　に

① 友だち（　　　） 北海道（　　　） 旅行する予定です。
친구와 홋카이도를 여행할 예정입니다.

② 病院（　　　） 行くとき、電車（　　　） 乗る。
병원에 갈 때 전철을 탄다.

③ 明日、私（　　　） 友だち（　　　） 会う。
내일 나는 친구를 만난다.

3 제시된 우리말을 참고하여 빈칸에 들어갈 동사를 상자 안에서 골라 써 보세요. 🎧 08-24

> 行く　する　歌う

① 私の 趣味は サッカーを （　　　） ことです。 내 취미는 축구를 하는 것입니다.

② 明日 日本に （　　　） 人は だれですか。 내일 일본에 가는 사람은 누구입니까?

③ ぼくは 歌を （　　　） ことが 好きです。 나는 노래를 부르는 것을 좋아합니다.

4 우리말 문장을 일본어로 바꾸어 써 보세요. 🎧 08-25

> 예　나는 먹는 것을 좋아합니다.
> → 私(わたし)は　食(た)べることが　好(す)きです。

① 자동차를 타는 것을 좋아합니다.

→ _____

② 차가운 주스를 마시는 것을 좋아합니다.

→ _____

5 제시된 질문에 (　　) 안의 단어를 사용해 답해 보세요.　🎧 08-26

> 예　Q　趣味(しゅみ)は　何(なん)ですか。（ おもしろい・映画(えいが)・見(み)る ）
> 　　A　おもしろい　映画(えいが)を　見(み)ることです。

① Q　たなかさんの　趣味(しゅみ)は　何(なん)ですか。（ いい・音楽(おんがく)・聞(き)く ）

　A _____

② Q　明日(あした)は　何(なに)を　する予定(よてい)ですか。（ 友(とも)だち・おすし・食(た)べる ）

　A _____

실력 확인

동사 미니 테스트!

뜻을 보고 그에 해당하는 일본어 동사의 기본형(히라가나)과 그룹을 써 보세요.

뜻	동사의 기본형	그룹
예 먹다	たべる	2그룹
① 이야기하다		
② 보다		
③ 마시다		
④ 하다		
⑤ 가다		
⑥ 오다		
⑦ 쓰다		
⑧ 사다		
⑨ 읽다		
⑩ 자다		
⑪ 만들다		
⑫ (노래를) 부르다		
⑬ 타다		
⑭ (탈것에서) 내리다		
⑮ (집에) 돌아오다		

나가사키현에 있는 하우스텐보스(좌)와 오이타현의 벳푸 지옥 온천(우)

신나는 일본여행

규슈(九州)
きゅうしゅう

규슈는 일본의 최서남단에 위치하며 혼슈, 홋카이도에 이어 세 번째로 큰 섬입니다. 후쿠오카현(福岡県), 사가현(佐賀県), 나가사키현(長崎県), 구마모토현(熊本県), 오이타현(大分県), 미야자키현(宮崎県), 가고시마현(鹿児島県)으로 이루어져 있습니다. 규슈 지역에는 화산과 온천이 많으며, 구마모토현에 있는 아소산(阿蘇山)은 지금도 화산 활동이 계속되고 있습니다.

거리가 가까워서 한국인 방문객이 많은 후쿠오카(福岡)는 부산에서 약 200km 떨어진 도시이며, 하카타 라면(博多ラーメン)과 나카스(中洲)의 포장마차(屋台)가 유명합니다. 나가사키현은 1945년 원폭 투하로 알려진 곳이며, 일본에 기독교가 전파된 16세기 이후 순교자들의 성지가 있는 곳입니다. 또한 사세보시(佐世保市)에 있는 네덜란드의 왕궁을 모티브로 한 테마파크 '하우스텐보스(ハウステンボス)'가 인기입니다. 먹거리로는 나가사키 짬뽕과 카스텔라가 유명합니다.

오이타현의 벳푸(別府)는 근처의 유후인(湯布院)과 함께 온천지로 유명합니다. 특히 벳푸의 지옥 온천(地獄温泉)은 한국에도 잘 알려져 있습니다. 가고시마현은 '흑돼지(黒豚)' 요리가 유명합니다. 가고시마의 옛 지명은 '사쓰마(薩摩)'라고 하는데, 이는 일본어로 고구마라는 뜻인 '사쓰마이모(さつまいも)'의 어원입니다.

학습 포인트

- 동사의 긍정 정중 표현
- 동사의 부정/과거 부정 정중 표현
- 동사의 과거 정중 표현
- 동사의 희망 표현(~たい)

UNIT 09

京都へ 行きます
きょうと　　　　い

교토에　　　　갑니다

실력확인

A　Bさん、趣味は 何ですか。 B 씨, 취미는 무엇입니까?

B　おいしいものを ＿＿＿＿＿＿＿＿ ことです。 맛있는 것을 먹는 것입니다.
　　Aさんの 趣味は 何ですか。 A 씨의 취미는 무엇입니까?

A　友だち ＿＿＿＿ 旅行 ＿＿＿＿＿＿ ことです。 친구와 여행하는 것입니다.

1 友(とも)だちと 京(きょう)都(と)へ 行(い)きます。
친구와　　교토에　　갑니다.

〜ます 〜(합)니다, 〜(할) 겁니다 〈동사의 긍정 정중 표현〉

동사에「〜ます」가 붙으면 우리말로는 '〜(합)니다, 〜(할) 겁니다'에 해당하는 정중 표현이 됩니다. 현재, 혹은 가까운 미래를 나타냅니다. 그때 동사의 어미가 변한 형태를 동사의 ます형이라고 합니다.

◆ **1그룹 동사**: 어미 う단을 い단으로 바꿔 ます형을 만든 후, 정중을 나타내는「〜ます」를 붙여 정중 표현을 만듭니다.

　歌(うた)う 노래하다　➔　歌(うた)います 노래합니다
　書(か)く 쓰다　　　➔　書(か)きます 씁니다
　飲(の)む 마시다　　➔　飲(の)みます 마십니다

◆ **2그룹 동사**: 어미 る를 없애 ます형을 만든 후,「〜ます」를 붙여 정중 표현을 만듭니다.

　食(た)べる 먹다　➔　食(た)べます 먹습니다
　見(み)る 보다　　➔　見(み)ます 봅니다

◆ **3그룹 동사**: 3그룹 동사는 불규칙하기 때문에 くる는 きます, する는 します라고 외우면 됩니다.

　来(く)る 오다　➔　来(き)ます 옵니다
　する 하다　　➔　します 합니다

ビールを 飲(の)みます。　맥주를 마십니다.[1그룹]
家(うち)へ 帰(かえ)ります。　집에 돌아갑니다.[1그룹]
りんごを 食(た)べます。　사과를 먹습니다.[2그룹]
日(に)本(ほん)語(ご)の 宿(しゅく)題(だい)を します。　일본어 숙제를 합니다.[3그룹]

| 友(とも)だち 친구 | 〜と 〜와/과(함께) | 京(きょう)都(と) 교토〈지명〉 | 〜へ 〜에, 〜으로 | 行(い)く 가다 | ビール 맥주 | 〜を 〜을/를 | 飲(の)む 마시다 |
| 家(うち) 집, 우리집 | 帰(かえ)る (집에) 돌아가(오)다 | りんご 사과 | 食(た)べる 먹다 | 日(に)本(ほん)語(ご) 일본어 | 宿(しゅく)題(だい) 숙제 | する 하다 |

2 どこへも 行きません。
아무 데도 안 갑니다.

🔔 **〜ません** 〜(하)지 않습니다, 〜(하)지 않을 겁니다
〈동사의 부정 정중 표현〉

동사를 ます형으로 만들어서 「〜ません」을 접속하면 정중한 부정 표현이 됩니다.

私は たばこを 吸いません。 나는 담배를 피우지 않습니다.

スミスさんは お酒を ┬ よく 飲みます。
스미스 씨는 술을   │ 자주 마십니다.
                      ├ あまり 飲みません。
                      │ 그다지 안 마십니다.
                      └ 全然 飲みません。
                         전혀 안 마십니다.

빈도 부사

いつも, よく, あまり, 全然(ぜんぜん)은 각 동작의 빈도를 나타내는 부사입니다.

いつも 항상, 늘
よく 잘, 자주
あまり 그다지, 별로
全然 전혀

🔔 **〜ませんでした** 〜(하)지 않았습니다
〈동사의 과거 부정 정중 표현〉

동사의 정중한 과거 부정 표현은 ます형에 「〜ませんでした」를 접속하여 만듭니다.

昨日は 一日中 何も しませんでした。
어제는 하루 종일 아무것도 하지 않았습니다.

彼女は 今日 何も 食べませんでした。
그녀는 오늘 아무것도 안 먹었습니다.

どこへも 아무 데도　**私** 나, 저　**たばこを 吸う** 담배를 피우다　**お酒** 술, 일본 전통술　**昨日** 어제　**一日中** 하루 종일　**何も** 아무것도
彼女 그녀, 여자친구　**今日** 오늘

3 私も そのパフェを 食べました。
나도 그 파르페를 먹었습니다.

🔔 **～ました** ～(했)습니다〈동사의 과거 정중 표현〉

「～ました」는「～ます」의 과거형으로,「～ます」에 과거조동사 た가 붙어 만들어진 말입니다. 동사의 ます형에 접속하면 과거 정중 표현이 됩니다. 우리말로는 '～(했)습니다'라고 해석됩니다.

連休は 友だちと 日本へ 行きました。
연휴에는 친구와 일본에 갔습니다.

パン屋で パンを 買いました。
빵집에서 빵을 샀습니다.

A 昨日は 何を しましたか。 어제는 무엇을 했습니까?
B 彼女と 映画を 見ました。 여자친구와 영화를 봤습니다.

ます의 기본 4변화

기본형 (～う단)	긍정 정중 (～ます)	부정 정중 (～ません)	과거 긍정 정중 (～ました)	과거 부정 정중 (～ませんでした)
書く 쓰다	書きます 씁니다	書きません 쓰지 않습니다	書きました 썼습니다	書きませんでした 쓰지 않았습니다

私 나, 저　その 그　パフェ 파르페　～を ～을/를　食べる 먹다　連休 연휴　友だち 친구　～と ～와/과 (함께)　日本 일본　～へ ～에, ～으로　行く 가다　パン屋 빵집, 베이커리　～で ～에서　パン 빵　買う 사다　昨日 어제　何 무엇　する 하다　彼女 그녀, 여자친구　映画 영화　見る 보다

4　抹茶の　パフェを　食べたいです。
　　말차　　　　파르페를　　　먹고 싶습니다.

🔔 **〜たい** 〜(하)고 싶다〈동사의 희망 표현〉

「동사 ます형 + たい」는 화자의 희망이나 욕구를 나타낼 때 쓰이는 표현입니다.

◆ 食べる 먹다 ➡ 食べます 먹습니다 + たい = 食べたい 먹고 싶다
　동사 기본형　　　ます형으로 바꾸고 たい를 붙인다　　동사의 희망 표현

희망의 대상인 목적어에는 목적격 조사 「〜を」뿐만 아니라 「〜が」도 쓸 수 있습니다.
「なる(되다)」나 「会う(만나다)」처럼 조사 「〜に」와 짝을 이루는 동사는 「〜に　なりたい(〜이/가 되고 싶다)」, 「〜に　会いたい(〜을/를 만나고 싶다)」라고 합니다.
「行く(가다)」처럼 조사 「〜に(へ)」와 짝을 이루는 동사는 「〜に(へ)　行きたい(〜에 가고 싶다)」, 「結婚する(결혼하다)」와 같이 조사 「〜と」와 짝을 이루는 동사는 「〜と　結婚したい(〜와 결혼하고 싶다)」라고 쓸 수 있습니다.
「〜たい」는 い형용사와 동일하게 활용하므로 정중 표현을 만들려면 「〜たい」 뒤에 「〜です」를 붙이면 됩니다.

毎日　運動したい。　매일 운동하고 싶다.

おもしろい　アニメが(を)　見たい。　재미있는 애니메이션을 보고 싶다.

パイロットに　なりたいです。　조종사가 되고 싶습니다.

社長に　会いたいです。　사장님을 만나고 싶습니다.

トイレに　行きたいです。　화장실에 가고 싶습니다.

| 抹茶 말차 | 毎日 매일 | 運動する 운동하다 | おもしろい 재미있다 | アニメ 애니메이션 | パイロット 파일럿, 조종사 |
| 〜に 〜이/가(+なる) | なる 되다 | 社長 사장(님) | 〜に 〜을/를(+会う) | 会う 만나다 | トイレ 화장실 | 〜に 〜에, 〜으로 |

 실력 쌓기

1 예시를 보고 문장을 만들어 보세요.

🎧 09-10

1

| 예 | りんごを 食べます。 사과를 먹습니다. |

① メール　　　　　　送る
② 便利な アプリ　　　使う
③ サッカー　　　　　する

2 그림을 보고 ⓐ와 ⓑ 중 알맞은 것을 골라 보세요.

🎧 09-12

1

예 京都へ （ ⓐ 行きます　ⓑ 行きません ）。
교토에 가지 않습니다.

①  彼を （ ⓐ 待ちません　ⓑ 待ちます ）。

②  昨日は 友だちと
（ ⓐ 話しました　ⓑ 話しませんでした ）。

🎧 09-14

りんご 사과　～を ~을/를　食べる 먹다　メール 이메일, 휴대전화 문자　送る 보내다　便利だ 편리하다　アプリ 앱, 어플리케이션
使う 사용하다　サッカー 축구　する 하다　京都 교토〈지명〉　～へ ~에, ~으로　行く 가다　彼 그, 남자친구　待つ 기다리다
昨日 어제　友だち 친구　～と ~와/과(함께)　話す 이야기하다

🎧 09-11

2 예　**抹茶の　パフェを　食べたいです。** 말차 파르페를 먹고 싶습니다.

① 散歩　　　　する
② お水　　　　飲む
③ おもしろい　ドラマ　見る

🎧 09-13

2 예  昨日は　京都で　抹茶の　パフェを
（ⓐ 食べました　ⓑ 食べません ）。
어제는 교토에서 말차 파르페를 먹었습니다.

①  昨日は　家で　ゆっくり
（ ⓐ 休みます　ⓑ 休みました ）。

②  週末には　きれいな　服を
（ ⓐ 買いません　ⓑ 買いました ）。

🎧 09-15

抹茶 말차　パフェ 파르페　散歩 산책　お水 (차가운)물　飲む 마시다　おもしろい 재미있다　ドラマ 드라마　見る 보다
〜で 〜에서　家 집　ゆっくり 느긋하게, 천천히, 푹　休む 쉬다　週末 주말　〜には 〜에는　きれいだ 깨끗하다, 예쁘다　服 옷
買う 사다

171

필수 회화

みゆき　ジホさん、ゴールデンウィークは 何を しますか。

ジホ　　友だちと 京都へ 行きます。
　　　　みゆきさんは どこかへ 行きますか。

みゆき　いいえ、どこへも 行きません。
　　　　ゴールデンウィークも 仕事です。

ジホ　　それは 大変ですね。

みゆき　ジホさんは 京都で 何を しますか。

ジホ　　あらしやまと 清水寺へ 行きます。
　　　　それから、京都で 有名な 抹茶の パフェを
　　　　食べたいです。

みゆき　あっ、去年 私も その パフェを 食べました。
　　　　とても おいしいですよ。

ジホ　　そうですか。楽しみです。

ゴールデンウィーク 황금연휴〈4월 말~5월 초〉　**何** 무엇　**~を** ~을/를　**する** 하다　**友だち** 친구　**~と** ~와/과 (함께)
京都 교토〈지명〉　**行く** 가다　**どこか** 어딘가　**~へ** ~에, ~으로　**どこへも** 아무 데도　**仕事** 일　**それ** 그것
大変だ 힘들다, 큰일이다　**~ね** ~군요, ~네요, ~이지요　**~で** ~에서　**あらしやま** 아라시야마〈지명〉　**清水寺** 기요미즈데라〈사찰〉
それから 그리고 나서, 그리고　**有名だ** 유명하다　**抹茶** 말차　**パフェ** 파르페　**食べる** 먹다　**去年** 작년　**その** 그
とても 매우, 무척　**おいしい** 맛있다　**~よ** ~지요, ~이야　**楽しみ** 기대, 즐거움

미유키　지호 씨, 황금연휴에는 뭘 할 거예요?
지호　　친구와 교토에 가요.
　　　　미유키 씨는 어딘가 가나요?
미유키　아니요, 아무 데도 안 갑니다.
　　　　황금연휴에도 일이에요.
지호　　그거 힘들겠어요.
미유키　지호 씨는 교토에서 무엇을 할 거예요?
지호　　아라시야마와 기요미즈데라에 갈 거예요.
　　　　그리고 교토에서 유명한 말차 파르페를 먹고 싶어요.
미유키　아, 작년에 저도 그 파르페를 먹었어요.
　　　　매우 맛있어요.
지호　　그래요? 기대되네요.

 플러스 표현　 09-19

～で ～에서

「～で(～에서)」는 동작이 이루어지는 장소를 나타냅니다.
사물이나 사람이 존재함을 나타내는 장소에 붙이는 「～に(～에)」와 구별해서 알아두어야 합니다.

- 京都で　抹茶の　パフェを　食べます。 교토에서 말차 파르페를 먹습니다.
- 金閣寺は　京都に　あります。 긴카쿠지는 교토에 있습니다.

～よ ～지요, ～이야

「～よ」는 문장 끝에 붙는 종조사로 자신의 주장을 강하게 드러낼 때 사용합니다.

- その　映画、とても　おもしろいですよ。 그 영화, 무척 재미있어요.

실력 다지기

1 음성을 듣고 괄호 안에 알맞은 동사를 받아써 보세요. 🎧 09-20

① 日本へ （　　　　　　）。

② りんごは （　　　　　　）。

③ かしゅに （　　　　　　）。

2 우리말 단어를 일본어로 바꾸어 써 보세요. 🎧 09-21

① 산책 _____　　② 매일 _____

③ 운동 _____　　④ 사용하다 _____

⑤ 기다리다 _____　　⑥ 유명하다 _____

3 제시된 우리말을 참고하여 동사를 알맞게 바꾸어 빈칸에 써 보세요. 🎧 09-22

① 週末には 大阪へ 行く → _____。 주말에는 오사카에 가고 싶습니다.

② パン屋で パンを 買う → _____。 빵집에서 빵을 삽니다.

③ 友だちと 映画を 見る → _____。 친구와 영화를 봤습니다.

④ トーマスさんは お酒を 飲む → _____。 토마스 씨는 술을 마시지 않습니다.

⑤ 昨日は 何も する → _____。 어제는 아무것도 하지 않았습니다.

4 우리말 문장을 일본어로 바꾸어 써 보세요. 🎧 09-23

| 예 | 저는 담배를 전혀 피우지 않습니다.
→ 私は たばこを 全然 吸いません。 |

① 오늘은 커피를 마시지 않았습니다.

→ _____

② 저는 항상 카페에서 숙제를 합니다.

→ _____

5 제시된 질문에 (   ) 안의 단어를 사용해 답해 보세요. 🎧 09-24

| 예 | Q お酒を 飲みますか。(はい・飲む)
A はい、飲みます。 |

① Q 今日は、何を 食べますか。(何も・食べる)

A _____

② Q 連休に 何を しましたか。(日本語の 勉強・する)

A _____

한번 더! 실력 확인

동사 미니 테스트!

제시된 동사를 「～ます」와 「～ません」으로 바꾸어 히라가나로 써 보세요.

동사	～ます	～ません
예 話す 이야기하다	はなします	はなしません
① 見る 보다		
② 聞く 듣다, 묻다		
③ 寝る 자다		
④ 起きる 일어나다		
⑤ 飲む 마시다		
⑥ する 하다		
⑦ 食べる 먹다		
⑧ 買う 사다		
⑨ 書く 쓰다		
⑩ 作る 만들다		
⑪ 遊ぶ 놀다		
⑫ 行く 가다		
⑬ 来る 오다		
⑭ 読む 읽다		
⑮ なる 되다		

아라시야마의 봄(좌)과 기요미즈데라의 가을(우)

신나는 일본여행

교토(京都)
きょう と

천 년 넘게 일본의 수도였던 교토는 일본의 역사와 전통, 그리고 풍부한 문화 유산이 고스란히 남아 있는 곳으로, 외국인 관광객들에게 가장 사랑받는 도시 중 하나입니다. 교토 곳곳에는 기요미즈데라(清水寺), 킨카쿠지(金閣寺), 긴카쿠지(銀閣寺), 후시미이나리타이샤(伏見稲荷大社), 료안지(龍安寺) 등 수많은 문화 유적지가 잘 보존되어 있습니다. 문화 유적지를 돌아보며 고즈넉한 교토의 옛 정취를 느껴보는 것도 괜찮고, 봄에는 흐드러진 벚꽃, 가을에는 형형색색의 단풍이 장관을 이루어 아름다운 자연을 만끽할 수 있는 아라시야마(嵐山)에 가서 힐링을 하는 것도 좋을 것입니다.

교토의 먹거리로는, 우선 교토의 전통요리인 교료리(京料理)를 들 수 있는데, 교료리는 식재료의 풍미를 살리기 위해 조미료를 적게 쓰고 채소를 많이 사용하여 고급스럽게 플레이팅하는 것이 특징입니다. 또한 깔끔하고 담백한 맛이 일품인 유도후(湯豆腐, 냄비에 끓인 두부를 소스에 찍어먹는 전골요리)도 교토의 대표적인 요리 중 하나입니다. 교토의 부엌 니시키(錦) 시장에 가서 다양한 길거리 음식을 먹어 보는 것도 여행의 묘미일 것입니다.

마지막으로 유명한 디저트 카페에서 말차(抹茶) 가루를 이용한 파르페나 단팥죽을 먹거나, 우뭇가사리 위에 팥, 떡, 아이스크림을 얹어 먹는 안미츠(あんみつ) 등의 일본식 디저트를 맛보며 교토 여행을 마무리하는 것은 어떨까요?

UNIT 10

雷門を 見て、
かみなり もん　　み
가미나리몬을　보고

浅草寺へ 行きます
せん そう じ　　　い
센소지에　　갑니다

학습 포인트

- 동사의 연결형(て형)
- 동사의 요구 표현(~て ください)
- な형용사의 동사 수식형(~に)
- い형용사의 동사 수식형(~く)

실력 확인

A　Bさん、ゴールデンウィークは 何(なに)を ＿＿＿＿＿＿＿＿。
　　B 씨, 황금연휴에는 뭘 할 거예요?

B　友(とも)だちと 京都(きょうと)へ ＿＿＿＿＿＿＿＿。친구와 교토에 가요.
　　有名(ゆうめい)な 抹茶(まっちゃ)の パフェを ＿＿＿＿＿＿＿＿。유명한 말차 파르페를 먹고 싶어요.

A　あっ、去年(きょねん) 私(わたし)も その パフェを ＿＿＿＿＿＿＿＿。
　　とても おいしいですよ。 앗, 작년에 저도 그 파르페를 먹었어요. 매우 맛있어요.

 필수 표현

 10-01

1 雷門を 見て、浅草寺へ 行きます。
　　 가미나리몬을　보고　센소지에　　　갑니다.

 ～て ～(하)고, ～(해)서〈동사의 연결형(て형)〉

동사의 연결형(て형)은 동사에 「～て」가 연결될 때 바뀌는 동사의 어미 형태를 가리키는 말입니다. 동사에 붙는 「～て」는 우리말의 '～(하)고, ～(해)서'에 해당합니다.

❖ **1그룹 동사**: 동사의 어미에 따라 바뀌는 형태가 달라집니다.

う・つ・る	→	～って
会う 만나다	→	会って 만나고, 만나서
待つ 기다리다	→	待って 기다리고, 기다려서
乗る 타다	→	乗って 타고, 타서

ぬ・む・ぶ	→	～んで
死ぬ 죽다	→	死んで 죽고, 죽어서
飲む 마시다	→	飲んで 마시고, 마셔서
遊ぶ 놀다	→	遊んで 놀고, 놀아서

く・ぐ	→	～いて・～いで
書く 쓰다	→	書いて 쓰고, 써서
急ぐ 서두르다	→	急いで 서두르고, 서둘러서
*行く 가다	→	行って 가고, 가서

す	→	～して
話す 이야기하다	→	話して 이야기하고, 이야기해서

 **＊行く의 て형**

예외적으로 동사 「行(い)く(가다)」는 て형으로 바꿀 때 법칙에 따라 「行いて」라고 하지 않고, 「行って」라고 합니다.

❖ **2그룹 동사**: 어미 る를 떼고 て를 붙입니다. 2그룹 동사의 て형은 앞 과에서 배운 ます형과 형태가 동일합니다.

る	→	〜て

見る 보다 → 見て 보고, 봐서
食べる 먹다 → 食べて 먹고, 먹어서

❖ **3그룹 동사**: 불규칙 활용 동사이므로 그대로 암기하세요. 3그룹 동사의 て형도 ます형과 형태가 동일해서 기억하기 쉽습니다.

来る 오다 → 来て 오고, 와서
する 하다 → して 하고, 해서

동사 て형의 의미와 용법

❖ **순차 동작**: 순차적으로 행하는 동작을 나타낼 때 씁니다.
❖ **이유**: 이어지는 문장에 오는 행위에 대한 이유를 나타냅니다.
❖ **수단·방법**: 어떤 수단이나 방법을 사용했는지 나타냅니다.

今晩は 日記を 書いて 寝ます。
오늘밤은 일기를 쓰고 잘 거예요.〈순차동작〉

今日は 風邪を 引いて、会社を 休みました。
오늘은 감기에 걸려서 회사를 쉬었습니다.〈이유〉

自転車に 乗って、スーパーへ 行きました。
자전거를 타고(자전거로) 슈퍼에 갔습니다.〈수단·방법〉

雷門 가미나리몬〈명소〉　見る 보다　浅草寺 센소지〈사찰〉　〜へ 〜에, 〜으로　行く 가다　今晩 오늘밤　日記 일기　書く 쓰다
寝る 자다　今日 오늘　風邪を 引く 감기에 걸리다　会社 회사　休む 쉬다　自転車 자전거　〜に 〜을/를(+乗る)　乗る 타다
スーパー 슈퍼

2 あちらを 見(み)て ください。
저쪽을 봐 주세요.

🔔 **〜て ください** ～(해) 주세요, ～(하)세요〈동사의 요구 표현〉

동사의 て형에 '～(해) 주세요'라는 의미인 「～て ください」가 접속되면 요구나 부탁을 나타냅니다. 다만 요구나 부탁뿐만 아니라 완곡한 명령이나 지시를 나타내기도 하기 때문에 정중하게 부탁을 하거나 요구할 때는 적합하지 않습니다.

先生(せんせい)の 話(はなし)を よく **聞(き)いて ください。**
선생님 이야기를 잘 들어주세요.

その 写真(しゃしん)を 私(わたし)**に 送(おく)って ください。**
그 사진을 내게 보내 주세요.

この 薬(くすり)を 一日(いちにち) 三回(さんかい) **飲(の)んで ください。**
이 약을 하루에 세 번 드세요.

この 書類(しょるい)を **見(み)て くださいませんか。**
이 서류를 보지 않으시겠습니까?

〜に ～에게, ～한테
대상에 붙는 조사 「～に」는 문장 주어의 동작이나 행동의 상대를 나타냅니다.

〜て くださいませんか
무엇인가를 정중하게 부탁해야 하는 일이 생겼거나 상대방이 윗사람일 때는 동사 て형에 좀 더 공손한 표현인 「～て くださいませんか(～(하)지 않으시겠습니까?)」를 붙여서 말합니다.

| あちら 저쪽 | 見(み)る 보다 | 先生(せんせい) 선생(님) | 話(はなし) 이야기 | よく 잘, 충분히 | 聞(き)く 듣다 | その 그 | 写真(しゃしん) 사진 | 私(わたし) 나, 저 | 送(おく)る 보내다 |
| 薬(くすり) 약 | 一日(いちにち) 하루 | 三回(さんかい) 세 번 | 飲(の)む 마시다, (약을) 먹다 | 書類(しょるい) 서류 |

3 きれいに 撮ってください。
예쁘게 찍어 주세요.

～に ～(하)게 〈な형용사의 동사 수식형〉

형용사가 동사를 수식할 때 어미의 형태가 변화합니다.
な형용사는 어미 だ를 に로 바꾸어 줍니다.

❖ きれいだ 예쁘다 → きれい**に** 예쁘게 + 撮る 찍다 = きれいに 撮る 예쁘게 찍는다
　な형용사의 기본형　　어미 だ를 に로 바꾼다　　동사　　な형용사의 동사 수식형

野菜は 水で きれいに 洗います。
채소는 물로 깨끗이 씻습니다.

ここは 図書館です。静かに して ください。
여기는 도서관입니다. 조용히 해 주세요.

> **～で ～(으)로**
> 조사 「～で」는 수단이나 방법을 나타냅니다.

～く ～(하)게 〈い형용사의 동사 수식형〉

い형용사는 동사를 수식할 때 어미 い를 く로 바꾸어 줍니다.

❖ 大きい 크다 → 大き**く** 크게 + 切る 자르다 = 大きく 切る 크게 자른다
　い형용사의 기본형　　어미 い를 く로 바꾼다　　동사　　い형용사의 동사 수식형

この 豚肉を 大きく 切って ください。
이 돼지고기를 크게 잘라 주세요.

風が 強く なりました。
바람이 강해졌습니다.

きれいだ 깨끗하다, 예쁘다　撮る (사진을) 찍다　野菜 채소　水 물　洗う 씻다　ここ 여기, 이곳　図書館 도서관
静かだ 조용하다　する 하다　豚肉 돼지고기　大きい 크다　切る 자르다　風 바람　強い 강하다　なる 되다, ~(해)지다

1 예시를 보고 문장을 만들어 보세요.

1

예
雷門を　見て、浅草寺へ　行きます。
가미나리몬을 보고 센소지에 갑니다.

① コーヒーを　飲む　　　　家へ　帰る
② 音楽を　聞く　　　　　　勉強を　する
③ ソファーに　座る　　　　テレビを　見る

2 그림을 보고 ⓐ와 ⓑ, ⓒ와 ⓓ중 알맞은 것을 골라 보세요.

1

예
仕事を　(ⓐ して　ⓑ 書いて)
映画を　(ⓒ 聞きます　ⓓ 見ます)。
일을 하고 영화를 봅니다.

①
先週の　日曜日は　本を　(ⓐ 飲んで　ⓑ 読んで)
友だちに　(ⓒ 会いました　ⓓ 来ました)。

②
今夜は　ご飯を　(ⓐ 食べて　ⓑ 飲んで)
犬と　散歩を　(ⓒ 行きます　ⓓ します)。

雷門 가미나리몬〈명소〉　見る 보다　浅草寺 센소지〈사찰〉　～へ ～에, ～으로　行く 가다　コーヒー 커피　飲む 마시다　家 집, 우리집
帰る (집에) 돌아가(오)다　音楽 음악　聞く 듣다, 묻다　勉強 공부　する 하다　ソファー 소파　～に ～에　座る 앉다
テレビ 텔레비전　仕事 일, 직업　書く 쓰다　映画 영화　先週 지난주　日曜日 일요일　本 책　読む 읽다　友だち 친구
～に ～을/를(+会う)　会う 만나다　来る 오다　今夜 오늘밤　ご飯 밥　食べる 먹다　犬 개　～と ～와/과(함께)　散歩 산책

2

| 예 | あちらを 見て ください。 저쪽을 보세요. |

① 写真　　　　　きれいに 撮る
② この 問題　　　くわしく 教える
③ その 資料　　　私に 送る

2

예  字を もっと (ⓐ 大きく　ⓑ 大きに) 書いて ください。
글씨를 더 크게 써 주세요.

①  部屋を (ⓐ きれいに　ⓑ きれいく) 掃除して ください。

②  髪を (ⓐ 短く　ⓑ 短に) 切ります。

あちら 저쪽　写真 사진　きれいだ 깨끗하다, 예쁘다　撮る (사진을) 찍다　問題 문제　くわしい 자세하다　教える 가르치다
その 그　資料 자료　〜に 〜에게, 〜한테　送る 보내다　字 글자, 글씨　もっと 더, 더욱　大きい 크다　書く 쓰다　部屋 방
掃除する 청소하다　髪 머리카락　短い 짧다　切る 자르다

필수 회화

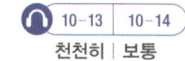

ユリ　　いとうさん、浅草では 何を しますか。

いとう　雷門を 見て、浅草寺へ 行きます。
　　　　あっ、ユリさん、あちらを 見て ください。
　　　　あれが スカイツリーです。

ユリ　　わー、高いですね。

いとう　はい、いま 日本で いちばん 高いです。
　　　　あっ、雷門に 到着しました。

ユリ　　いとうさん、雷門の 前で 写真を 撮って ください。

いとう　いいですよ。

ユリ　　きれいに 撮って ください。

いとう　分かりました。はい、チーズ！

| 浅草 아사쿠사〈지명〉　～では ～에서는　何 무엇　する 하다　雷門 가미나리몬〈명소〉　見る 보다　浅草寺 센소지〈사찰〉
～へ ～에, ～으로　行く 가다　あっ 앗!〈감탄사〉　あちら 저쪽　あれ 저것　～が ～이/가　スカイツリー 스카이트리〈건물〉
わー 와아!〈감탄사〉　高い 높다, 비싸다　はい 네, 예, 자　いま 지금　日本 일본　～で ～에서　いちばん 가장　～に ～에
到着する 도착하다　前 앞　写真 사진　撮る (사진을) 찍다　いい(よい) 좋다　きれいだ 깨끗하다, 예쁘다　分かる 알다, 이해하다
チーズ 치즈 |

유리	이토 씨, 아사쿠사에서는 무엇을 하나요?
이토	가미나리몬을 보고 센소지에 갈 거예요. 앗! 유리 씨, 저쪽을 보세요. 저게 스카이트리예요.
유리	와! 높네요.
이토	네, 지금 일본에서 가장 높아요. 앗! 가미나리몬에 도착했어요.
유리	이토 씨, 가미나리몬 앞에서 사진을 찍어 주세요.
이토	좋아요.
유리	예쁘게 찍어 주세요.
이토	알겠습니다. 자, 치즈!

실력 다지기

1 음성을 듣고 괄호 안에 알맞은 동사를 받아써 보세요. 🎧 10-16

① あちらを （　　　　　） ください。

② しずかに （　　　　　） ください。

③ きれいに （　　　　　） ください。

2 우리말 단어를 일본어로 바꾸어 써 보세요. 🎧 10-17

① 앉다 _____　② 자전거 _____

③ 음악 _____　④ 서류 _____

⑤ 가르치다 _____　⑥ 도착하다 _____

3 제시된 우리말을 참고하여 동사와 형용사를 알맞게 바꾸어 빈칸에 써 보세요. 🎧 10-18

① 私(わたし)に 資料(しりょう)を 送(おく)る → _____ ください。 내게 자료를 보내 주세요.

② 週末(しゅうまつ)は 掃除(そうじ)を きれいだ → _____ する → _____ 、

スーパーへ 行(い)く → _____ 。 주말에는 청소를 깨끗하게 하고 슈퍼에 갑니다.

③ すみませんが、もっと 大(おお)きい → _____ 書(か)く → _____ ください。

죄송하지만 더 크게 써 주세요.

④ 昨日(きのう)は 友(とも)だちと 映画(えいが)を 見(み)る → _____ 、カフェで コーヒーを

飲(の)む → _____ 。 어제는 친구와 영화를 보고 카페에서 커피를 마셨습니다.

4 우리말 문장을 일본어로 바꾸어 써 보세요. 🎧 10-19

예	가미나리몬 앞에서 사진을 찍어 주세요. → 雷門の 前で 写真を 撮って ください。

① 여기는 도서관입니다. 조용히 해주세요.

→ _____

② 내일은 친구를 만나서 백화점에 갈 겁니다.

→ _____

5 제시된 질문에 (　　) 안의 단어를 사용해 답해 보세요. 🎧 10-20

예	Q 今夜、何を しますか。(ご飯を 食べる・テレビを 見る) A ご飯を 食べて、テレビを 見ます。

① Q 先週の 土曜日、何を しましたか。(友だちに 会う・テニスを する)

A _____

② Q 明日、何を しますか。(仕事を する・夜 映画を 見る)

A _____

한번 더! 실력 확인

동사 미니 테스트!

제시된 동사의 그룹을 쓰고
「〜て」로 바꿔서 히라가나로 써 보세요.

동사	그룹	〜て
예 話す 이야기하다	1그룹	はなして
① 見る 보다		
② 切る 자르다		
③ 寝る 자다		
④ 起きる 일어나다		
⑤ 飲む 마시다		
⑥ する 하다		
⑦ 食べる 먹다		
⑧ 買う 사다		
⑨ 書く 쓰다		
⑩ 作る 만들다		
⑪ 遊ぶ 놀다		
⑫ 行く 가다		
⑬ 来る 오다		
⑭ 読む 읽다		
⑮ 送る 보내다		

센소지의 정문 '가미나리몬'(좌), 오래된 사찰 센소지와 저 멀리 보이는 스카이트리(우)

신나는 일본여행

아사쿠사(浅草)
あさくさ

아사쿠사는 일본의 전통적인 옛 정취와 현재의 서민 생활을 물씬 느낄 수 있는 곳으로 에도(江戸) 시대부터 도쿄 제일의 번화가로 번성해 왔으며, 지금도 도쿄의 대표적인 관광지 중의 하나입니다. 아사쿠사의 상징물이라 할 수 있는 오래된 사찰 센소지(浅草寺)는 도쿄 여행에서는 필수 코스로 꼽히는 관광 명소입니다. 먼저 커다란 붉은색 등이 걸려 있는 센소지의 정문 '가미나리몬(雷門)'에서 사진을 찍고, 전통적인 상점 거리 나카미세(仲見世) 거리로 들어섭니다. 길을 따라 즐비하게 늘어선 역사와 전통을 자랑하는 음식점에서 일본 음식이나 간식류를 맛보거나, 작고 아담한 점포에서 전통 소품 등의 기념품을 사는 것도 즐겁습니다. 여기저기 구경하면서 계속 걷다 보면 센소지의 본당에 이르게 됩니다. 도쿄에서 가장 오래된 센소지 사찰을 둘러본 뒤, 근처에 있는 도쿄에서 가장 높은 건물 '스카이트리'나 동물원이 있는 '우에노(上野) 공원'까지 산책 삼아 걸어가 보는 것도 좋고, 아사쿠사의 명물인 인력거를 타고 주변을 돌아보는 것도 재미있는 경험이 될 것입니다.

대표적인 먹거리로는, 아사쿠사에서 시작되어 예부터 도쿄의 소울푸드라 불리는 '몬자야키(もんじゃ焼き)', 오랜 역사를 자랑하는 인형 모양으로 구어낸 빵 '닝교야키(人形焼, 인형구이)' 등이 있습니다. 요즘에는 잘게 간 돼지고기를 바삭하게 튀겨 소스에 찍어 먹는 '멘치가스(メンチカツ)', 향긋한 냄새가 절로 침을 고이게 만드는 '멜론 빵', 포장이 귀여운 '아사쿠사 실크 푸딩' 등도 인기가 많습니다. 본인의 취향에 따라 다양한 일본 먹거리를 즐겨보면 어떨까요?

UNIT 11

カレーを
카레를
食べて います
먹고   있습니다

학습 포인트

- 동사의 제안 표현(～ましょう)
- 동사의 진행 표현(～て います)
- 동사의 허가 표현(～ても いいです)
- 동사의 금지 표현(～ては いけません)

실력 확인

A 浅草では 雷門を ＿＿＿＿＿＿、浅草寺へ 行きます。
아사쿠사에서는 가미나리몬을 보고 센소지에 갈 거예요.

B Aさん、雷門の 前で 写真を ＿＿＿＿＿＿ ください。
A 씨, 가미나리몬 앞에서 사진을 찍어 주세요.

A いいですよ。 좋아요.

B ＿＿＿＿＿＿ ＿＿＿＿＿＿ ください。 예쁘게 찍어 주세요.

1 ここに 座りましょう。
여기에   앉읍시다.

🔔 ～ましょう ~(합)시다〈동사의 제안 표현〉

「～ましょう」는 동사 ます형에 붙어 상대방에게 권유하거나 제안을 나타내는 표현입니다.

今日は 早く 帰りましょう。　오늘은 빨리 집에 갑시다.
この 映画を 見ましょう。　이 영화를 봅시다.

🔔 ～ましょうか ~(할)까요?　～ませんか ~(하)지 않겠습니까?

「～ましょう」에 의문을 나타내는 か를 붙인「～ましょうか」는 질문의 형태로 상대방의 의향을 묻기 때문에「～ましょう」에 비해서는 권유의 적극성이 떨어집니다. 상대방에게 좀 더 정중한 느낌을 주기 위해서 부정의문문인「～ませんか」를 쓰기도 합니다.

今晩、一緒に お酒を 飲みましょうか。
오늘밤 함께 술을 마실래요?
一緒に ご飯を 食べませんか。
함께 밥을 먹지 않겠습니까?

ここ 여기, 이곳　～に ~에　座る 앉다　今日 오늘　早く 빨리　帰る (집에) 돌아가(오)다　映画 영화　見る 보다　今晩 오늘밤
一緒に 함께, 같이　お酒 술, 일본 전통술　飲む 마시다　ご飯 밥　食べる 먹다

2 カレーを 食べて います。
카레를 먹고 있습니다.

🔔 **～て います** ～(하)고 있습니다〈동사의 진행 표현〉

동사의 て형에 「～て います」를 붙이면 현재 어떤 동작을 하고 있다는 '진행'을 나타냅니다.

クリスさんは ビールを 飲んで います。
크리스 씨는 맥주를 마시고 있습니다.

今、アニメを 見て います。
지금 애니메이션을 보고 있습니다.

外には 白い 雪が 降って います。
바깥에는 하얀 눈이 내리고 있습니다.

子どもが にわで 遊んで います。
아이가 마당에서 놀고 있습니다.

田中さんは スマホで インターネットを して います。
다나카 씨는 스마트폰으로 인터넷을 하고 있습니다.

カレー 카레　ビール 맥주　今 지금　アニメ 애니메이션　外 밖, 바깥　～には ～에는　白い 하얗다　雪 눈　～が ～이/가
降る (눈·비 등이) 내리다　子ども 아이, 어린이　にわ 정원, 마당　～で ～에서　遊ぶ 놀다　スマホ 스마트폰　～で ～(으)로
インターネット 인터넷　する 하다

 필수 표현

3 窓は 閉めても いいです。
창문은 닫아도 됩니다.

🔔 **〜ても いいです** 〜(해)도 됩니다〈동사의 허가 표현〉

「〜ても いいです(〜해도 됩니다)」는 동사 て형에 접속되어 상대방의 행위를 허용 또는 허가할 때 쓰는 표현입니다. か를 붙여서 의문문 「〜ても いいですか(〜해도 됩니까?)」로 만들면 상대방에게 허락을 구하는 표현이 됩니다.

あそこでは 飲み物を 飲んでも いいですよ。
저기에서는 음료수를 마셔도 괜찮습니다.

ここで 写真を 撮っても いいですか。
여기에서 사진을 찍어도 될까요?

答えは ボールペンで 書いても いいです。
답은 볼펜으로 써도 됩니다.

A この 資料を 見ても いいですか。 이 자료를 봐도 됩니까?
B はい、どうぞ。 네, 보세요.

窓 창문　閉める 닫다　あそこ 저기, 저곳　〜では 〜에서는　飲み物 음료수, 마실 것　飲む 마시다　ここ 여기, 이곳　〜で 〜에서
写真 사진　撮る (사진을) 찍다　答え 답, 정답　ボールペン 볼펜　書く 쓰다　資料 자료　どうぞ 보세요

196

4 小さい 声で 答えては いけません。
작은　목소리로　대답하면　안 됩니다.

🔔 **〜ては いけません** 〜(하)면 안 됩니다〈동사의 금지 표현〉

동사 て형에 접속하는「〜ては いけません(〜하면 안 됩니다)」은 어떠한 행위를 용인하거나 받아들일 수 없음을 나타내는 금지, 규제 표현입니다.

部屋の 中に 入っては いけません。
방 안에 들어가면 안 됩니다.

ここで たばこを 吸っては いけません。
여기에서 담배를 피우면 안 됩니다.

そこに ごみを 捨てては いけません。
거기에 쓰레기를 버리면 안 됩니다.

お酒を 飲んで 運転しては いけません。
술을 마시고 운전하면 안 됩니다.

小さい 작다　声 (목)소리　〜で ~(으)로　答える 대답하다　部屋 방　中 안　〜に ~에, ~으로　入る 들어오(가)다
たばこを 吸う 담배를 피우다　そこ 거기, 그곳　ごみ 쓰레기　捨てる 버리다　お酒 술, 일본 전통술　運転する 운전하다

실력 쌓기

1 예시를 보고 문장을 만들어 보세요.

🎧 11-09

1

| 예 | ここに 座りましょう。 여기에 앉읍시다. |

① いい レストラン　　行く
② 家　　　　　　　　帰る
③ あの ビルの 前　　くるまを 止める

---

2 그림을 보고 ⓐ와 ⓑ 중 알맞은 것을 골라 보세요.

🎧 11-11

1

예　窓を
　　(ⓐ 閉めても いいです　ⓑ 閉めては いけません)。
　　창문을 닫아도 됩니다.

① 　会議室で 食べ物を
　　(ⓐ 食べては いけません　ⓑ 食べても いいです)。

② 　6時ですから、もう
　　(ⓐ 帰っても いいです　ⓑ 帰っては いけません)。

🎧 11-13

ここ 여기, 이곳　～に ~에　座る 앉다　いい(よい) 좋다　レストラン 레스토랑, 식당　行く 가다　家 집　帰る 돌아가(오)다
ビル 빌딩　前 앞　くるま 자동차　止める 멈추다, 세우다　窓 창문　閉める 닫다　会議室 회의실　～で ~에서　食べ物 음식
6時 6시　～から ~(이)기 때문에　もう 이제, 이미　帰る (집에) 돌아가(오)다

🎧 11-10

2

예 友だちは カレーを 食べて います。 친구는 카레를 먹고 있습니다.

① 妹　　　　音楽　　　　聞く
② 父　　　　ケーキ　　　作る
③ クリスさん　仕事　　　　する

🎧 11-12

2

예  小さい 声で
(ⓐ 答えても いいです　ⓑ 答えては いけません)。
작은 목소리로 대답하면 안 됩니다.

①  カフェの 中で たばこを
(ⓐ 吸っては いけません　ⓑ 吸っても いいです)。

②  図書館で お酒を
(ⓐ 飲んでも いいです　ⓑ 飲んでは いけません)。

🎧 11-14

友だち 친구　カレー 카레　妹 여동생　音楽 음악　聞く 듣다, 묻다　父 아빠, 아버지　ケーキ 케이크　作る 만들다
仕事 일, 직업　する 하다　小さい 작다　声 (목)소리　〜で 〜(으)로　答える 대답하다　カフェ 카페　中 안
たばこを 吸う 담배를 피우다　図書館 도서관　お酒 술, 일본 전통술　飲む 마시다

199

필수 회화

いとう　　ここに　座りましょう。

ユリ　　　はい、ちょっと　寒いですね。
　　　　　窓を　閉めても　いいですか。

いとう　　いいですよ。
　　　　　今日の　ランチメニューは　カレーと　きつねうどんです。
　　　　　となりの　人たちは　カレーを　食べて　いますね。

ユリ　　　私は　きつねうどんに　します。
　　　　　実は　今日　コンビニの　アルバイトの　面接が　あります。

いとう　　そうですか。アルバイトの　面接は　初めてですか。

ユリ　　　はい。面接の　時、特に　何を　注意しますか。

いとう　　質問に　小さい　声で　答えては　いけません。

ユリ　　　はい。分かりました。

ここ 여기, 이곳　～に ～에　座る 앉다　ちょっと 조금, 좀　寒い 춥다　窓 창문　～を ～을/를　閉める 닫다　いい(よい) 좋다
今日 오늘　ランチメニュー 런치 메뉴　カレー 카레　～と ～와/과　きつねうどん 유부 우동　となり 옆　人たち 사람들
～にする ～으로 하다　実は 실은　コンビニ 편의점　アルバイト 아르바이트　面接 면접　～が ～이/가　ある (식물·사물 등이) 있다
初めて 처음　時 때　特に 특히　何 무엇　注意する 주의하다, 조심하다　質問 질문　小さい 작다　声 (목)소리　～で ～(으)로
答える 대답하다　分かりました 알겠습니다

이토 여기에 앉읍시다.
유리 네, 좀 춥네요.
      창문을 닫아도 되나요?
이토 그럼요.
      오늘 런치 메뉴는 카레와 유부 우동이에요.
      옆 사람들은 카레를 먹고 있어요.
유리 저는 유부 우동으로 할게요.
      실은 오늘 편의점 아르바이트 면접이 있어요.
이토 그래요? 아르바이트 면접은 처음이에요?
유리 네. 면접 때 특히 무엇을 주의하나요?
이토 질문에 작은 목소리로 대답하면 안 돼요.
유리 네. 알겠습니다.

 플러스 표현

 11-18

● ~に します ~(으)로 할게요, ~(으)로 하겠습니다

주로 음식점에서 메뉴를 결정할 때나 쇼핑을 할 때 사용하는 표현으로, 명사에 「~に します」를 연결하여 말합니다.

きつねうどんに します。 유부 우동으로 할게요.

실력 다지기

1 음성을 듣고 괄호 안에 알맞은 동사를 받아써 보세요. 🎧 11-19

① 料理を （　　　　　　） います。

② 早く　家に （　　　　　　）。

③ 窓を （　　　　　　） いいです。

2 우리말 단어를 일본어로 바꾸어 써 보세요. 🎧 11-20

① 질문 ＿＿＿＿＿＿＿＿　　② 대답하다 ＿＿＿＿＿＿＿＿

③ 면접 ＿＿＿＿＿＿＿＿　　④ 운전하다 ＿＿＿＿＿＿＿＿

⑤ 만들다 ＿＿＿＿＿＿＿＿　　⑥ 버리다 ＿＿＿＿＿＿＿＿

3 제시된 우리말을 참고하여 동사를 알맞게 바꾸어 빈칸에 써 보세요. 🎧 11-21

① ジスさんは　音楽を　聞く→＿＿＿＿＿＿　います。 지수 씨는 음악을 듣고 있습니다.

② あの　カフェで　ケーキを　食べる→＿＿＿＿＿＿。 저 카페에서 케이크를 먹읍시다.

③ ここで　寝る→＿＿＿＿＿＿　いけません。 여기에서 자면 안 됩니다.

④ たなかさんは　スマホで　インターネットを　する→＿＿＿＿＿＿　います。
다나카 씨는 스마트폰으로 인터넷을 하고 있습니다.

⑤ ボールペンで　書く→＿＿＿＿＿＿　いいです。 볼펜으로 써도 됩니다.

4 우리말 문장을 일본어로 바꾸어 써 보세요. 🎧 11-22

예	작은 목소리로 대답하면 안 됩니다. → 小さい 声で 答えては いけません。

① 술을 마시고 운전하면 안 됩니다.

→ _____

② 남동생은 방에서 책을 읽고 있습니다.

→ _____

5 제시된 질문에 (　　) 안의 단어를 사용해 답해 보세요. 🎧 11-23

예	Q　ミヌさんは 何を して いますか。(ケーキ・作る) A　ケーキを 作って います。

① Q　ここで 写真を 撮っても いいですか。(いいえ・～ては いけません)

　A _____

② Q　今、何を して いますか。(会社・仕事・する)

　A _____

한번 더! 실력 확인

동사 미니 테스트!

제시된 동사를 「〜ても いいです」와
「〜ては いけません」으로 바꾸어 히라가나로 써 보세요.

동사	〜ても いいです	〜ては いけません
예 話す 이야기하다	はなしても いいです	はなしては いけません
① 見る 보다		
② 聞く 듣다, 묻다		
③ 寝る 자다		
④ 起きる 일어나다		
⑤ 飲む 마시다		
⑥ する 하다		
⑦ 食べる 먹다		
⑧ 買う 사다		
⑨ 書く 쓰다		
⑩ 作る 만들다		
⑪ 遊ぶ 놀다		
⑫ 行く 가다		
⑬ 来る 오다		
⑭ 読む 읽다		
⑮ 送る 보내다		

보랏빛으로 물든 라벤더밭(좌)과 한겨울의 오타루 운하(우)

신나는 일본여행

홋카이도(北海道)

일본 최북단에 위치한 홋카이도는 일본을 구성하는 4개의 섬 중 하나입니다. 천혜의 자연환경으로 잘 알려져 있으며, 홋카이도에만 국립공원이 여섯 개나 있습니다. 그 중 시레토코(知床) 국립공원은 2005년에 세계자연유산으로 등재되었고, 쿠시로(釧路)와 사로베츠(サロベツ) 공원의 습지는 람사르 조약에 의해 보호되고 있습니다.

주요 도시인 삿포로(札幌)는 캠퍼스 전경이 아름다운 홋카이도 대학과 맛있는 맥주로 유명합니다. 영화 「러브레터」의 촬영지인 오타루(小樽)는 유럽풍의 느낌이 물씬 나며, 비에이(美瑛)는 여름이면 수를 놓는 라벤더 밭이, 겨울이면 순백으로 뒤덮이는 설원이 매력적입니다. 하루 1만여 톤의 온천수가 솟아나는 노보리베츠(登別)는 일본 최고의 온천 지역입니다.

홋카이도는 신선한 해산물로 유명하며, 게, 가리비, 해산물 덮밥인 가이센동(海鮮丼) 등은 절정의 맛을 자랑합니다. 양고기 구이인 칭기즈칸과 미소 라멘은 삿포로에 들르면 꼭 먹어야 하는 음식입니다.

일본 원유 생산량의 40%를 점유하고 있는 홋카이도는 일본 기념품 하면 떠오르는 디저트인 로이스 초콜렛과 시로이코이비토라는 쿠키의 본고장이기도 합니다. 또한 LeTAO에서 판매하는 치즈케이크는 연간 300만 개 이상이 팔릴 정도로 인기가 많습니다.

UNIT 12

アトラクションに 乗ったり
놀이기구를 타거나

ショーを 見たり します
쇼를 보거나 합니다

학습 포인트

- 동사의 과거형(た형)
- 동사의 경험 표현(~た ことが ある)
- 동작, 상태의 나열(~たり ~たり)
- 형용사의 과거 정중 표현

실력 확인

A ここに _____。 여기에 앉읍시다.

B 寒いですね。窓を _____ か。 추워요. 창문을 닫아도 되나요?

A いいですよ。今日の メニューは カレーと きつねうどんですね。
となりの 人たちは カレーを _____ います。
괜찮아요. 오늘 메뉴는 카레와 유부 우동이네요. 옆 사람들은 카레를 먹고 있어요.

B 私は きつねうどんに します。 저는 유부 우동으로 할게요.

 필수 표현

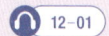 12-01

1 ディズニーランドへ
디즈니랜드에

行ったことが あります。
간 적이 있습니다.

🔔 **～た** ~(했)다〈동사의 과거형(た형)〉

동사에 「～た」를 접속하면 '~(했)다'라는 의미의 과거형이 됩니다. 동사에 た를 붙일 때 바뀌는 동사 형태를 た형이라고 하는데 10과에서 익힌 て형과 같습니다. 복습하는 기분으로 다시 확인해 둡시다.

✤ **1그룹 동사**: 동사의 어미에 따라 바뀌는 형태가 달라집니다.

う・つ・る	→	〜った
会う 만나다	→	会った 만났다
待つ 기다리다	→	待った 기다렸다
乗る 타다	→	乗った 탔다

ぬ・む・ぶ	→	〜んだ
死ぬ 죽다	→	死んだ 죽었다
飲む 마시다	→	飲んだ 마셨다
遊ぶ 놀다	→	遊んだ 놀았다

く・ぐ	→	〜いた・〜いだ
書く 쓰다	→	書いた 썼다
急ぐ 서두르다	→	急いだ 서둘렀다
*行く 가다	→	行った 갔다

す	→	〜した
話す 이야기하다	→	話した 이야기했다

＊行く의 た형
예외적으로 동사 「行(い)く(가다)」는 た형으로 바꿀 때 법칙에 따라 「行いた」라고 하지 않고, 「行った」라고 합니다.

❖ **2그룹 동사**: 어미 る를 떼고 た를 붙입니다. 2그룹 동사의 ます형, て형, た형은 형태가 모두 동일합니다.

る	→	～た
見る 보다	→	見た 봤다
食べる 먹다	→	食べた 먹었다

❖ **3그룹 동사**: 불규칙 활용 동사이므로 그대로 암기하세요. 3그룹 동사의 ます형, て형, た형은 형태가 모두 동일합니다.

来る 오다 → 来た 왔다
する 하다 → した 했다

～たことが ある ～(한) 적이 있다〈동사의 경험 표현〉

동사의 과거형에 「ことが ある」를 붙인 「～たことが ある」는 과거 경험을 나타내는 표현입니다.

私は 納豆を 食べたことが あります。
나는 낫토를 먹은 적이 있습니다.

私は 富士山に 登ったことが ありません。
나는 후지산에 오른 적이 없습니다.

A 日本で 野球を 見たことが ありますか。
　일본에서 야구를 본 적이 있습니까?
B はい、見たことが あります。　네, 본 적이 있습니다.

ディズニーランド 디즈니랜드　～へ ~에, ~으로　私 나, 저　納豆 낫토〈음식〉　～を ~을/를　富士山 후지산〈지명〉　～に ~에
登る 오르다　日本 일본　～で ~에서　野球 야구

필수 표현

2. アトラクションに 乗ったり
놀이기구를 타기도 하고

ショーを 見たり します。
쇼를 보기도 합니다.

🔔 **〜たり 〜たり する** 〜(하)기도 하고 〜(하)기도 하다
〈동작·상태의 나열〉

동사 た형에「〜たり」를 접속하면 여러 가지 동작이나 상태를 나열할 수 있습니다. 이 경우, 대개 다른 행위나 사안이 더 있음을 암시합니다.
또한 서로 대립되는 동사를 사용하여 동작이나 상태가 반복됨을 나타낼 때도 쓰입니다. 이 경우에는 우리말로 해석할 때 일본어의 어순과 반대로 해석되는 경우가 많습니다.

자주 쓰는 대립 동사
行く 가다 ↔ 来る 오다
つける 켜다 ↔ 消す 끄다
出る 나오다 ↔ 入る 들어가다
降る (눈·비 등이) 내리다 ↔ やむ 멎다, 그치다

週末は 掃除を **したり** 本を **読んだり します。**
주말에는 청소를 하기도 하고 책을 읽기도 합니다.

日曜日は 散歩を **したり** 映画館で 映画を **見たり しました。**
일요일에는 산책을 하기도 하고 영화관에서 영화를 보기도 했습니다.

昨日は、友だちと カラオケに **行ったり しました。**
어제는 친구와 노래방을 가거나 했습니다.[다른 것도 더 했음을 암시]

彼は 家の 前を **行ったり 来たり して いる。**
그는 집 앞을 왔다 갔다 하고 있다.[동작의 반복]

アトラクション 놀이기구　〜に 〜을/를(+乗る)　乗る 타다　ショー 쇼, 공연　見る 보다　週末 주말　掃除 청소　本 책
読む 읽다　日曜日 일요일　散歩 산책　映画館 영화관　映画 영화　昨日 어제　友だち 친구　〜と 〜와/과 (함께)
カラオケ 노래방　〜に 〜에, 〜으로　彼 그, 남자친구　家 집　前 앞　行く 가다　来る 오다

3 とても 楽(たの)しかったです。
아주 즐거웠습니다.

🔔 **〜かったです** ~(었)습니다〈い형용사의 과거 정중 표현〉

い형용사를 과거 정중 표현으로 만들려면 먼저 い형용사의 과거형을 익혀야 합니다.
い형용사의 과거형은 어미 い를 빼고 かった를 붙입니다.
정중하게 말하려면 かった 뒤에 です만 붙이면 됩니다.

❖ 楽(たの)しい 즐겁다 → 楽(たの)し~~い~~ かった = 楽(たの)しかった 즐거웠다
  い형용사의 기본형   어미 い를 빼고 かった를 붙인다   い형용사의 과거형

→ 楽(たの)しかった + です = 楽(たの)しかったです 즐거웠습니다
  い형용사의 과거형에 です를 붙인다   い형용사의 과거 정중 표현

その 本(ほん)は おもしろかった。 그 책은 재미있었다.
天気(てんき)は とても よかったです。 날씨는 매우 좋았습니다.

> **いい・よい(좋다)의 た형**
> 「いい・よい(좋다)」는 과거형으로 바꿀 때 「いい」가 아니라 「よい」만 활용합니다. 따라서 「いい・よい」의 과거형은 「よかった」입니다.

🔔 **〜でした** ~(었)습니다〈な형용사 과거 정중 표현〉

な형용사의 과거 정중 표현은 い형용사보다 쉽습니다.
기본형의 어미 だ를 떼고 でした만 붙이면 됩니다.

❖ きれいだ 깨끗하다 → きれい~~だ~~ でした = きれいでした 깨끗했습니다
  な형용사의 기본형   어미 だ를 빼고 でした를 붙인다   な형용사의 과거 정중 표현

海(うみ)は 静(しず)かでした。 바다는 조용했습니다.
店員(てんいん)は 親切(しんせつ)でした。 점원은 친절했습니다.

とても 매우, 무척 | 楽(たの)しい 즐겁다 | 本(ほん) 책 | おもしろい 재미있다 | 天気(てんき) 날씨 | いい(よい) 좋다 | 海(うみ) 바다 | 静(しず)かだ 조용하다
店員(てんいん) 점원 | 親切(しんせつ)だ 친절하다

실력 쌓기

1 예시를 보고 문장을 만들어 보세요.

🎧 12-08

1 | 예 | ディズニーランドへ 行ったことが ありますか。
디즈니랜드에 간 적이 있습니까?

① スキーを する
② うなぎを 食べる
③ おもしろい 夢を 見る

2 그림을 보고 ⓐ와 ⓑ 중 알맞은 것을 골라 보세요.

🎧 12-10

1 | 예 | アトラクションに 乗ったことが
(ⓐ あります　ⓑ ありません)。
놀이기구를 탄 적이 있습니다.

①  納豆を 食べたことが （ ⓐ あります　ⓑ ありません ）。

②  新幹線に 乗ったことが （ ⓐ あります　ⓑ ありません ）。

🎧 12-12

ディズニーランド 디즈니랜드　〜へ 〜에, 〜으로　〜が 〜이/가　スキーを する 스키를 타다　うなぎ 장어　おもしろい 재미있다
夢を 見る 꿈을 꾸다　アトラクション 놀이기구　〜に 〜을/를(+乗る)　乗る 타다　納豆 낫토〈음식〉　新幹線 신칸센〈일본 고속 철도〉

2

예 アトラクションに 乗ったり ショーを 見たり します。
놀이기구를 타기도 하고 쇼를 보기도 합니다.

① 音楽を 聞く　　テニスを する
② 部屋を 出る　　入る
③ 雨が 降る　　やむ

2

예  とても （ ⓐ 楽しかったです　ⓑ 楽しいでした ）。
매우 즐거웠습니다.

①  天気は （ ⓐ いかったです　ⓑ よかったです ）。

②  部屋は とても （ ⓐ きれいかったです　ⓑ きれいでした ）。

ショー 쇼, 공연　音楽 음악　聞く 듣다, 묻다　テニスを する 테니스를 치다　部屋 방　出る 나가(오)다　入る 들어오(가)다　雨 비
降る (눈·비 등이) 내리다　やむ (눈·비 등이) 멎다, 그치다　とても 매우, 무척　楽しい 즐겁다　天気 날씨　いい(よい) 좋다
きれいだ 깨끗하다, 예쁘다

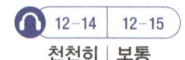

ユリ 私は ＵＳＪが 初めてです。
ここでは 何を しますか。

いとう アトラクションに 乗ったり ショーを 見たり します。
じゃ、ショーを 見に 行きましょうか。

ユリ いいですよ。

いとう ユリさんは 日本で テーマパークへ 行ったことが ありますか。

ユリ はい、東京の ディズニーランドへ 行ったことが あります。
パレードが きれいでした。とても 楽しかったです。

いとう そうでしたか。
じゃ、こんど 一緒に 東京ディズニーシーへ 行きましょうか。

ユリ いいですね。とても 楽しみです。

ＵＳＪ 유니버설 스튜디오 재팬	初めて 처음	ここ 여기, 이곳	～では ~에서는	何 무엇	アトラクション 놀이기구	
～に ~을/를(+乗る)	乗る 타다	ショー 쇼, 공연	～に ~(하)러	いい(よい) 좋다	～よ ~지요, ~이야	日本 일본	～で ~에서
テーマパーク 테마파크, 놀이공원	東京 도쿄〈지명〉	ディズニーランド 디즈니랜드	パレード 퍼레이드, 행진, 행렬			
きれいだ 깨끗하다, 예쁘다	とても 매우, 무척	楽しい 즐겁다	そうでしたか 그랬습니까?	じゃ 그럼	こんど 다음	
一緒に 함께, 같이	ディズニーシー 디즈니시	楽しみ 기대, 즐거움				

유리	나는 USJ가 처음이에요.
	여기에서는 무엇을 하나요?
이토	놀이기구를 타기도 하고 쇼를 보기도 해요.
	그럼 쇼를 보러 갈까요?
유리	좋아요.
이토	유리 씨는 일본에서 놀이공원에 간 적이 있어요?
유리	네, 도쿄의 디즈니랜드에 간 적이 있어요.
	퍼레이드가 예뻤어요. 무척 즐거웠습니다.
이토	그랬어요? 그럼 다음에 같이 도쿄 디즈니시에 갈까요?
유리	좋아요. 무척 기대되네요.

 플러스 표현 12-17

동사 ます형 + に + 이동동사 ~(하)러 이동하다

동사 ます형에 조사 に를 접속하면 행위의 목적을 나타낼 수 있습니다.

- 映画を 見に 行く。 영화를 보러 간다.
- スマホを 買いに 行きます。 스마트폰을 사러 갑니다.

실력 다지기

1 음성을 듣고 괄호 안에 알맞은 말을 받아 써 보세요. 🎧 12-18

① ご飯を （　　　　　　）。

② バスは （　　　　　　）。

③ うどんは （　　　　　　　）。

2 우리말 단어를 일본어로 바꾸어 써 보세요. 🎧 12-19

① 놀이기구 ＿＿＿＿＿＿＿＿＿＿　　② 즐겁다 ＿＿＿＿＿＿＿＿＿＿

③ 영화관 ＿＿＿＿＿＿＿＿＿＿　　④ 테마파크, 놀이공원 ＿＿＿＿＿＿＿＿＿＿

⑤ 함께 ＿＿＿＿＿＿＿＿＿＿　　⑥ 꿈을 꾸다 ＿＿＿＿＿＿＿＿＿＿

3 제시된 우리말을 참고하여 동사 혹은 형용사를 알맞게 바꾸어 빈칸에 써 보세요. 🎧 12-20

① 去年　友だちと　京都へ　　行く→＿＿＿＿＿＿＿＿＿。 작년에 친구와 교토에 갔다.

② 新幹線に　乗る→＿＿＿＿＿＿＿＿＿　ことが　あります。 신칸센을 탄 적이 있습니다.

③ その　映画は　とても　おもしろい→＿＿＿＿＿＿＿＿＿。 그 영화는 무척 재미있었습니다.

④ 週末は　散歩を　する→＿＿＿＿＿＿＿＿＿、音楽を　聞く→＿＿＿＿＿＿＿＿＿ します。
주말에는 산책을 하기도 하고 음악을 듣기도 합니다.

⑤ その　レストランの　店員は　とても　親切だ→＿＿＿＿＿＿＿＿＿。
그 레스토랑의 점원은 아주 친절했습니다.

4 우리말 문장을 일본어로 바꾸어 써 보세요.　🎧 12-21

| 예 | 디즈니랜드에 간 적이 있습니다
→ ディズニーランドへ　行ったことが　あります。 |

① 오늘은 매우 추웠습니다.

→ _____

② 어제는 집에서 책을 읽기도 하고, 텔레비전을 보기도 했습니다.

→ _____

5 제시된 질문에 (　　) 안의 단어를 사용해 답해 보세요.　🎧 12-22

| 예 | Q　新幹線に　乗ったことが　ありますか。（　いいえ　）
A　いいえ、乗ったことが　ありません。 |

① Q　その　レストランの　料理は　どうでしたか。（　とても　おいしい　）

　A _____

② Q　週末は　何を　しましたか。（　映画を　見たり・ケーキを　作ったり　）

　A _____

한번 더! 실력 확인

동사 미니 테스트!

제시된 동사를 「～た」와 「～たり」로 바꾸어 히라가나로 써 보세요.

동사	～た	～たり
예 話す 이야기하다	はなした	はなしたり
① 見る 보다		
② 聞く 듣다, 묻다		
③ 寝る 자다		
④ 起きる 일어나다		
⑤ 飲む 마시다		
⑥ する 하다		
⑦ 食べる 먹다		
⑧ 買う 사다		
⑨ 書く 쓰다		
⑩ 作る 만들다		
⑪ 遊ぶ 놀다		
⑫ 行く 가다		
⑬ 来る 오다		
⑭ 読む 읽다		
⑮ 送る 보내다		

오사카성(좌)과 도톰보리(우)

신나는 일본여행 ✈

오사카(大阪)
おお さか

일본을 크게 동서로 나누었을 때, 동쪽인 간토(関東) 지역을 대표하는 도시는 일본 제1의 도시인 도쿄(東京)이고, 서쪽인 간사이(関西) 지역을 대표하는 도시는 일본 제2의 도시인 오사카입니다. 오사카는 교토(京都), 나라(奈良), 고베(神戸) 등의 손꼽히는 유명 관광 도시에 인접해 있어, 저비용으로 다양한 관광지 여행을 원한다면 최적의 장소입니다.

오사카의 관광 명소로는 오사카성, 대형 수족관인 가이유칸(海遊館), 신세카이(新世界)의 츠텐카쿠(通天閣) 거리, 그리고 즐비하게 늘어선 이색 간판과 화려한 색상의 네온사인이 걸린 독특한 음식점들이 관광객의 눈을 사로잡는 도톰보리(道頓堀) 등이 있습니다. 특히 도톰보리에 있는 육상 선수 모양의 대형 간판은 오사카의 포토 스팟으로 유명합니다. 그 외에도 오사카를 한눈에 내려다 볼 수 있는 300m 높이의 아베노하루카스(あべのハルカス) 전망대, 젊은이들에게 인기인 유니버설 스튜디오 재팬(USJ)도 관광 명소로 꼽히는 곳입니다.

오사카는 '먹다 쓰러진다, 먹다 망한다'라는 뜻인 '쿠이타오레(食い倒れ)'의 지방으로도 유명한데, 그만큼 먹거리에 대한 관심과 애정이 대단합니다. 우리에게도 잘 알려져 있는 다코야키, 오코노미야키가 처음 만들어진 곳도, 회전초밥이 처음 탄생한 곳도 바로 오사카입니다. 꼬치에 여러 재료를 꽂아 튀겨 먹는 쿠시카츠도 신세카이에 있는 한 가게에서 탄생했습니다. 오사카는 이외에도 다양하고 독특한 먹거리가 넘쳐나는 먹거리 천국입니다.

정답 및 스크립트

일본어 문자와 발음

히라가나
p.21 き 나무　かき 감　　p.23 さけ 술　しか 사슴　　p.25 ねこ 고양이　ほし 별
p.27 くま 곰　もち 떡　　p.29 さくら 벚꽃　ほんを よむ 책을 읽다

가타가나
p.45 カメラ 카메라　インク 잉크　　p.47 チキン 치킨　ステーキ 스테이크　　p.49 コーヒー 커피
バナナ 바나나　p.51 レモン 레몬　ヨーグルト 요구르트　p.53 フランス 프랑스　アメリカ 미국

UNIT 01 はじめまして

실력 확인
pp.61

あ	か	さ	た	な	は	ま	や	ら	わ
い	き	し	ち	に	ひ	み		り	
う	く	す	つ	ぬ	ふ	む	ゆ	る	を
え	け	せ	て	ね	へ	め		れ	
お	こ	そ	と	の	ほ	も	よ	ろ	ん

실력 쌓기
pp.66〜67

1　1　① ミノさんは かいしゃいんです。민호 씨는 회사원입니다.
　　② ぼくは こうむいんです。나는 공무원입니다.
　　③ かのじょは にほんじんです。그녀는 일본인입니다.

　2　① すずきさんは パティシエですか。스즈키 씨는 파티시에입니까?
　　② ポールさんは パイロットですか。폴 씨는 조종사입니까?
　　③ かれは メキシコじんですか。그는 멕시코 사람입니까?

❷ 1 ① かのじょは ⓑ いしゃです。 그녀는 의사입니다.
　　② わたしは ⓐ けいさつかんです。 나는 경찰관입니다.
　2 ① A かのじょは スチュワーデスですか。 그녀는 스튜어디스입니까?
　　　B ⓐ はい、そうです。 네, 그렇습니다.
　　② A かれは モデルですか。 그는 모델입니까?
　　　B ⓑ いいえ、モデルじゃ ありません。 아니요, 모델이 아닙니다.

pp.70~71

❶ ① かんごし 간호사　② ぎんこういん 은행원　③ かいしゃいん 회사원
❷ ① わたし　② がくせい　③ シェフ
　④ かんこくじん　⑤ にほんじん　⑥ はじめまして
❸ ① わたしは がくせいです。
　② A かれは かんこくじんですか。
　　B はい、そうです。
　③ A あなたは かいしゃいんですか。
　　B いいえ、わたしは かいしゃいんじゃ ありません。ぐんじんです。
❹ ① あなたは かいしゃいんですか。
　② かのじょは かんごしじゃ ありません。
❺ ① Q かのじょは がくせいですか。 그녀는 학생입니까?
　　A いいえ、がくせいじゃ ありません。 아니요, 학생이 아닙니다.
　② Q クリスさんは シェフですか。 크리스 씨는 셰프입니까?
　　A はい、そうです。 네, 그렇습니다. / はい、シェフです。 네, 셰프입니다.

UNIT 02　これは なんですか

실력 확인　pp.73

A　ユリさん、こちらは クリスさんです。
B　はじめまして。わたしは イ・ユリです。
C　はじめまして。ユリさんは がくせいですか。
B　はい、そうです。

221

pp.78~79

1
1　① あれも　ちゅうごくの　おちゃです。 저것도 중국(의) 차입니다.
　② それも　キムさんの　かさです。 그것도 김 씨의 우산입니다.
　③ いとうさんも　わたしの　ともだちです。 이토 씨도 내 친구입니다.
2　① その　ほんは　わたしのです。 그 책은 내 것입니다.
　② あの　じてんしゃは　パクさんのです。 저 자전거는 박 씨 것입니다.
　③ その　ペンは　スミスさんのです。 그 펜은 스미스 씨 것입니다.

2
1　① これは　ⓑくるまの　ざっしです。 이것은 자동차 잡지입니다.
　② かのじょは　ⓐわたしの　せんせいです。 그녀는 제 선생님입니다.
2　① ⓐあの　かばんは　たなかさん　ⓓのです。 저 가방은 다나카 씨 것입니다.
　① ⓐこれは　セナさん　ⓒのです。 이것은 세나 씨 것입니다.

pp.82~83

1　① いぬ 개　　② さいふ 지갑　　③ くるま 자동차

2　① かいしゃいん　　② おかし　　③ おみやげ
　　④ はこ　　⑤ わたしの　スマホ　　⑥ かんこくの　おさけ

3　① その　かたも　わたしの　せんせいです。
　② それは　なんの　ほんですか。
　③ この　かばんは　キムさんのです。
　④ それは　だれの　さいふですか。

4　① その　スマホは　わたしのです。
　② それは　スミスさんの　パソコンです。

5　① Q　それは　なんですか。 그것은 무엇입니까?
　　A　（これは）ちゅうごくの　おちゃです。 (이것은) 중국 차입니다.
　② Q　あの　くるまは　パクさんのですか。 저 자동차는 박 씨 것입니까?
　　A　いいえ、パクさんのじゃ　ありません。 아니요, 박 씨의 것이 아닙니다.

UNIT 03 きのうは やすみじゃ ありませんでした

> **실력 확인** pp.85
>
> A　Bさん、その はこは なんですか。
> B　これも おこめの おかしです。これは みゆきさんのです。

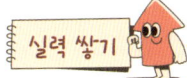

pp.90~91

❶　1　① かのじょも ぎんこういんでした。그녀도 은행원이었습니다.

　　　② きんようびも ゆきでした。금요일도 눈이었습니다(눈이 왔습니다).

　　　③ かれも けいさつかんでした。그도 경찰관이었습니다.

　　2　① わたしは シェフじゃ ありませんでした。나는 셰프가 아니었습니다.

　　　② きょねんは こうむいんじゃ ありませんでした。작년에는 공무원이 아니었습니다.

　　　③ おとといは はれじゃ ありませんでした。그저께는 맑음이 아니었습니다(맑지 않았습니다).

❷　1　① かんこくは いま、ⓐ くじ よんじゅっぷんです。한국은 지금 9시 40분입니다.

　　　② アメリカは いま、ⓑ よじです。미국은 지금 4시입니다.

　　2　① ははは スチュワーデス ⓑ じゃ ありませんでした。엄마는 스튜어디스가 아니었습니다.

　　　② きのうは あめ ⓐ でした。어제는 비였습니다(비가 왔습니다).

pp.94~95

❶　① しごと 일　　② かようび 화요일　　③ かいぎ 회의

❷　① ごぜん　　② ごご　　③ よんじゅっぷん/よんじっぷん
　　④ どようび　　⑤ いま　　⑥ やすみ

❸　① もくようび　　② すいようび　　③ にちようび
　　④ きんようび

❹　① わたしの ははは ぎんこういんでした。
　　② かれは ぐんじんじゃ ありませんでした。

❺　① Q　きょうは なんようびですか。오늘은 무슨 요일입니까?
　　　A　きんようびです。금요일입니다.

② Q きのうは あめでしたか。 어제는 비였습니까(비가 왔습니까)?
   A いいえ、あめじゃ ありませんでした。 아니요, 비가 아니었습니다(비가 오지 않았습니다).

UNIT 04 きょうは あついですね

실력 확인   pp.73

A きょうは なんようびですか。
B げつようびです。
A いまは なんじですか。
B はちじ はんです。

pp.78~79

❶ 1 ① ふじさんは たかいですね。 후지산은 높네요.
      ② にほんごは むずかしいですね。 일본어는 어렵네요.
      ③ この りょうりは からいですね。 이 요리는 맵네요.
   2 ① かれは やさしい ひとです。 그는 상냥한 사람입니다.
      ② これは むずかしい クイズです。 이것은 어려운 퀴즈입니다.
      ③ あれは おもしろい アニメです。 저것은 재미있는 애니메이션입니다.

❷ 1 ① あの ねこは ⓐ ちいさくて かわいいです。 저 고양이는 작고 귀엽습니다.
      ② ケーキは ⓑ あまくて おいしいです。 케이크는 달고 맛있습니다.
   2 ① きょうは ⓑ さむく ありません。 오늘은 춥지 않습니다.
      ① ぼくは ⓐ うれしく ありません。 나는 기쁘지 않습니다.

pp.108~109

❶ ① さしみは おいしいです。 생선회는 맛있습니다.
  ② かれの へやは あたたかいです。 그의 방은 따뜻합니다.
  ③ これは とても かなしい えいがです。 이것은 아주 슬픈 영화입니다.

❷

기본형	～です	～くて	～く ありません
예 おおきい	おおきいです	おおきくて	おおきく ありません
① かわいい	かわいいです	かわいくて	かわいく ありません
② いい	いいです	よくて	よく ありません
③ すくない	すくないです	すくなくて	すくなく ありません

❸　① きょうは あつい ひです。

　　② A　ともだちは おおいですか。
　　　　B　いいえ、おおく ありません。すくないです。

　　③ A　あなたの さいふは たかいですか。
　　　　B　いいえ、たかく ありません。やすいです。

❹　① この くるまは あたらしくて たかいです。

　　② きょうは さむく ありません。

　　③ あの ちいさい かばんは すずきさんのです。

❺　① Q　にほんごの べんきょうは たのしいですか。 일본어 공부는 즐겁습니까?
　　　　A　はい、たのしいです。 네, 즐겁습니다.

　　② Q　その りょうりは からいですか。 그 요리는 맵습니까?
　　　　A　いいえ、からく ありません。 아니요, 맵지 않습니다.

UNIT 05　ともだちは ハンサムで まじめです

실력 확인　　　　　　　　　　　　　　　　　　　　　p.111

A　きょうは とても あついですね。
B　そうですね。それに むしあつい ひです。
A　わあ、この ざるそば、つめたくて おいしいですね。
B　はい、ねだんも たかく ありませんね。

pp.118～119

❶　1　① この りょうりは かんたんです。 이 요리는 간단합니다.

② かのじょの ぼうしは すてきです。그녀의 모자는 멋집니다.

③ スポーツは きらいです。스포츠는 싫어합니다.

2　① きものは はでな ふくです。기모노〈일본 전통 의복〉는 화려한 옷입니다.

② かれは しんせつな ひとです。그는 친절한 사람입니다.

③ ふたりは おなじ としです。두 사람은 같은 나이입니다.

❷　1　① ホテルは ⓐ きれいで しずかです。호텔은 깨끗하고 조용합니다.

② わたしの さいふは ⓐ はでで ながいです。내 지갑은 화려하고 깁니다.

2　① あしたは ⓐ ひまです。내일은 한가합니다.

② うたは ⓑ じょうずじゃ ありません。노래는 못합니다.

pp.122〜123

❶　① おおさかは にぎやかです。오사카는 북적입니다.

② りょうりは にがてです。요리는 서툽니다.

③ みゆきさんは まじめな ひとです。미유키 씨는 성실한 사람입니다.

❷

기본형	〜な	〜で	〜じゃ ありません
예 べんりだ	べんりな	べんりで	べんりじゃ ありません
① すきだ	すきな	すきで	すきじゃ ありません
② しんせつだ	しんせつな	しんせつで	しんせつじゃ ありません
③ きれいだ	きれいな	きれいで	きれいじゃ ありません

❸　① A　あしたは ひまですか。
　　　B　いいえ、ひまじゃ ありません。

② A　きらいな たべものは なんですか。
　　B　さしみが きらいです。

③ A　ソウルの ちかてつは ふべんですか。
　　B　いいえ、ふべんじゃ ありません。べんりです。

❹　① すずきさんは げんきで ほがらかです。

② かのじょは スポーツが すきで じょうずです。

③ わたしは しあわせな ひとです。

❺ ① Q あなたは うたが じょうずですか。당신은 노래를 잘합니까?
　　A いいえ、じょうずじゃ ありません。へたです。 아니요, 잘하지 않습니다(잘 못합니다). 서툽니다.
　② Q ソウルは しずかですか。 서울은 조용합니까?
　　A いいえ、しずかじゃ ありません。にぎやかです。 아니요, 조용하지 않습니다. 북적입니다.

UNIT 06　きいろは ありますか

실력 확인　　　　　　　　　　　　　　　　　　　　　　　　　　p.125

A　みんな イケメンですね。
B　はい、ハンサムで まじめです。
A　わたしの ともだちは うたが じょうずで、ほがらかな ひとです。
　でも、あまり まじめじゃ ありません。

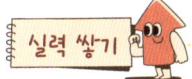

pp.132～133

❶ 1 ① ぎんこうは あそこです。 은행은 저기입니다.
　　② デパートは ここです。 백화점은 여기입니다.
　　③ パンやは そこです。 빵집은 거기입니다.
　2 ① あそこに コンビニは ありません。 저기에 편의점은 없습니다.
　　② わたしの へやに テレビは ありません。 내 방에 텔레비전은 없습니다.
　　③ この カフェに いちごの ケーキは ありません。 이 카페에 딸기 케이크는 없습니다.

❷ 1 ① この チケットは さんまいで ⓑ きゅうせんえんです。 이 티켓은 세 장에 9천 엔입니다.
　　② あの コップは はちこで ⓐ はっぴゃくえんです。 저 컵은 여덟 개에 800엔입니다.
　2 ① かさを ⓐ ろっぽん ください。 우산을 여섯 자루 주세요.
　　② チーズケーキを ⓐ いっこ ください。 치즈 케이크를 한 개 주세요.

pp.136～137

❶ ① アイスクリームを ふたつ ください。 아이스크림을 두 개 주세요.
　② その シャツを さんまい ください。 그 셔츠를 세 장 주세요.
　③ この さいふは いちまんえんです。 이 지갑은 만 엔입니다.

2 ① ぎんこうは あそこに あります。

② トイレは どこに ありますか。

③ にんじんは 3(さん)ぼんで 330(さんびゃくさんじゅう)えんです。

3 ① りんごを みっつ(さんこ) ください。

② ビールを ろっぽん ください。

4 ① えきは どこに ありますか。

② チケットは にまいで ろくせんえんです。

5 ① Q すみません、ぎんこうは どこに ありますか。 실례합니다. 은행은 어디에 있습니까?

　　A そこに あります。 거기에 있습니다.

② Q すみません、バナナは いくらですか。 저기요, 바나나는 얼마예요?

　　A ななほんで 480(よんひゃくはちじゅう)えんです。 일곱 개에 480엔입니다.

UNIT 07　わたしには きょうだいが いません

실력 확인
p.139

A　すみません、これ きいろは ありますか。

B　すみません。きいろは ありません。

A　ベージュは ありますか。

B　はい、ここに あります。いちまいで 1000(せん)えんです。

pp.144～145

1 1 ① かいぎしつには しゃいんが ごにん います。 회의실에는 사원이 다섯 명 있습니다.

② レストランには おきゃくさんが はちにん います。 레스토랑에는 손님이 여덟 명 있습니다.

③ ならには しかが たくさん います。 나라에는 사슴이 많이 있습니다.

2 ① どうぶつえんには くまや さるなどが います。 동물원에는 곰이나 원숭이 등이 있습니다.

② ソファーの うえには キーや カメラなどが あります。
소파 위에는 열쇠랑 카메라 등이 있습니다.

③ この ビルには びょういんや くすりやなどが あります。
이 빌딩에는 병원이랑 약국 등이 있습니다.

❷ 1 ① くるまの ⓑ まえに いぬが います。자동차 앞에 개가 있습니다.
　　② いすの ⓐ うえに バナナが あります。의자 위에 바나나가 있습니다.
　2 ① この へやには だれも ⓑ いません。이 방에는 아무도 없습니다.
　　② テーブルの うえに はなが ⓐ あります。탁자 위에 꽃이 있습니다.

pp.148〜149

❶ ① おばあさん 할머니　② おじいさん 할아버지　③ いもうと 여동생

❷ ① おかあさん　② おとうさん　③ かぞく
　④ どうぶつ　⑤ りょうしん　⑥ だいすきだ

❸ ① たなかさんは どこに いますか。
　② ドアの まえに くるまが あります。
　③ うちの きんじょには デパートや レストランなどが ありません。
　④ わたしには きょうだいが いません。

❹ ① わたしには あにが ふたり います。
　② うちには ねこが いっぴきも いません。

❺ ① Q かいしゃの きんじょに なにが ありますか。회사 근처에 무엇이 있습니까?
　　A レストランや カフェなどが あります。레스토랑이나 카페 등이 있습니다.
　② Q どうぶつえんには なにが いますか。동물원에는 무엇이 있습니까?
　　A さるや くまなどが います。원숭이나 곰 등이 있습니다.

UNIT 08 食べることが 好きです

실력 확인

p.151

A　Bさんは きょうだいが いますか。
B　はい、います。あねが ひとりと おとうとが ふたり います。Aさんは?
A　わたしには きょうだいが いません。でも、うちには いぬや ねこなどが います。

pp.156〜157

❶ 1 ① 映画を 見る。영화를 본다.
　　② 手紙を 書く。편지를 쓴다.
　　③ 空を 飛ぶ。하늘을 난다.
　2 ① 明日は 運動を する予定です。내일은 운동을 할 예정입니다.
　　② 彼の 趣味は 音楽を 聞くことです。그의 취미는 음악을 듣는 것입니다.
　　③ クリスマスは 友だちと 遊ぶ予定です。크리스마스에는 친구와 놀 예정입니다.

❷ 1 ① スマホを ⓑ 買う。스마트폰을 산다.
　　② ケーキを ⓐ 食べる。케이크를 먹는다.
　2 ① 電車 ⓐ に 乗る。전철을 탄다.
　　② 友だち ⓑ に 会う。친구를 만난다.

pp.160〜161

❶ ① パンを 食べる。빵을 먹는다.
　② 本を 読む。책을 읽는다.
　③ 運動を する。운동을 한다.

❷ ① 友だちと 北海道を 旅行する予定です。
　② 病院に 行くとき、電車に 乗る。
　③ 明日、私は 友だちに 会う。

❸ ① 私の 趣味は サッカーを することです。
　② 明日 日本に 行く人は だれですか。
　③ ぼくは 歌を 歌うことが 好きです。

❹ ① 車に 乗ることが 好きです。
　② 冷たい ジュースを 飲むことが 好きです。

❺ ① Q たなかさんの 趣味は 何ですか。다나카 씨의 취미는 무엇입니까?
　　A いい 音楽を 聞くことです。좋은 음악을 듣는 것입니다.
　② Q 明日は 何を する予定ですか。내일은 무엇을 할 예정입니까?
　　A 友だちと おすしを 食べる予定です。친구와 초밥을 먹을 예정입니다.

실력 확인
동사 미니 테스트!

p.162

뜻		동사의 기본형	그룹
예	먹다	たべる	2그룹
①	이야기하다	はなす	1그룹
②	보다	みる	2그룹
③	마시다	のむ	1그룹
④	하다	する	3그룹
⑤	가다	いく	1그룹
⑥	오다	くる	3그룹
⑦	쓰다	かく	1그룹
⑧	사다	かう	1그룹
⑨	읽다	よむ	1그룹
⑩	자다	ねる	2그룹
⑪	만들다	つくる	1그룹
⑫	(노래를) 부르다	うたう	1그룹
⑬	타다	のる	1그룹
⑭	(탈것에서) 내리다	おりる	2그룹
⑮	(집에) 돌아오다	かえる	1그룹〈예외〉

UNIT 09 京都へ 行きます

실력 확인 p.165

A Bさん、趣味は 何ですか。
B おいしいものを 食べることです。Aさんの 趣味は 何ですか。
A 友だちと 旅行することです。

pp.170〜171

❶ 1 ① メールを 送ります。메일을 보냅니다.
② 便利な アプリを 使います。편리한 앱을 사용합니다.
③ サッカーを します。축구를 합니다.
2 ① 散歩を(が) したいです。산책을 하고 싶습니다.
② お水を(が) 飲みたいです。물을 마시고 싶습니다.
③ おもしろい ドラマを(が) 見たいです。재미있는 드라마를 보고 싶습니다.

❷ 1 ① 彼を ⓐ 待ちません。남자친구를 기다리지 않습니다.
② 昨日は 友だちと ⓑ 話しませんでした。어제는 친구와 이야기하지 않았습니다.
2 ① 昨日は 家で ゆっくり ⓑ 休みました。어제는 집에서 푹 쉬었습니다.
② 週末には きれいな 服を ⓑ 買いました。주말에는 예쁜 옷을 샀습니다.

pp.174〜175

❶ ① 日本へ 行きました。일본에 갔습니다.
② りんごは 食べません。사과는 먹지 않습니다.
③ かしゅに なりたいです。가수가 되고 싶습니다.

❷ ① 散歩　② 毎日　③ 運動
④ 使う　⑤ 待つ　⑥ 有名だ

❸ ① 週末には 大阪へ 行きたいです。
② パン屋で パンを 買います。
③ 友だちと 映画を 見ました。
④ トーマスさんは お酒を 飲みません。

⑤ 昨日は 何も しませんでした。

④ ① 今日は、コーヒーを 飲みませんでした。
② 私は いつも カフェで 宿題を します。

⑤ ① Q 今日は、何を 食べますか。오늘은 무엇을 먹습니까?
　　A 何も 食べません。아무것도 먹지 않습니다.
② Q 連休に 何を しましたか。연휴에 무엇을 했습니까?
　　A 日本語の 勉強を しました。일본어 공부를 했습니다.

한번 더! 실력 확인
동사 미니 테스트!

p.176

동사	～ます	～ません
예　話す 이야기하다	はなします	はなしません
①　見る 보다	みます	みません
②　聞く 듣다, 묻다	ききます	ききません
③　寝る 자다	ねます	ねません
④　起きる 일어나다	おきます	おきません
⑤　飲む 마시다	のみます	のみません
⑥　する 하다	します	しません
⑦　食べる 먹다	たべます	たべません
⑧　買う 사다	かいます	かいません
⑨　書く 쓰다	かきます	かきません
⑩　作る 만들다	つくります	つくりません
⑪　遊ぶ 놀다	あそびます	あそびません
⑫　行く 가다	いきます	いきません
⑬　来る 오다	きます	きません
⑭　読む 읽다	よみます	よみません
⑮　なる 되다	なります	なりません

UNIT 10 雷門を 見て、浅草寺へ 行きます

실력 확인

p.179

A　Bさん、ゴールデンウィークは 何を しますか。
B　友だちと 京都へ 行きます。有名な 抹茶の パフェを 食べたいです。
A　あっ、去年 私も その パフェを 食べました。とても おいしいですよ。

실력 쌓기

pp.184～185

1　1　① コーヒーを 飲んで、家へ 帰ります。 커피를 마시고 집에 돌아갑니다.
　　　② 音楽を 聞いて、勉強を します。 음악을 듣고 공부를 합니다.
　　　③ ソファーに 座って、テレビを 見ます。 소파에 앉아서 텔레비전을 봅니다.
　　2　① 写真を きれいに 撮って ください。 사진을 예쁘게 찍어 주세요.
　　　② この 問題を くわしく 教えて ください。 이 문제를 자세히 가르쳐 주세요.
　　　③ その 資料を 私に 送って ください。 그 자료를 내게 보내 주세요.

2　1　① 先週の 日曜日は 本を ⓑ 読んで、友だちに ⓒ 会いました。
　　　　지난주 일요일은 책을 읽고 친구를 만났습니다.
　　　② 今夜は ご飯を ⓐ 食べて、犬と 散歩を ⓓ します。
　　　　오늘밤에는 밥을 먹고 개와 산책을 할 겁니다.
　　2　① 部屋を ⓐ きれいに 掃除して ください。 방을 깨끗하게 청소해 주세요.
　　　② 髪を ⓐ 短く 切ります。 머리카락을 짧게 자릅니다.

실력 다지기

pp.188～189

1　① あちらを 見て ください。 저쪽을 봐 주세요.
　　② しずかに して ください。 조용히 해 주세요.
　　③ きれいに 洗って ください。 깨끗하게 씻어 주세요.

2　① 座る　　　　② 自転車　　　　③ 音楽
　　④ 書類　　　　⑤ 教える　　　　⑥ 到着する

3　① 私に 資料を 送って ください。
　　② 週末は 掃除を きれいに して、スーパーへ 行きます。

③ すみませんが、もっと 大きく 書いて ください。
④ 昨日は 友だちと 映画を 見て、カフェで コーヒーを 飲みました。

4 ① ここは 図書館です。静かに して ください。
② 明日は 友だちに 会って、デパートへ(に) 行きます。

5 ① Q 先週の 土曜日、何を しましたか。 지난주 토요일에 무엇을 했습니까?
　　 A 友だちに 会って、テニスを しました。 친구를 만나서 테니스를 쳤습니다.
② Q 明日、何を しますか。 내일 무엇을 할 겁니까?
　　 A 仕事を して、夜 映画を 見ます。 일을 하고 밤에 영화를 볼 겁니다.

 실력 확인
동사 미니 테스트!
p.190

	동사	그룹	～て
예	話す 이야기하다	1그룹	はなして
①	見る 보다	2그룹	みて
②	切る 자르다	1그룹〈예외〉	きって
③	寝る 자다	2그룹	ねて
④	起きる 일어나다	2그룹	おきて
⑤	飲む 마시다	1그룹	のんで
⑥	する 하다	3그룹	して
⑦	食べる 먹다	2그룹	たべて
⑧	買う 사다	1그룹	かって
⑨	書く 쓰다	1그룹	かいて
⑩	作る 만들다	1그룹	つくって
⑪	遊ぶ 놀다	1그룹	あそんで
⑫	行く 가다	1그룹	いって
⑬	来る 오다	3그룹	きて
⑭	読む 읽다	1그룹	よんで
⑮	送る 보내다	1그룹	おくって

UNIT 11 カレーを 食べて います

실력 확인

p.193

A 浅草では 雷門を 見て、浅草寺へ 行きます。

B Aさん、雷門の 前で 写真を 撮って ください。

A いいですよ。

B きれいに 撮って ください。

pp.198～199

① 1 ① いい レストランに 行きましょう。좋은 레스토랑에 갑시다.
　② 家に 帰りましょう。집에 돌아갑시다.
　③ あの ビルの 前に くるまを 止めましょう。저 빌딩 앞에 자동차를 세웁시다.
　2 ① 妹は 音楽を 聞いて います。여동생은 음악을 듣고 있습니다.
　② 父は ケーキを 作って います。아빠는 케이크를 만들고 있습니다.
　③ クリスさんは 仕事を して います。크리스 씨는 일을 하고 있습니다.

② 1 ① 会議室で 食べ物を ⓐ 食べては いけません。회의실에서 음식을 먹으면 안 됩니다.
　② 6時ですから、もう ⓐ 帰っても いいです。6시니까 이제 집에 가도 됩니다.
　2 ① カフェの 中で たばこを ⓐ 吸っては いけません。카페 안에서 담배를 피우면 안 됩니다.
　② 図書館で お酒を ⓑ 飲んでは いけません。도서관에서 술을 마시면 안 됩니다.

pp.202～203

① ① 料理を して います。요리를 하고 있습니다.
　② 早く 家に 帰りましょう。빨리 집에 돌아갑시다.
　③ 窓を 閉めても いいです。창문을 닫아도 됩니다.

② ① 質問　　② 答える　　③ 面接
　④ 運転する　⑤ 作る　　⑥ 捨てる

③ ① ジスさんは 音楽を 聞いて います。
　② あの カフェで ケーキを 食べましょう。
　③ ここで 寝ては いけません。

④ たなかさんは スマホで インターネットを して います。

⑤ ボールペンで 書いても いいです。

4 ① お酒を 飲んで 運転しては いけません。

② 弟は 部屋で 本を 読んで います。

5 ① Q ここで 写真を 撮っても いいですか。 여기에서 사진을 찍어도 됩니까?

A いいえ、写真を 撮っては いけません。 아니요, 사진을 찍으면 안 됩니다.

② Q 今、何を して いますか。 지금 무엇을 하고 있습니까?

A 会社で 仕事を して います。 회사에서 일을 하고 있습니다.

한번 더! 실력 확인

동사 미니 테스트!

p.204

동사		～ても いいです	～ては いけません
예	話す 이야기하다	はなしても いいです	はなしては いけません
①	見る 보다	みても いいです	みては いけません
②	聞く 듣다, 묻다	きいても いいです	きいては いけません
③	寝る 자다	ねても いいです	ねては いけません
④	起きる 일어나다	おきても いいです	おきては いけません
⑤	飲む 마시다	のんでも いいです	のんでは いけません
⑥	する 하다	しても いいです	しては いけません
⑦	食べる 먹다	たべても いいです	たべては いけません
⑧	買う 사다	かっても いいです	かっては いけません
⑨	書く 쓰다	かいても いいです	かいては いけません
⑩	作る 만들다	つくっても いいです	つくっては いけません
⑪	遊ぶ 놀다	あそんでも いいです	あそんでは いけません
⑫	行く 가다	いっても いいです	いっては いけません
⑬	来る 오다	きても いいです	きては いけません
⑭	読む 읽다	よんでも いいです	よんでは いけません
⑮	送る 보내다	おくっても いいです	おくっては いけません

UNIT 12　アトラクションに 乗ったり ショーを 見たり します

실력 확인
p.207

A　ここに 座りましょう。
B　寒いですね。窓を 閉めても いいですか。
A　いいですよ。今日の メニューは カレーと きつねうどんですね。
　　となりの 人たちは カレーを 食べて います。
B　私は きつねうどんに します。

pp.212〜213

❶　1　① スキーを した ことが ありますか。스키를 탄 적이 있습니까?
　　　② うなぎを 食べた ことが ありますか。장어를 먹은 적이 있습니까?
　　　③ おもしろい 夢を 見た ことが ありますか。재미있는 꿈을 꾼 적이 있습니까?

　　2　① 音楽を 聞いたり テニスを したり します。음악을 듣기도 하고 테니스를 치기도 합니다.
　　　② 部屋を 出たり 入ったり します。방을 들락날락 합니다.
　　　③ 雨が 降ったり やんだり します。비가 내렸다가 그쳤다가 합니다.

❷　1　① 納豆を 食べた ことが　ⓑ ありません。낫토를 먹은 적이 없습니다.
　　　② 新幹線に 乗った ことが　ⓐ あります。신칸센을 탄 적이 있습니다.

　　2　① 天気は　ⓑ よかったです。날씨는 좋았습니다.
　　　② 部屋は とても　ⓑ きれいでした。방은 매우 깨끗했습니다.

pp.216〜217

❶　① ご飯を 食べた。밥을 먹었다.
　　② バスは 便利でした。버스는 편리했습니다.
　　③ うどんは おいしかったです。우동은 맛있었습니다.

2
① アトラクション　② 楽しい　③ 映画館
④ テーマパーク　⑤ 一緒に　⑥ 夢を 見る

3
① 去年 友だちと 京都へ 行った。
② 新幹線に 乗ったことが あります。
③ その 映画は とても おもしろかったです。
④ 週末は 散歩を したり、音楽を 聞いたり します。
⑤ その レストランの 店員は とても 親切でした。

4
① 今日は とても 寒かったです。
② 昨日は 家(うち)で 本を 読んだり、テレビを 見たり しました。

5
① Q　その レストランの 料理は どうでしたか。 그 레스토랑의 음식은 어땠습니까?
　 A　とても おいしかったです。 무척 맛있습니다.
② Q　週末は 何を しましたか。 주말에는 무엇을 했습니까?
　 A　映画を 見たり、ケーキを 作ったり しました。 영화를 보기도 하고, 케이크를 만들기도 했습니다.

한번 더! 실력 확인
동사 미니 테스트!

p.218

	동사	~た	~たり
예	話す 이야기하다	はなした	はなしたり
①	見る 보다	みた	みたり
②	聞く 듣다, 묻다	きいた	きいたり
③	寝る 자다	ねた	ねたり
④	起きる 일어나다	おきた	おきたり
⑤	飲む 마시다	のんだ	のんだり
⑥	する 하다	した	したり
⑦	食べる 먹다	たべた	たべたり
⑧	買う 사다	かった	かったり
⑨	書く 쓰다	かいた	かいたり
⑩	作る 만들다	つくった	つくったり

⑪ 遊ぶ 놀다	あそんだ	あそんだり
⑫ 行く 가다	いった	いったり
⑬ 来る 오다	きた	きたり
⑭ 読む 읽다	よんだ	よんだり
⑮ 送る 보내다	おくった	おくったり

정의상 지음

가나 쓰기 연습장
히라가나와 가타카나

가나 오십음도

히라가나 ひらがな

단\행	あ행	か행	さ행	た행	な행
あ단	あ [a] 아	か [ka] 카	さ [sa] 사	た [ta] 타	な [na] 나
い단	い [i] 이	き [ki] 키	し [shi] 시	ち [chi] 치	に [ni] 니
う단	う [u] 우	く [ku] 쿠	す [su] 스	つ [tsu] 츠	ぬ [nu] 누
え단	え [e] 에	け [ke] 케	せ [se] 세	て [te] 테	ね [ne] 네
お단	お [o] 오	こ [ko] 코	そ [so] 소	と [to] 토	の [no] 노

가타카나 カタカナ

단\행	ア행	カ행	サ행	タ행	ナ행
ア단	ア [a] 아	カ [ka] 카	サ [sa] 사	タ [ta] 타	ナ [na] 나
イ단	イ [i] 이	キ [ki] 키	シ [shi] 시	チ [chi] 치	ニ [ni] 니
ウ단	ウ [u] 우	ク [ku] 쿠	ス [su] 스	ツ [tsu] 츠	ヌ [nu] 누
エ단	エ [e] 에	ケ [ke] 케	セ [se] 세	テ [te] 테	ネ [ne] 네
オ단	オ [o] 오	コ [ko] 코	ソ [so] 소	ト [to] 토	ノ [no] 노

は행	ま행	や행	ら행	わ행/ん
は [ha] 하	ま [ma] 마	や [ya] 야	ら [ra] 라	わ [wa] 와
ひ [hi] 히	み [mi] 미		り [ri] 리	
ふ [fu] 후	む [mu] 무	ゆ [yu] 유	る [ru] 루	を [o] 오
へ [he] 헤	め [me] 메		れ [re] 레	
ほ [ho] 호	も [mo] 모	よ [yo] 요	ろ [ro] 로	ん [n] 응

ハ행	マ행	ヤ행	ラ행	ワ행/ン
ハ [ha] 하	マ [ma] 마	ヤ [ya] 야	ラ [ra] 라	ワ [wa] 와
ヒ [hi] 히	ミ [mi] 미		リ [ri] 리	
フ [fu] 후	ム [mu] 무	ユ [yu] 유	ル [ru] 루	ヲ [o] 오
ヘ [he] 헤	メ [me] 메		レ [re] 레	
ホ [ho] 호	モ [mo] 모	ヨ [yo] 요	ロ [ro] 로	ン [n] 응

청음 맑은 음으로 발음하는 히라가나·가타카나의 기본 오십음도를 말합니다.

[a] 아

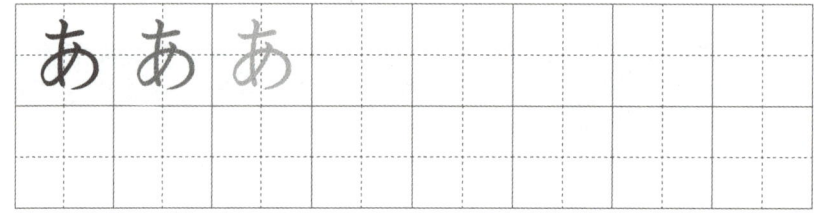
あい 사랑

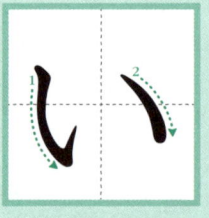
[i] 이

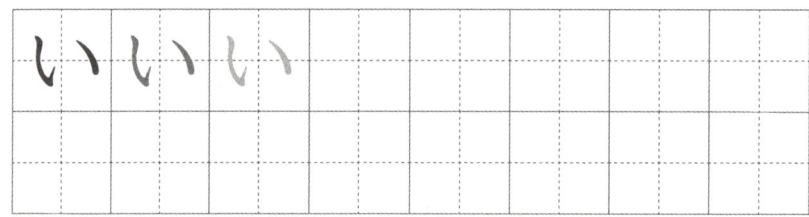
いえ 집

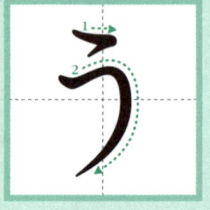
[u] 우

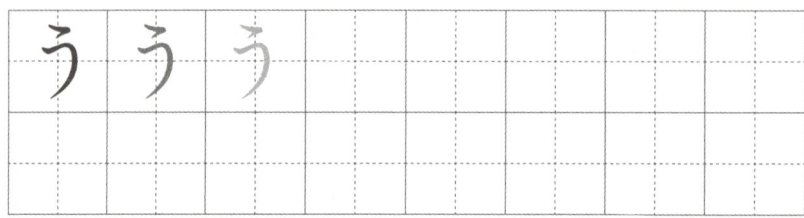
うえ 위

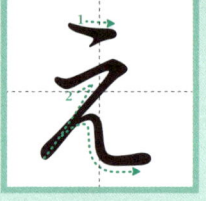
[e] 에

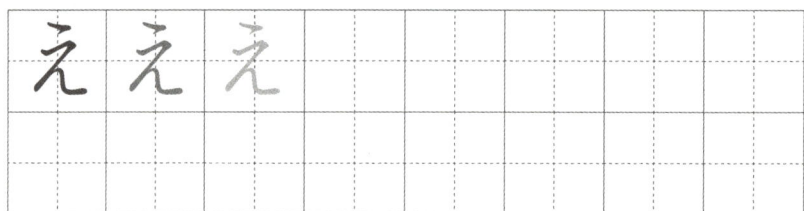
えき 역

[o] 오

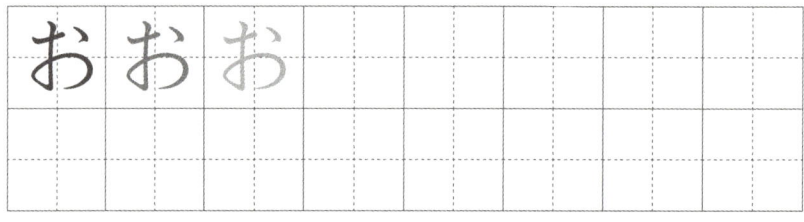
あおい 파랗다

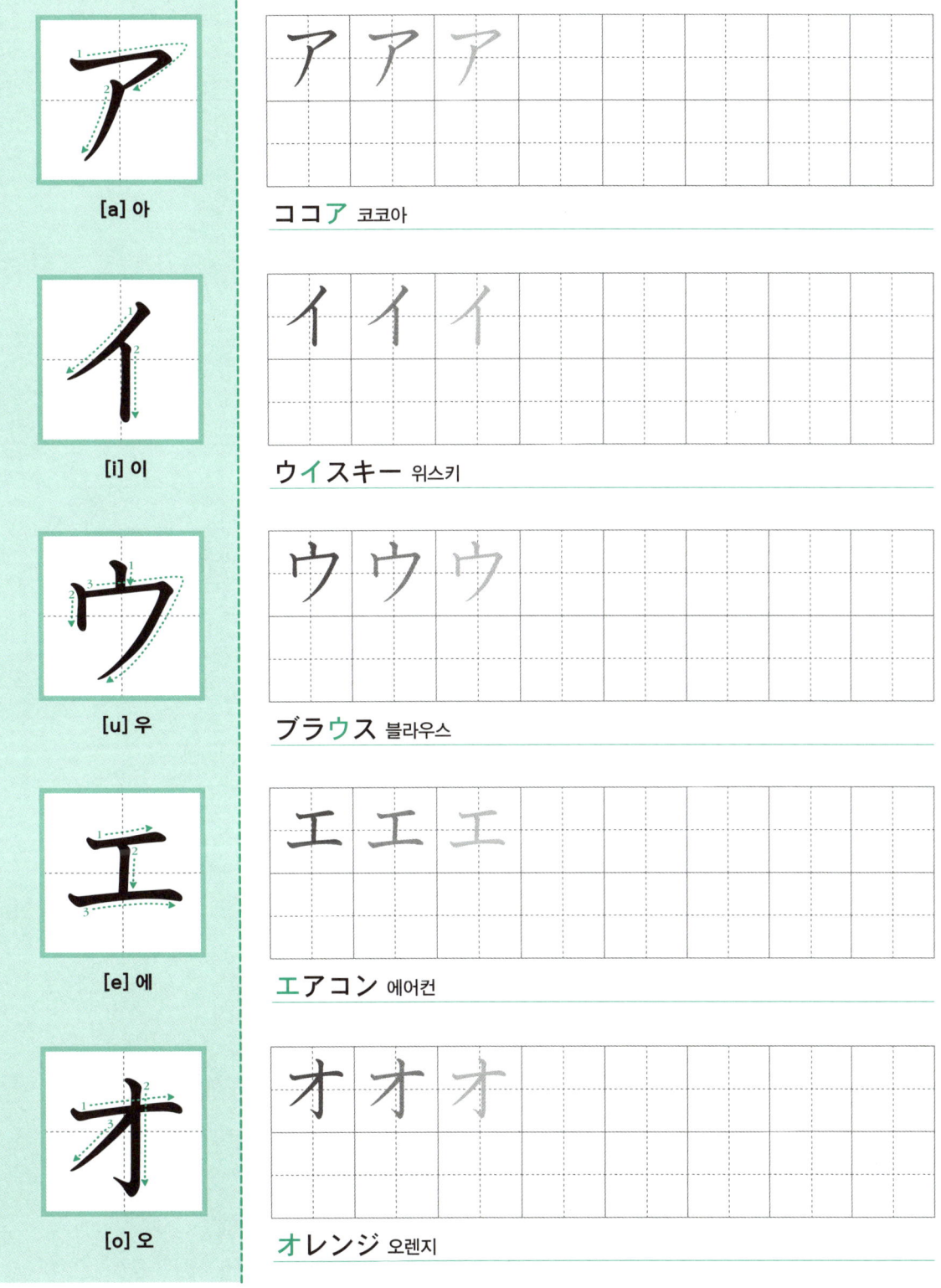

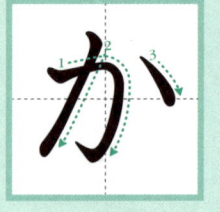
[ka] 카

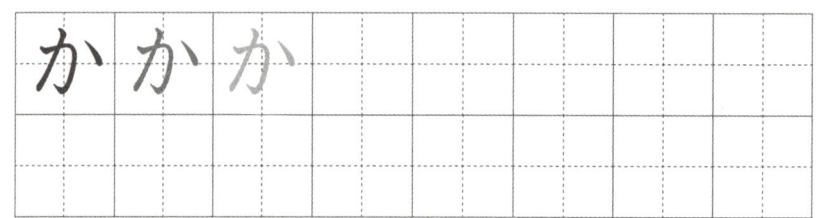
いか 오징어

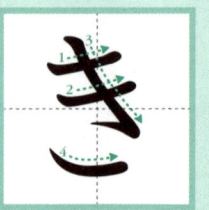
[ki] 키

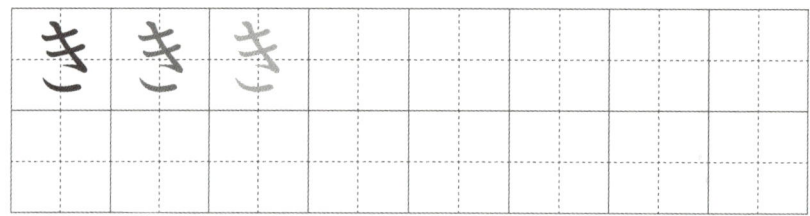
き 나무

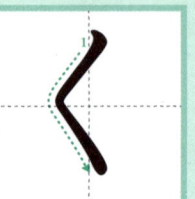
[ku] 쿠

くうこう 공항

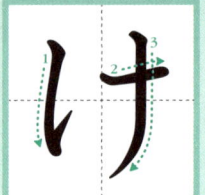
[ke] 케

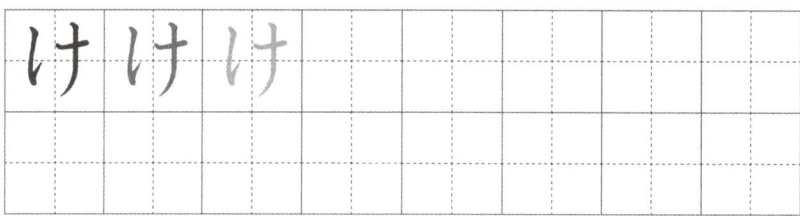
いけ 연못

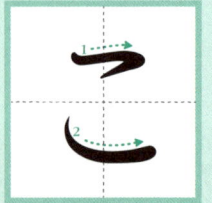
[ko] 코

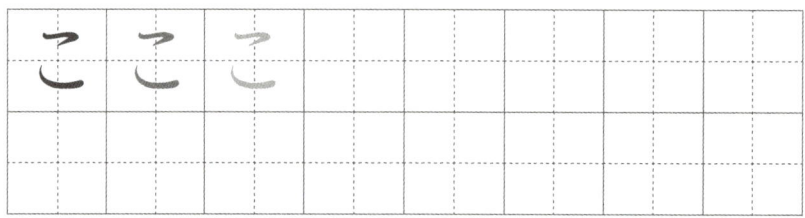
こえ (목)소리

か / カ 행

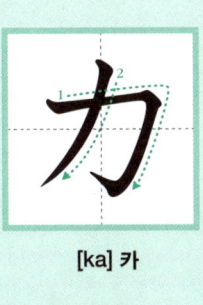

[ka] 카

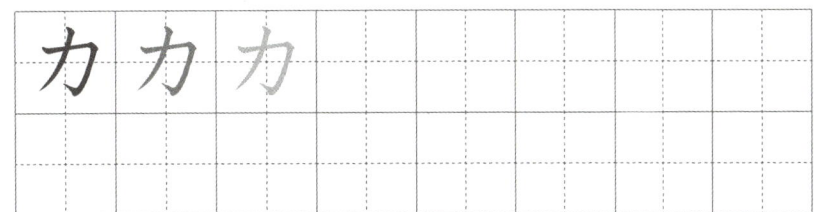

カメラ 카메라

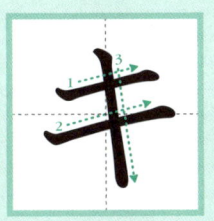

[ki] 키

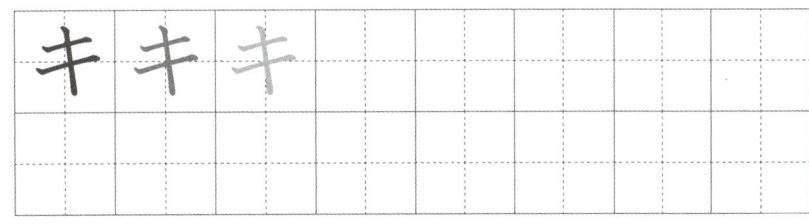

キーボード 키보드

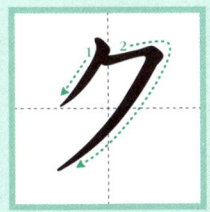

[ku] 쿠

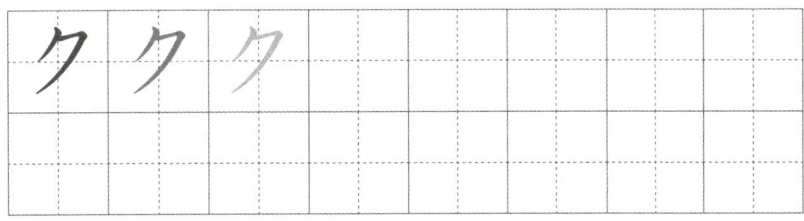

インク 잉크

[ke] 케

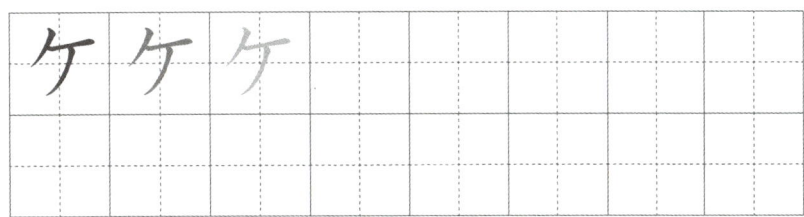

ケーキ 케이크

[ko] 코

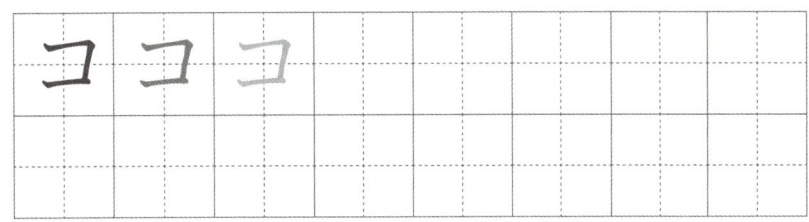

エアコン 에어컨

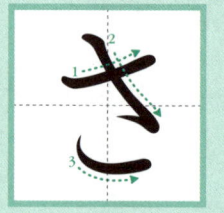
[sa] 사

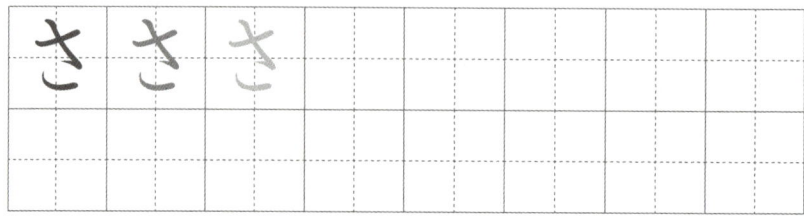
かさ 우산

[shi] 시

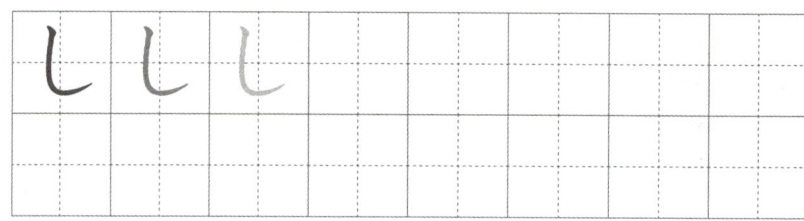
しか 사슴

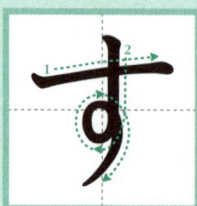
[su] 스

すし 초밥

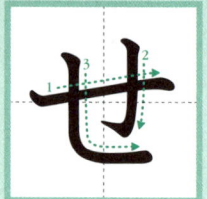
[se] 세

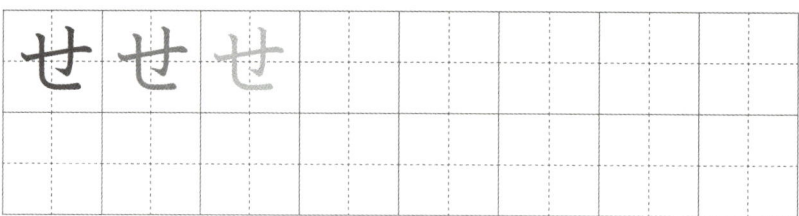
せかい 세계

[so] 소

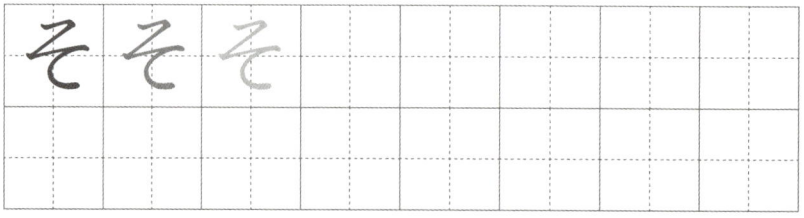
そと 밖

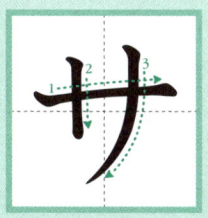
[sa] 사

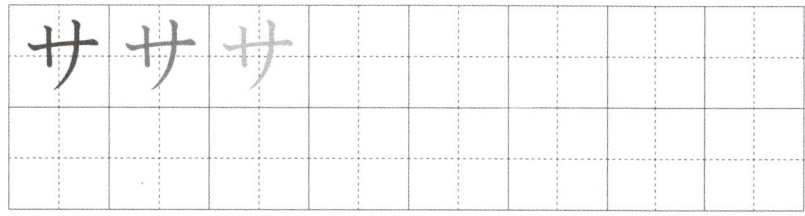
サンタ 산타

[shi] 시

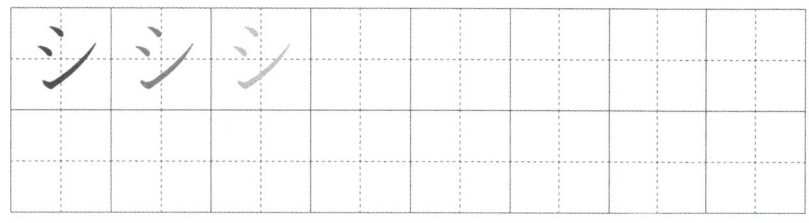
シーソー 시소

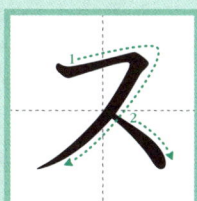
[su] 스

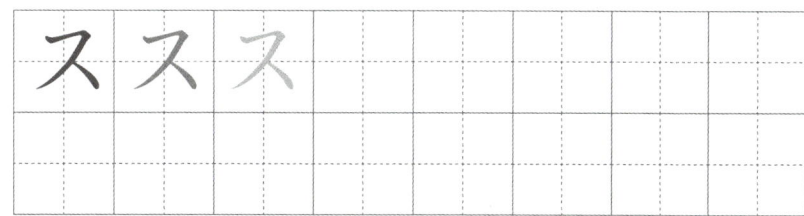
テニス 테니스

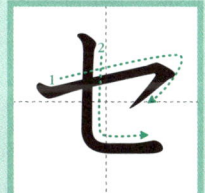
[se] 세

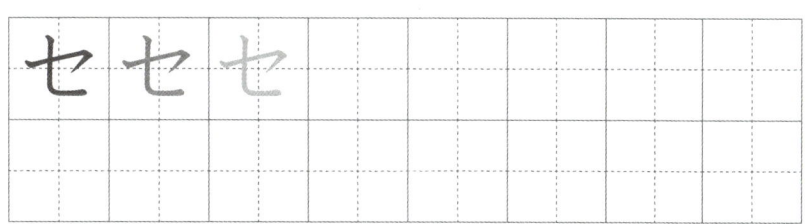
セーター 스웨터

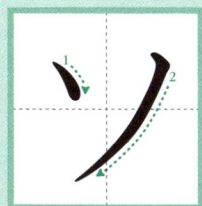
[so] 소

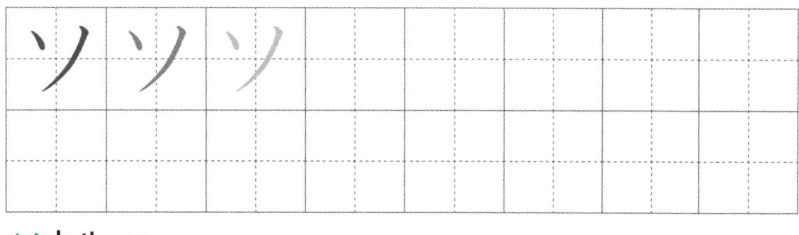
ソウル 서울

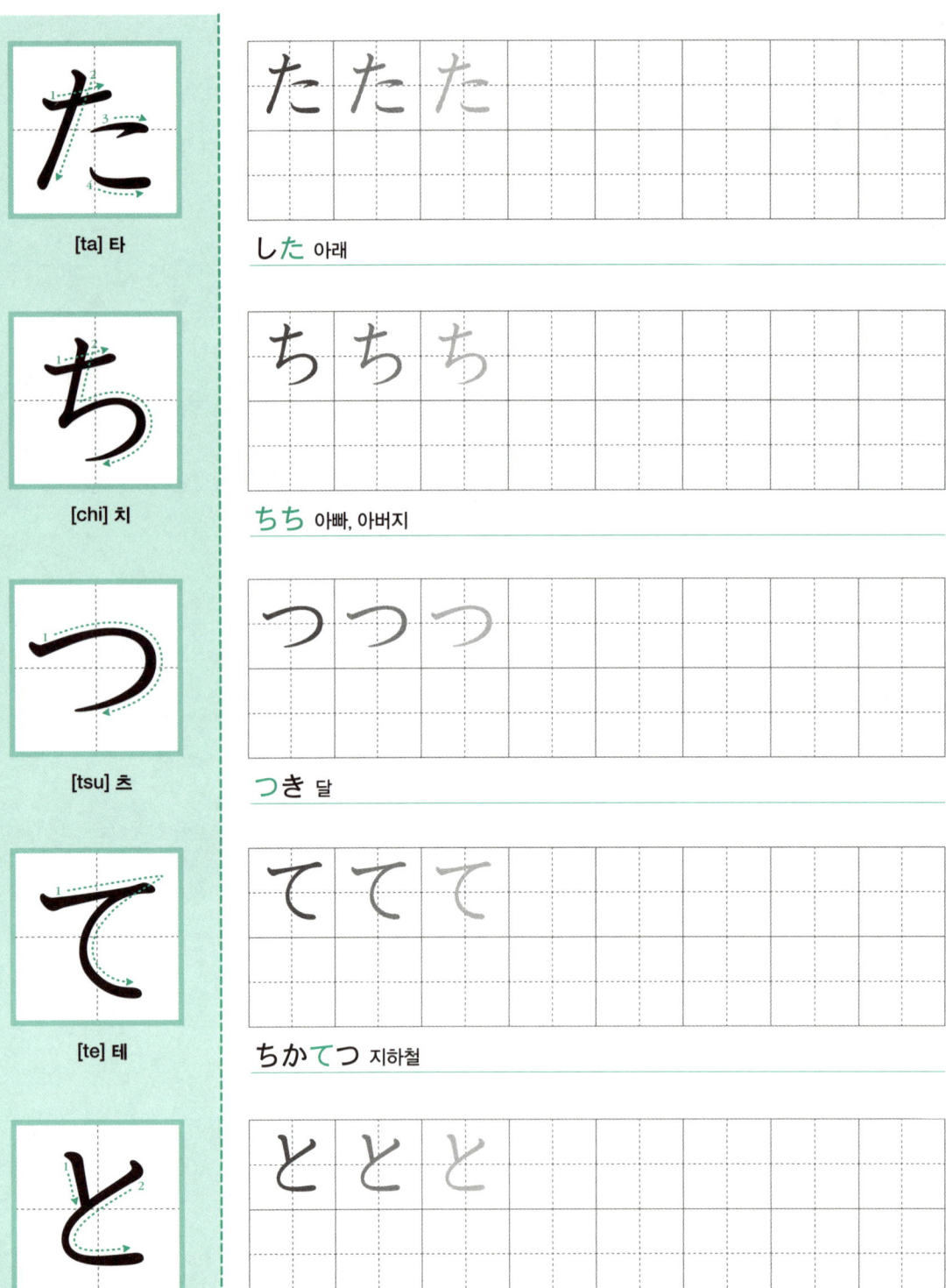

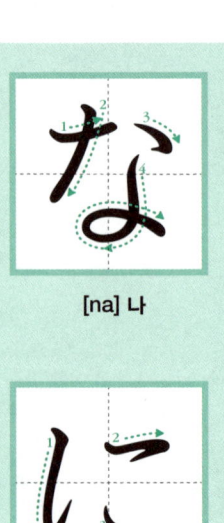

[na] 나

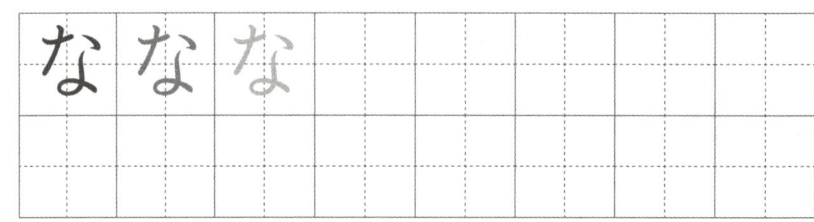

は な 꽃

[ni] 니

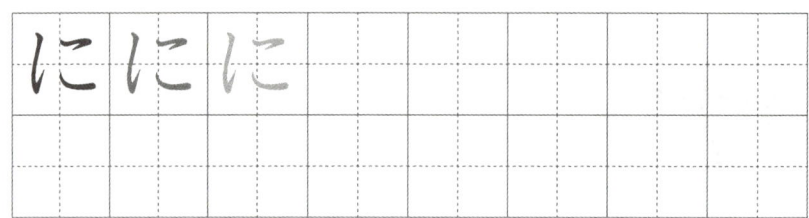

に く 고기

[nu] 누

い ぬ 개

[ne] 네

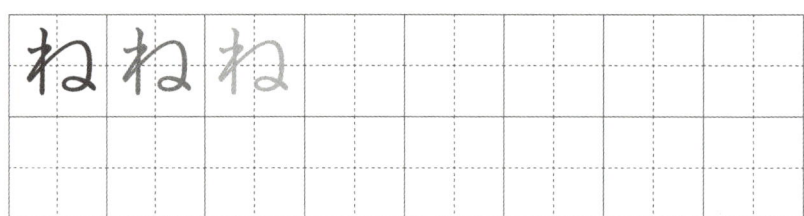

ね こ 고양이

[no] 노

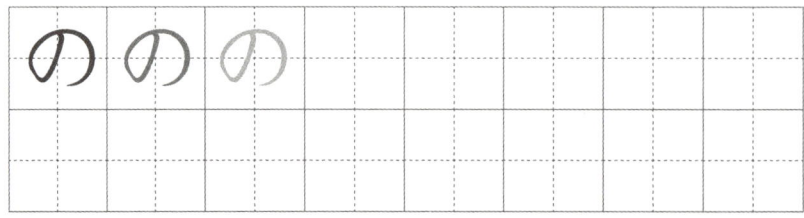

の り 김

[ha] 하

はは 엄마, 어머니

[hi] 히

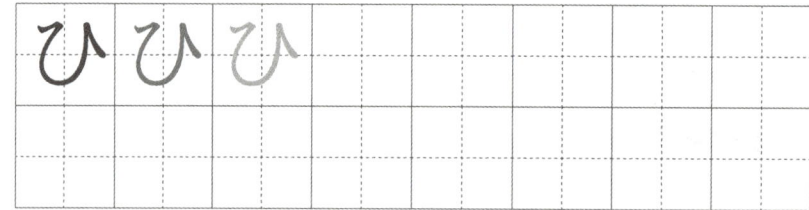

ひふ 피부

[fu] 후

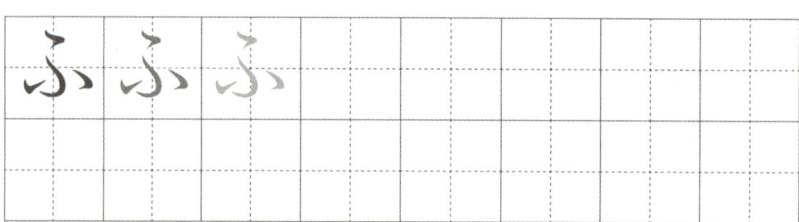

ふね 배

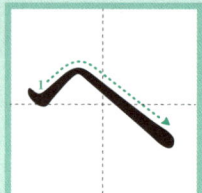
[he] 헤

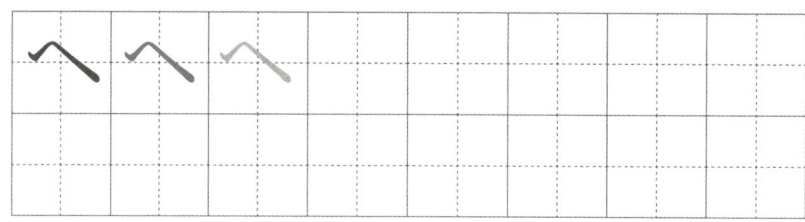

へそ 배꼽

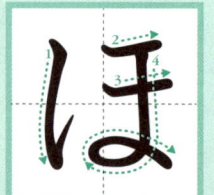
[ho] 호

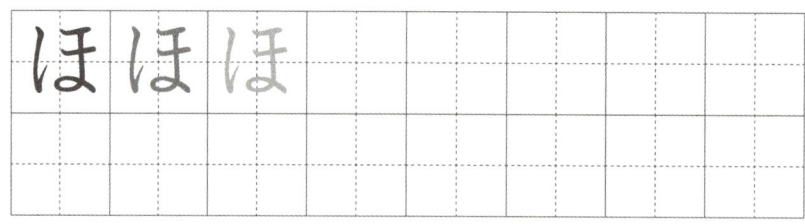

ほし 별

は / ハ 행

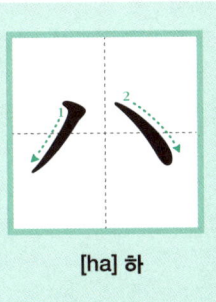
[ha] 하

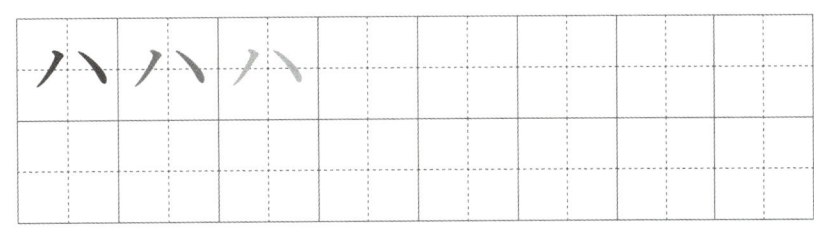
ハーモニー 하모니, 조화

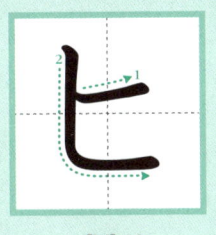
[hi] 히

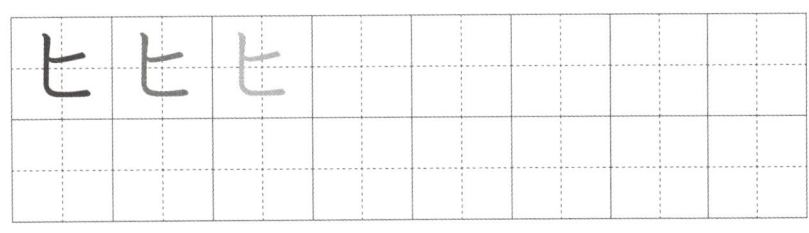
コーヒー 커피

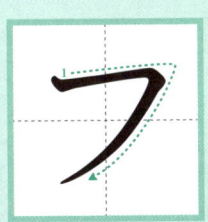
[fu] 후

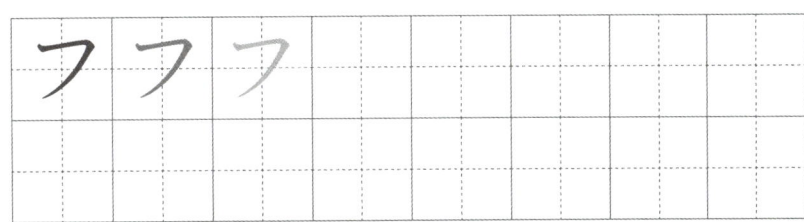
ナイフ 나이프, 칼

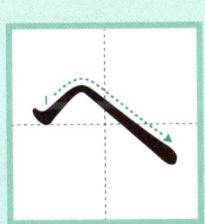
[he] 헤

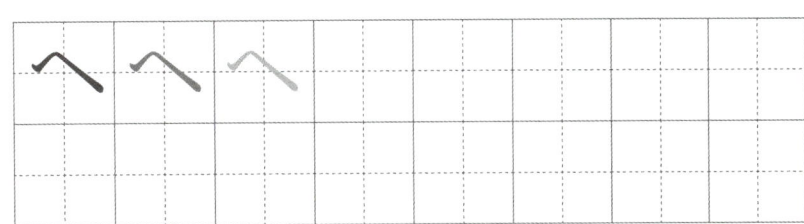
ヘア 헤어, 머리카락

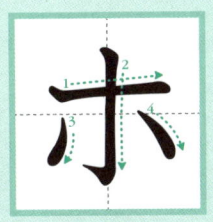
[ho] 호

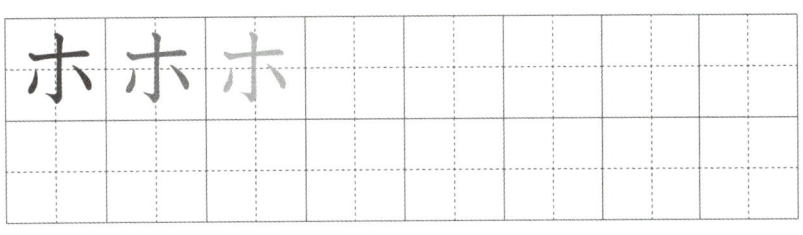
ホテル 호텔

[ma] 마
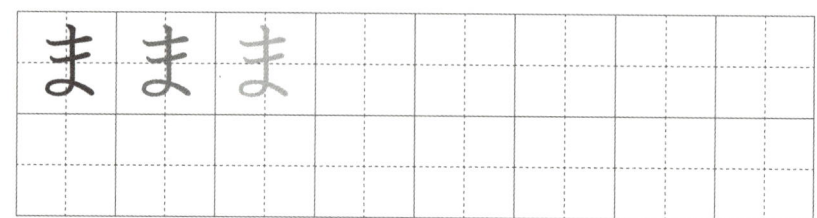
まめ 콩

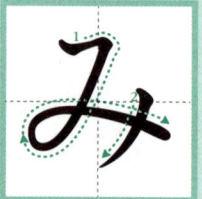
[mi] 미
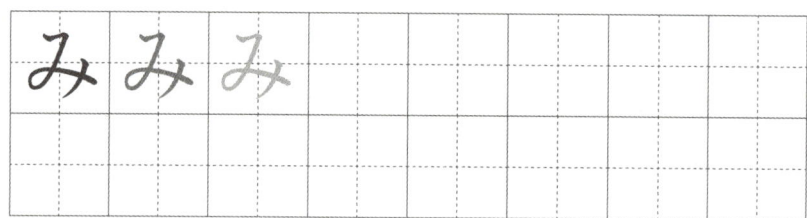
うみ 바다

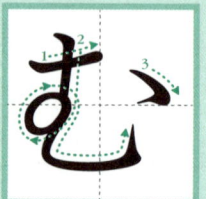
[mu] 무
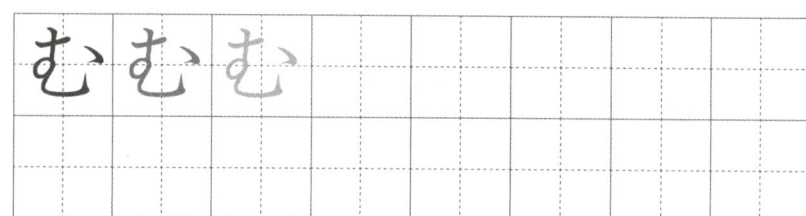
むね 가슴

[me] 메
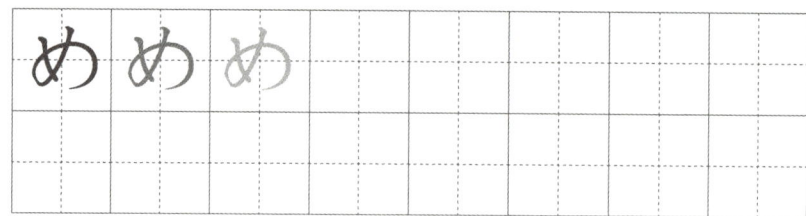
ゆめ 꿈

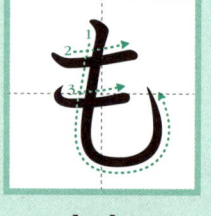
[mo] 모
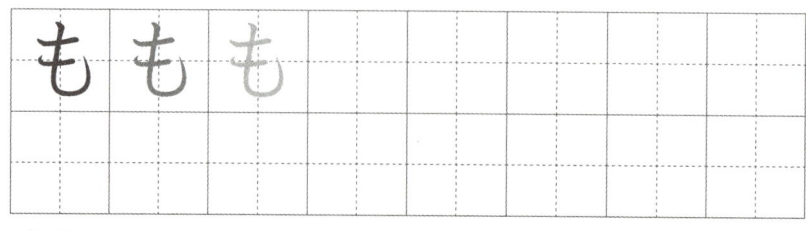
もも 복숭아

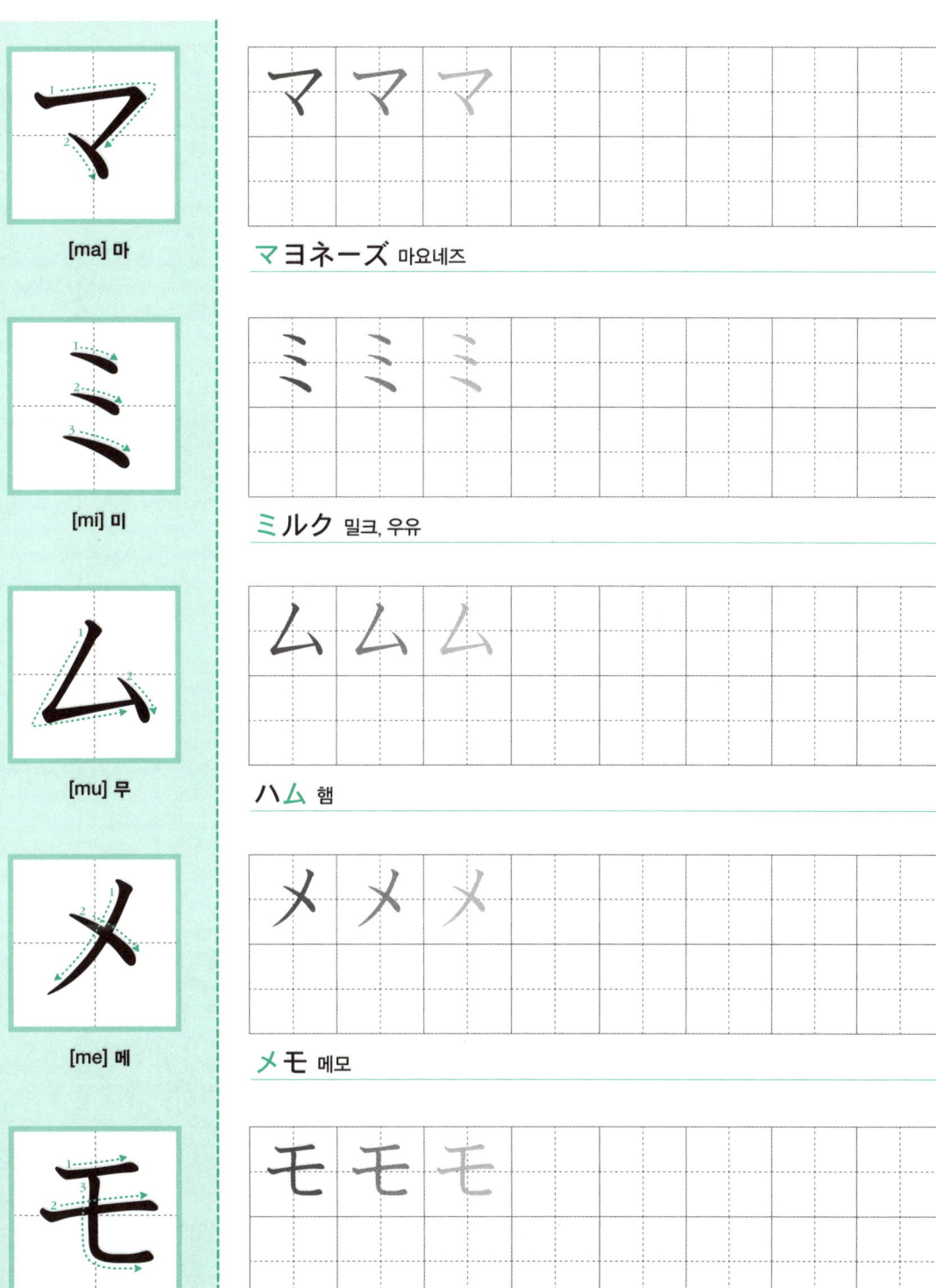

や/ヤ행

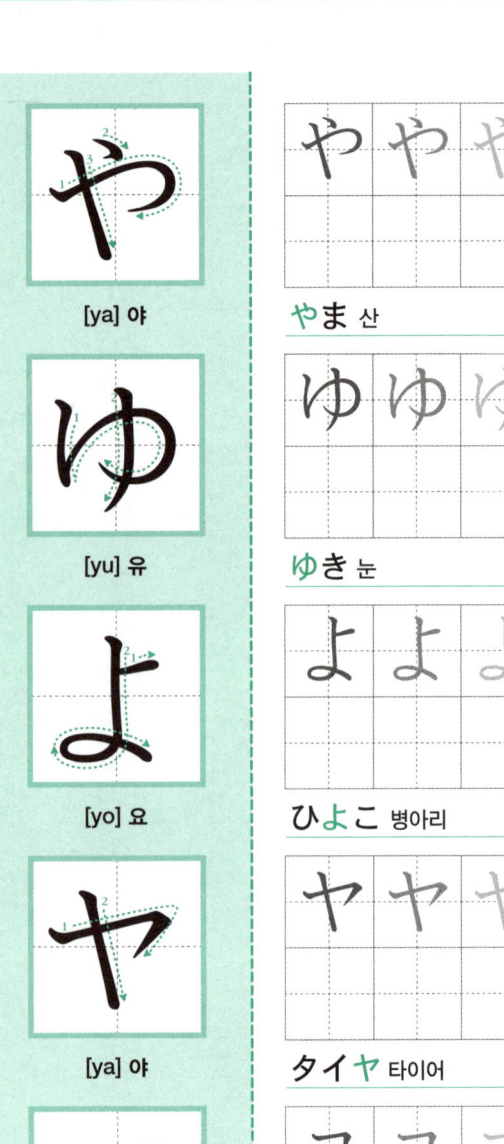

や
[ya] 야

やや や

やま 산

ゆ
[yu] 유

ゆゆゆ

ゆき 눈

よ
[yo] 요

よよよ

ひよこ 병아리

ヤ
[ya] 야

ヤヤヤ

タイヤ 타이어

ユ
[yu] 유

ユユユ

ユニット 유닛

ヨ
[yo] 요

ヨヨヨ

ヨーグルト 요구르트

ラ행

[ra] 라

ラーメン 라면

[ri] 리

リボン 리본

[ru] 루

ビル 빌딩, 건물

[re] 레

レストラン 레스토랑, 식당

[ro] 로

メロン 멜론

わ/ワ행・ん(ン)

が / ガ 행

[ga] 가

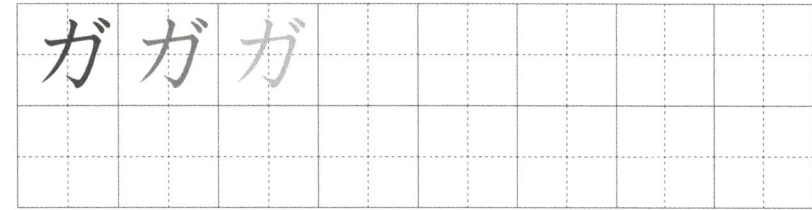
ガソリン 가솔린, 휘발유

[gi] 기

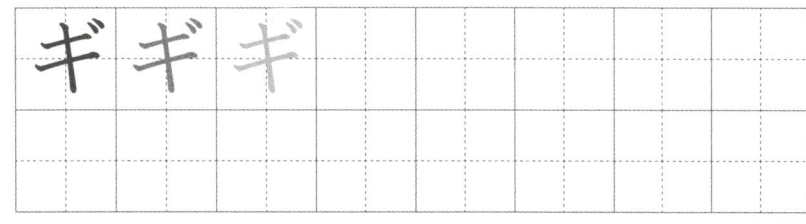
ギター 기타

[gu] 구

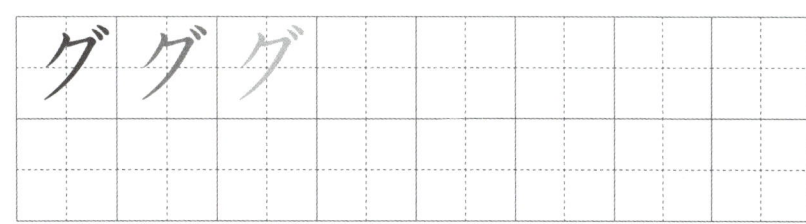
グラス 글라스, 유리잔

[ge] 게

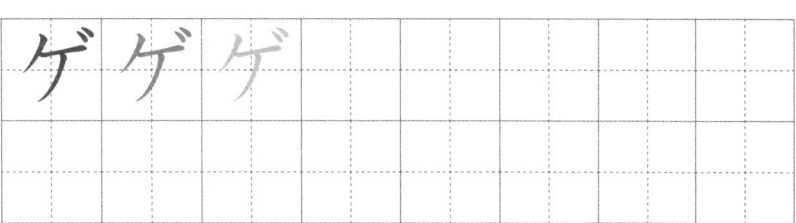
ゲーム 게임

[go] 고

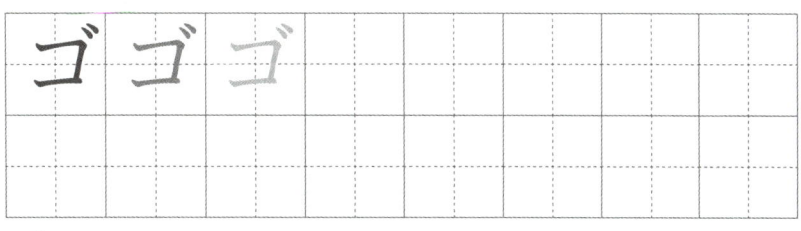
ゴルフ 골프

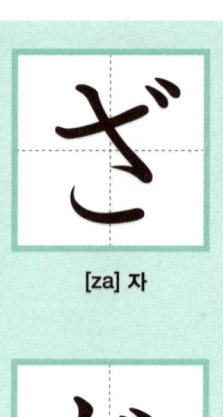
[za] 자

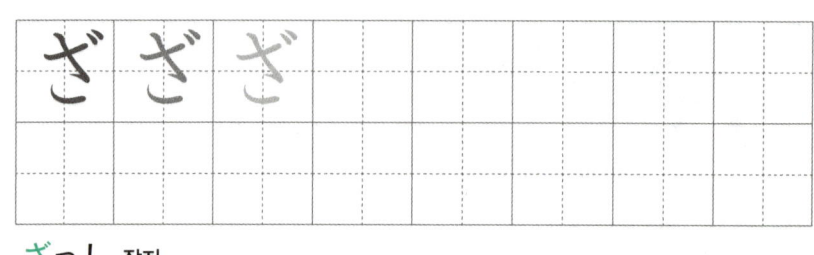
ざっし 잡지

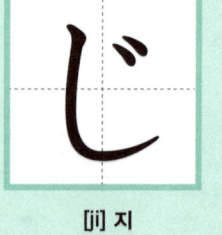
[ji] 지

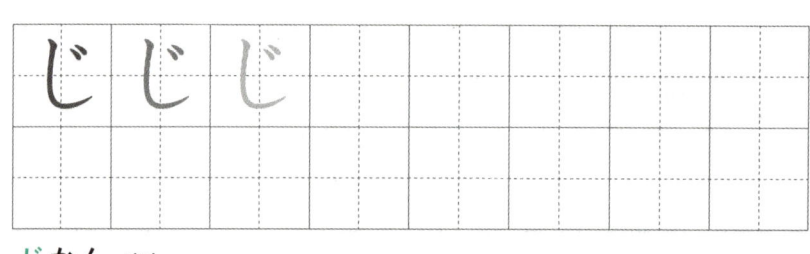
じかん 시간

[zu] 즈

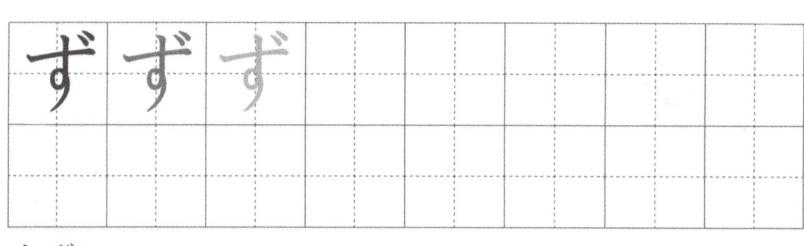
ちず 지도

[ze] 제

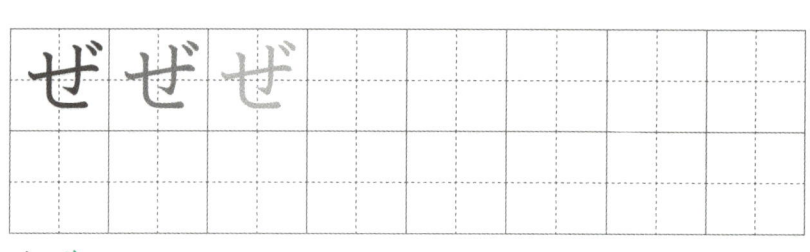
かぜ 바람

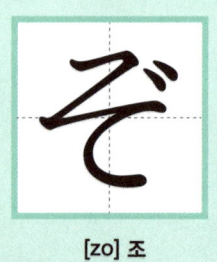
[zo] 조

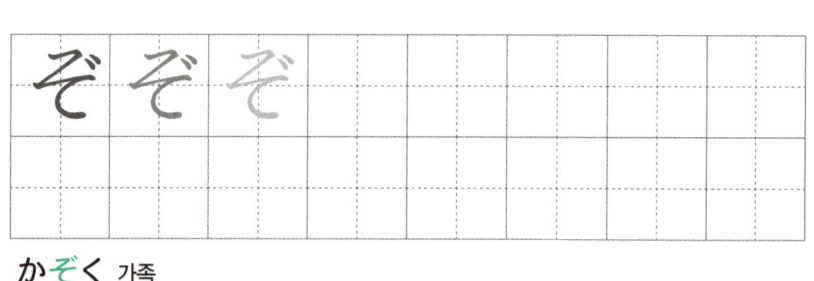
かぞく 가족

[da] 다

[ji] 지

[zu] 즈

[de] 데

[do] 도

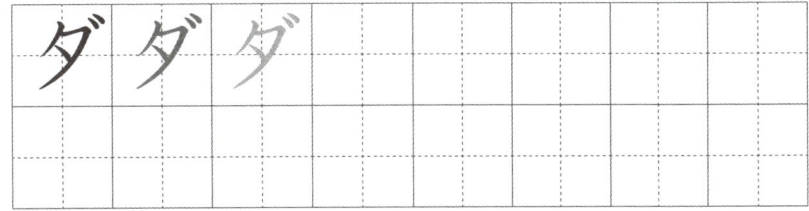
ダイヤモンド 다이아몬드

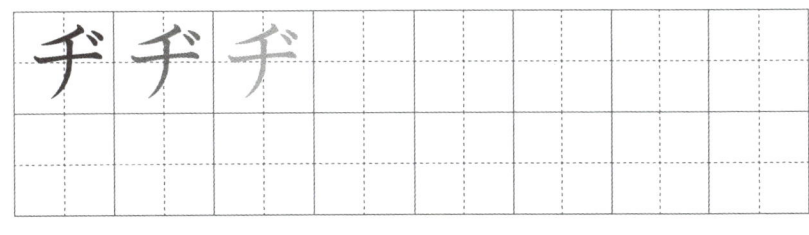

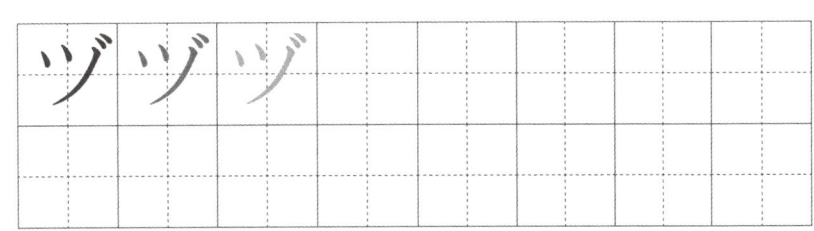

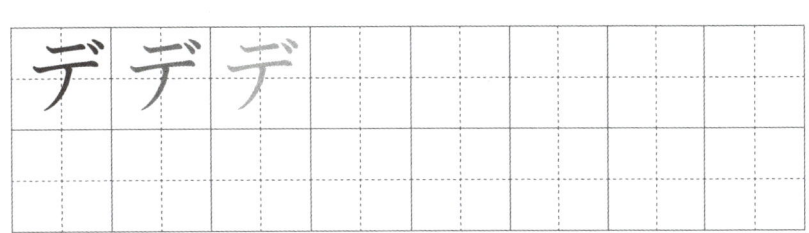
デート 데이트

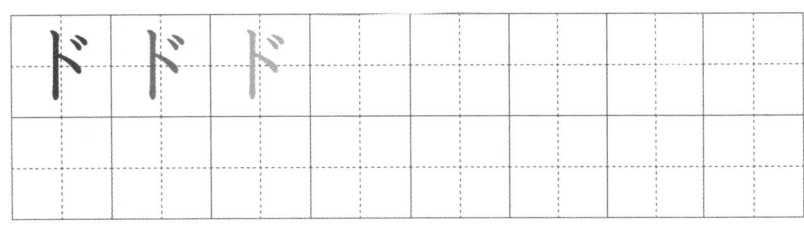
ドイツ 독일

[ba] 바

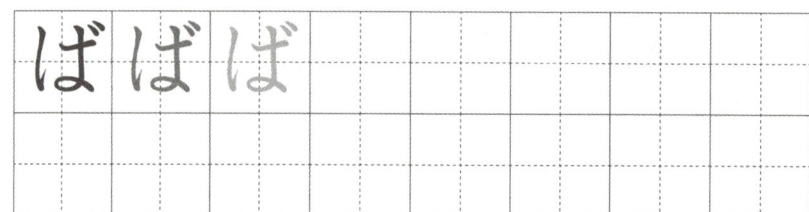
かばん 가방

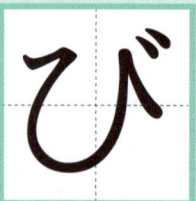
[bi] 비

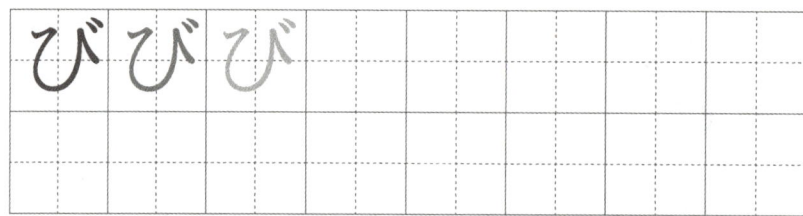
びよういん 미용실

[bu] 부

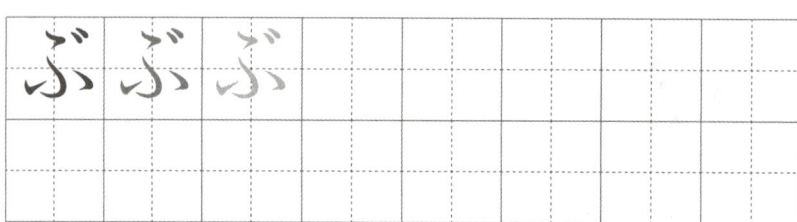
どうぶつ 동물

[be] 베

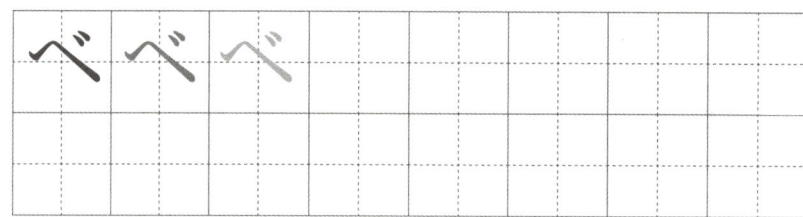
かべ 벽

[bo] 보

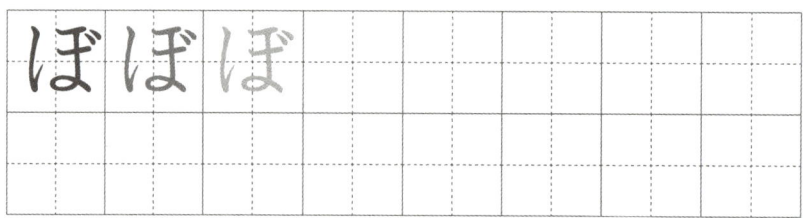
ぼうし 모자

ば / バ 행

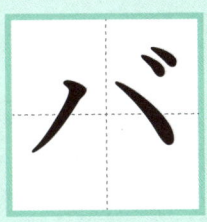
[ba] 바

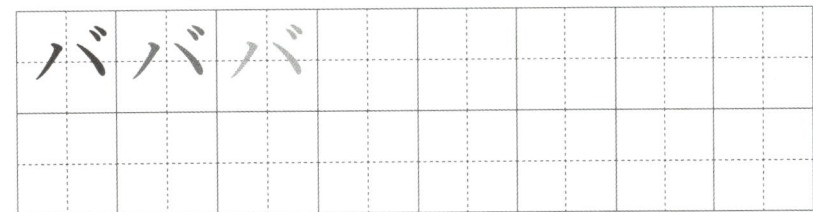
バランス 밸런스, 균형

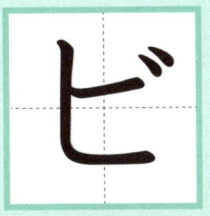
[bi] 비

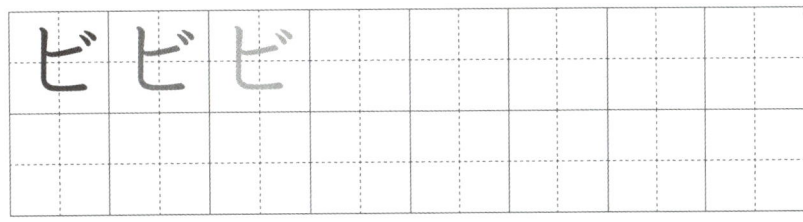
ビタミン 비타민

[bu] 부

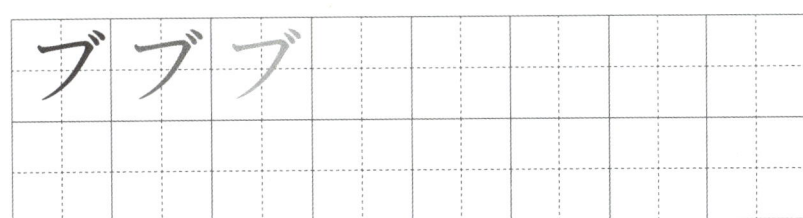
ブック 북, 책

[be] 베

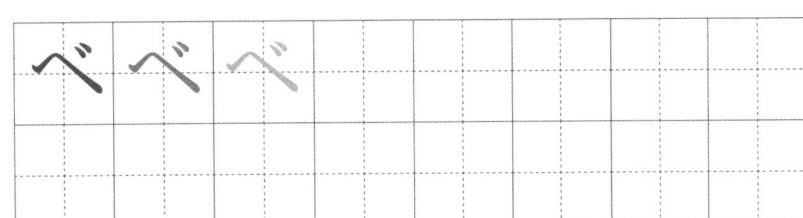
ベーコン 베이컨

[bo] 보

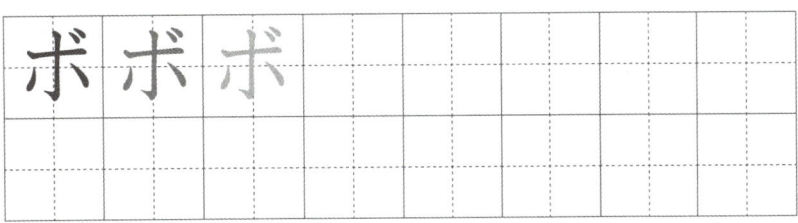
ボート 보트

반탁음

글자의 오른쪽 위에 반탁점(°)을 붙인 글자를 반탁음이라고 합니다. 탁점을 붙일 수 있는 글자는 は행뿐이며 우리말 발음 'ㅍ'이나 'ㅃ'에 가까운 소리입니다.

[pa] 파

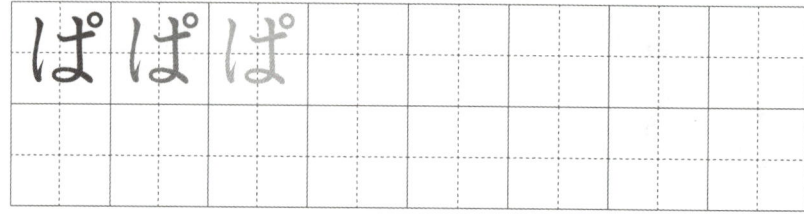

いっぱい 가득

[pi] 피

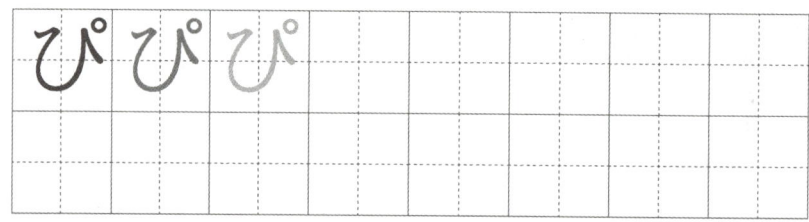

ぴかぴか 반짝반짝

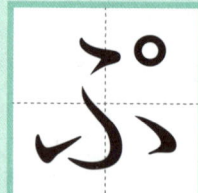

[pu] 푸

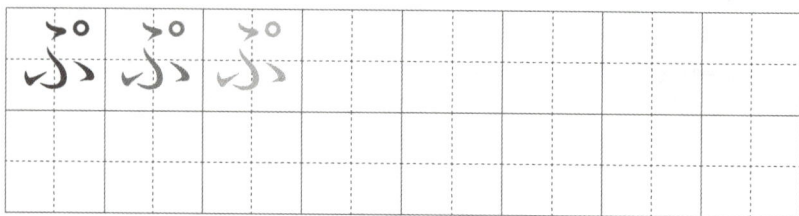

せんぷうき 선풍기

[pe] 페

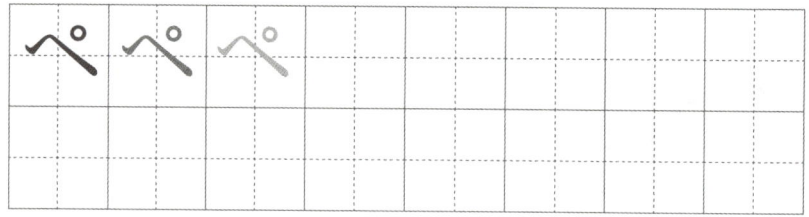

ぺらぺら 말을 잘 하는 모습, 술술

[po] 포

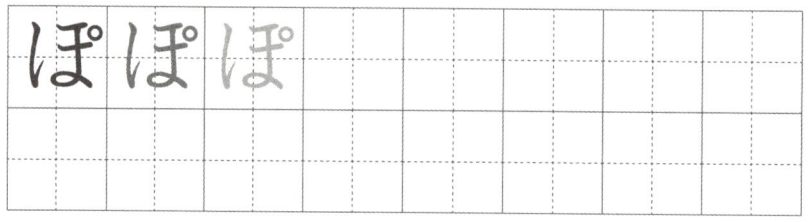

いっぽん 한 자루, 한 병

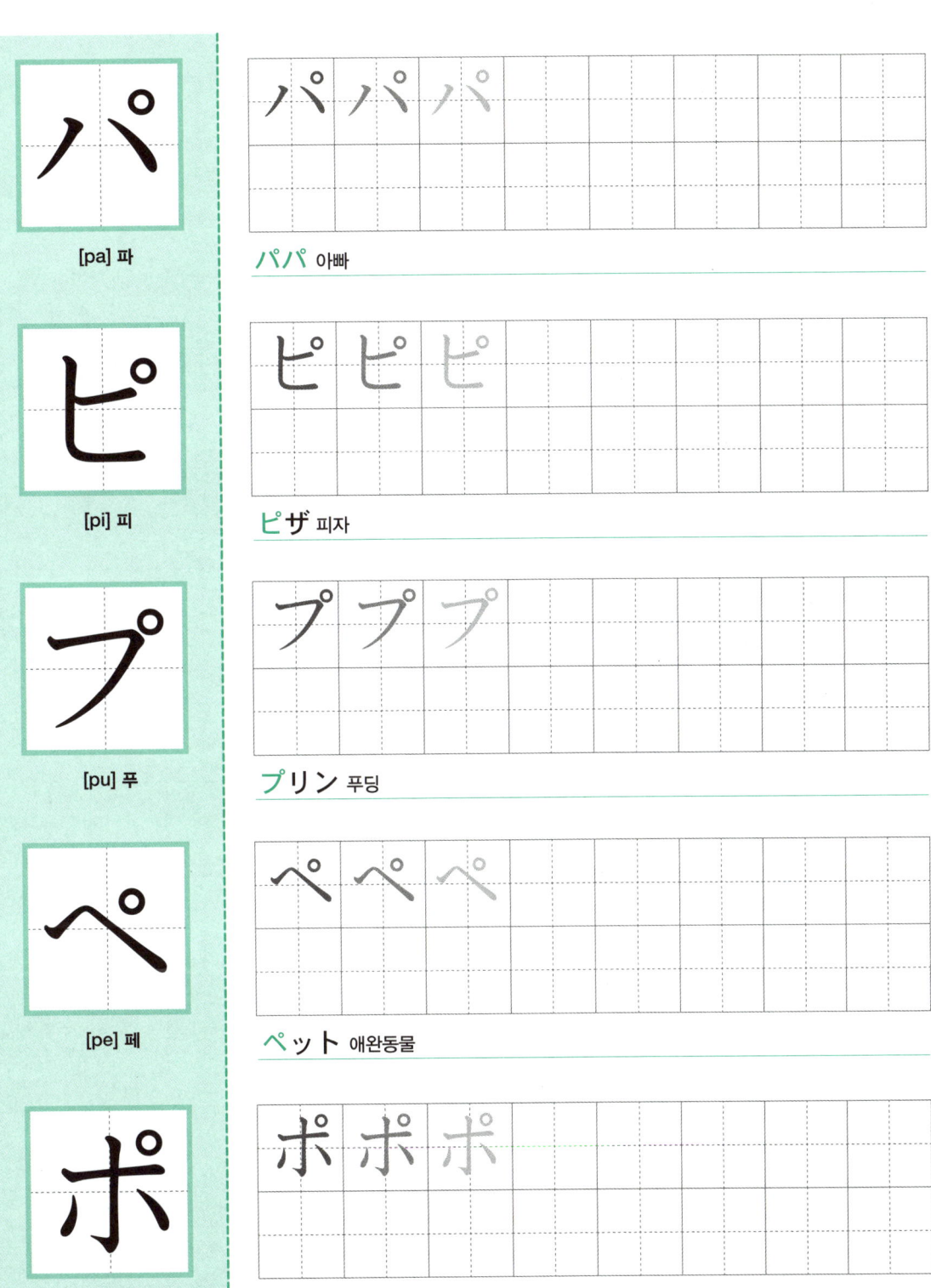

요음

오십음도에서 「い」를 제외한 「い단(き・ぎ・し・じ・ち・に・ひ・び・ぴ・み・り)」에 「や행(や・ゆ・よ)」을 붙이면 새로운 발음이 만들어집니다. 이때 「や・ゆ・よ」는 글자 크기를 반으로 줄여 씁니다.

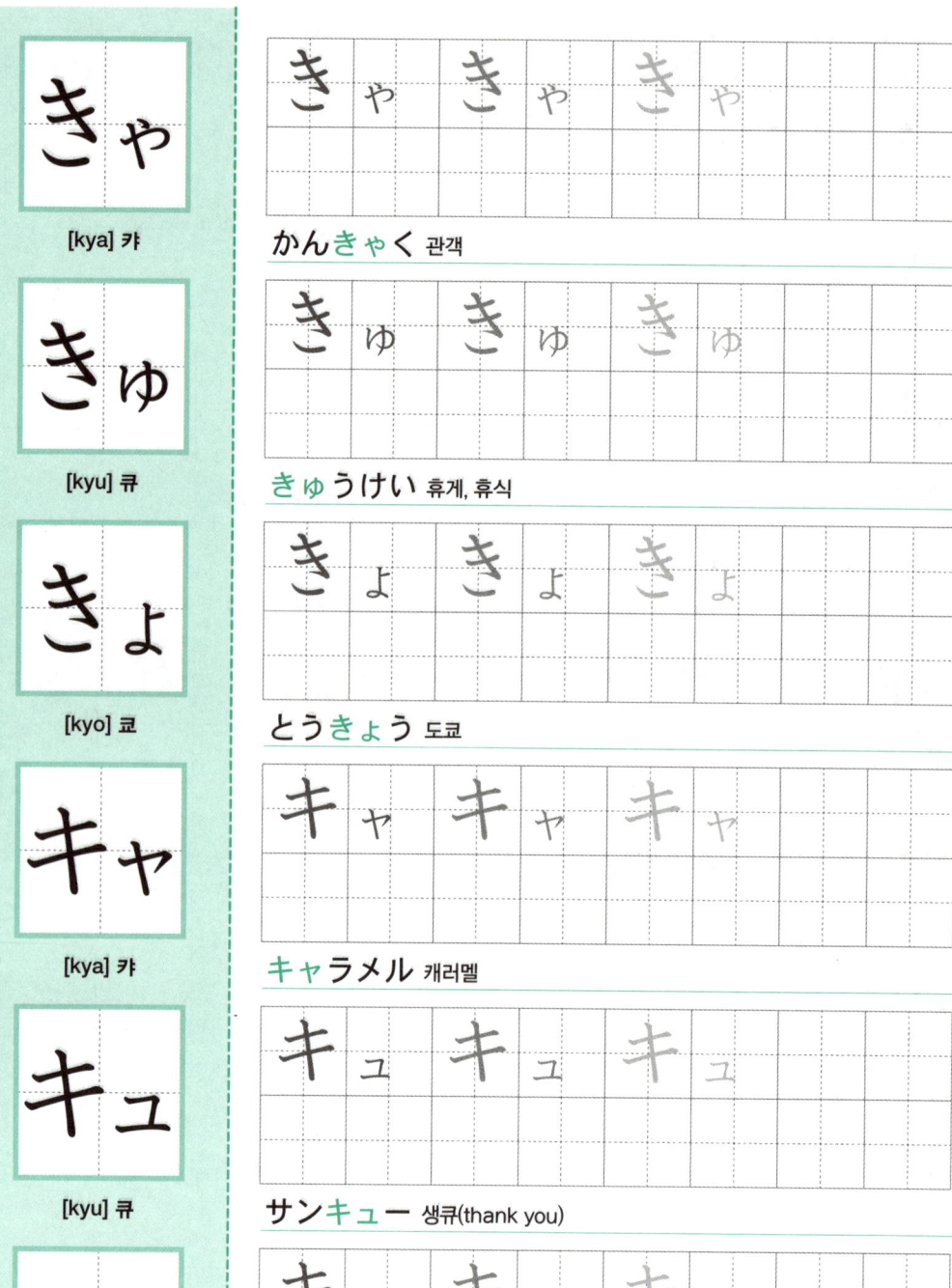

[gya] 갸

[gyu] 규

[gyo] 교

[gya] 갸

[gyu] 규

[gyo] 교

| ぎゃ | ぎゃ | ぎゃ | |

ぎゃく 반대, 거꾸로임

| ぎゅ | ぎゅ | ぎゅ | |

ぎゅうにく 소고기

| ぎょ | ぎょ | ぎょ | |

ぎょうむ 업무

| ギャ | ギャ | ギャ | |

ギャラクシー 갤럭시, 은하수

| ギュ | ギュ | ギュ | |

| ギョ | ギョ | ギョ | |

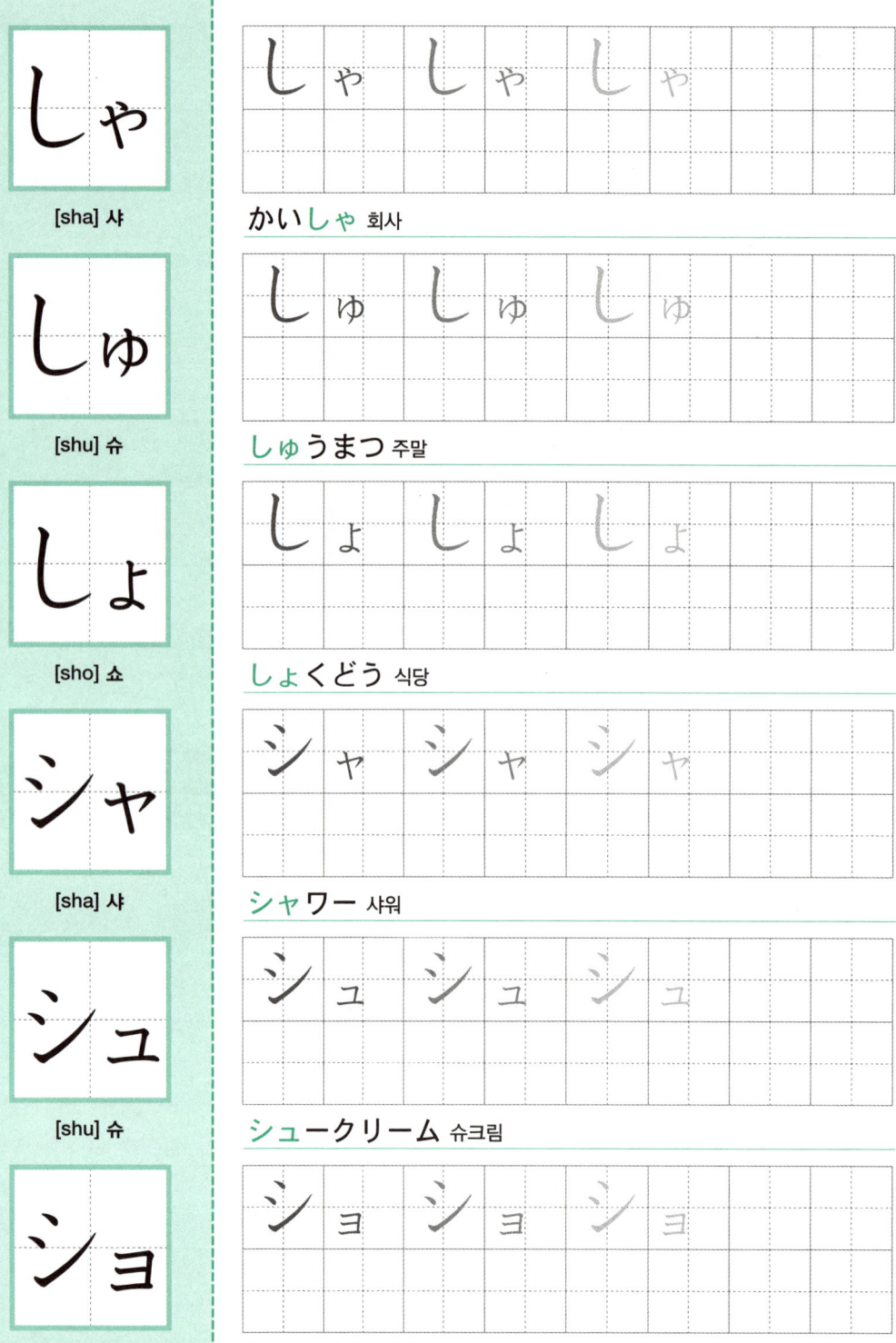

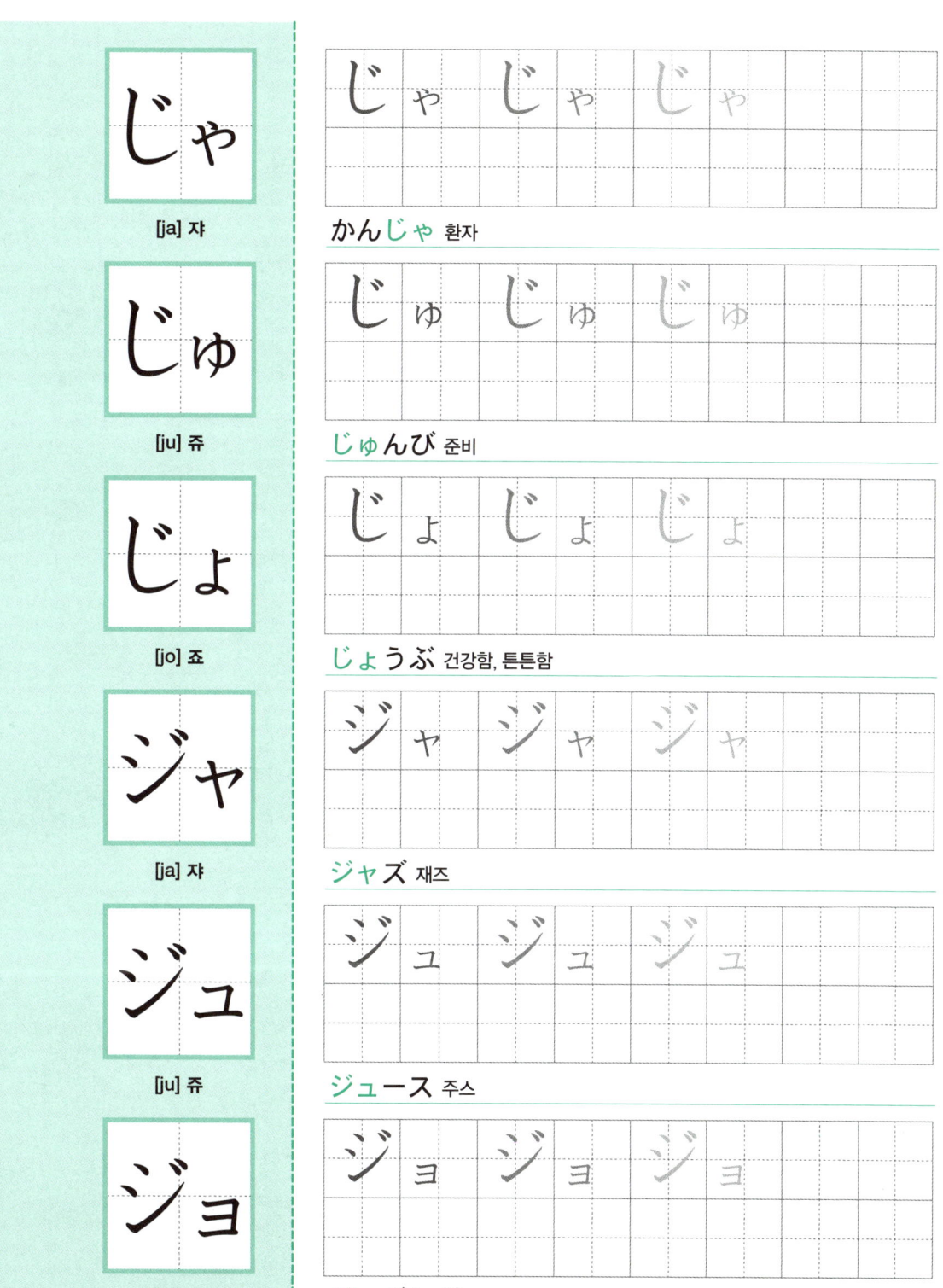

おちゃ (녹)차

ちゅうい 주의

かちょう 과장님

チャーハン 볶음밥

チューインガム 추잉 껌

チョコレート 초콜릿

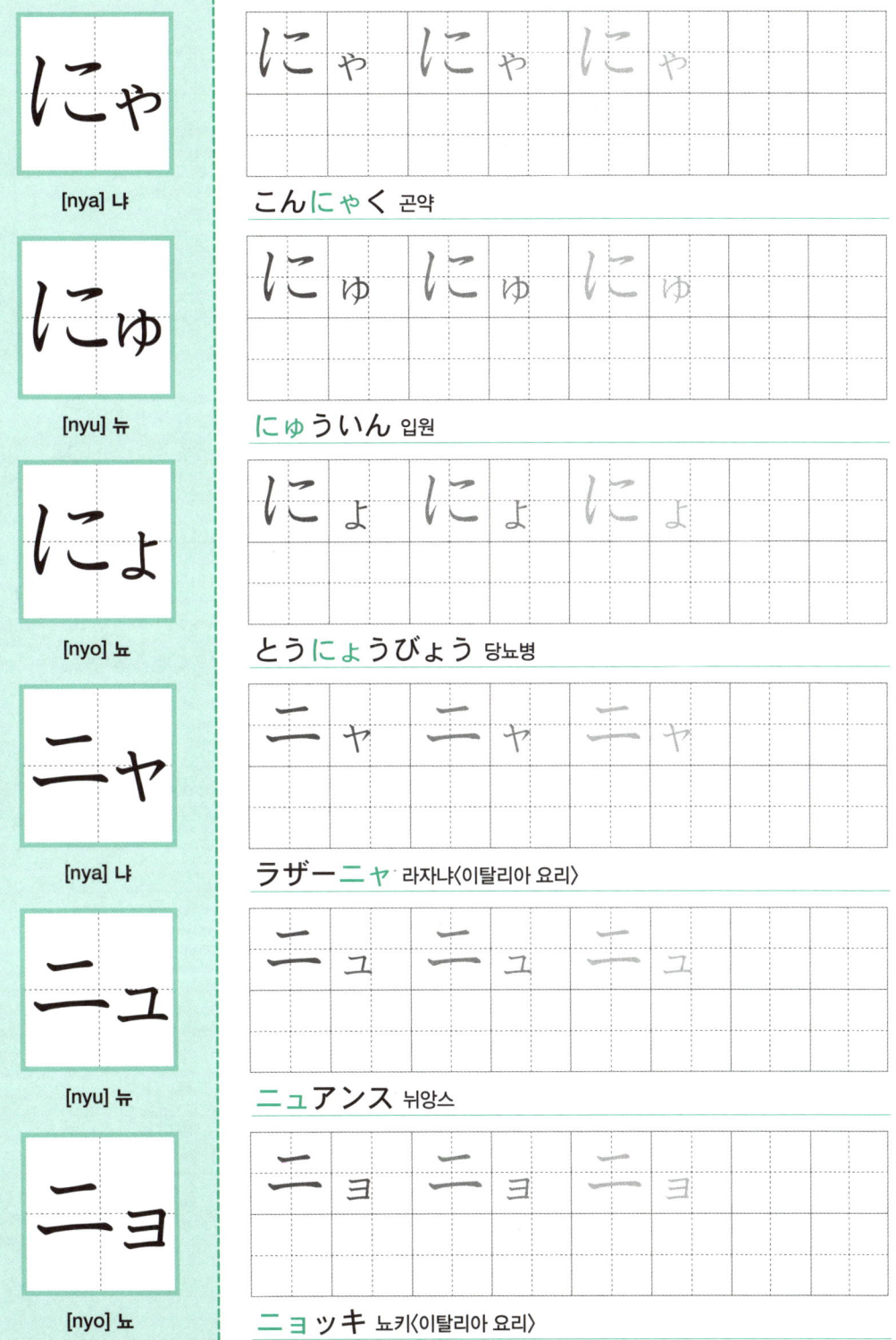

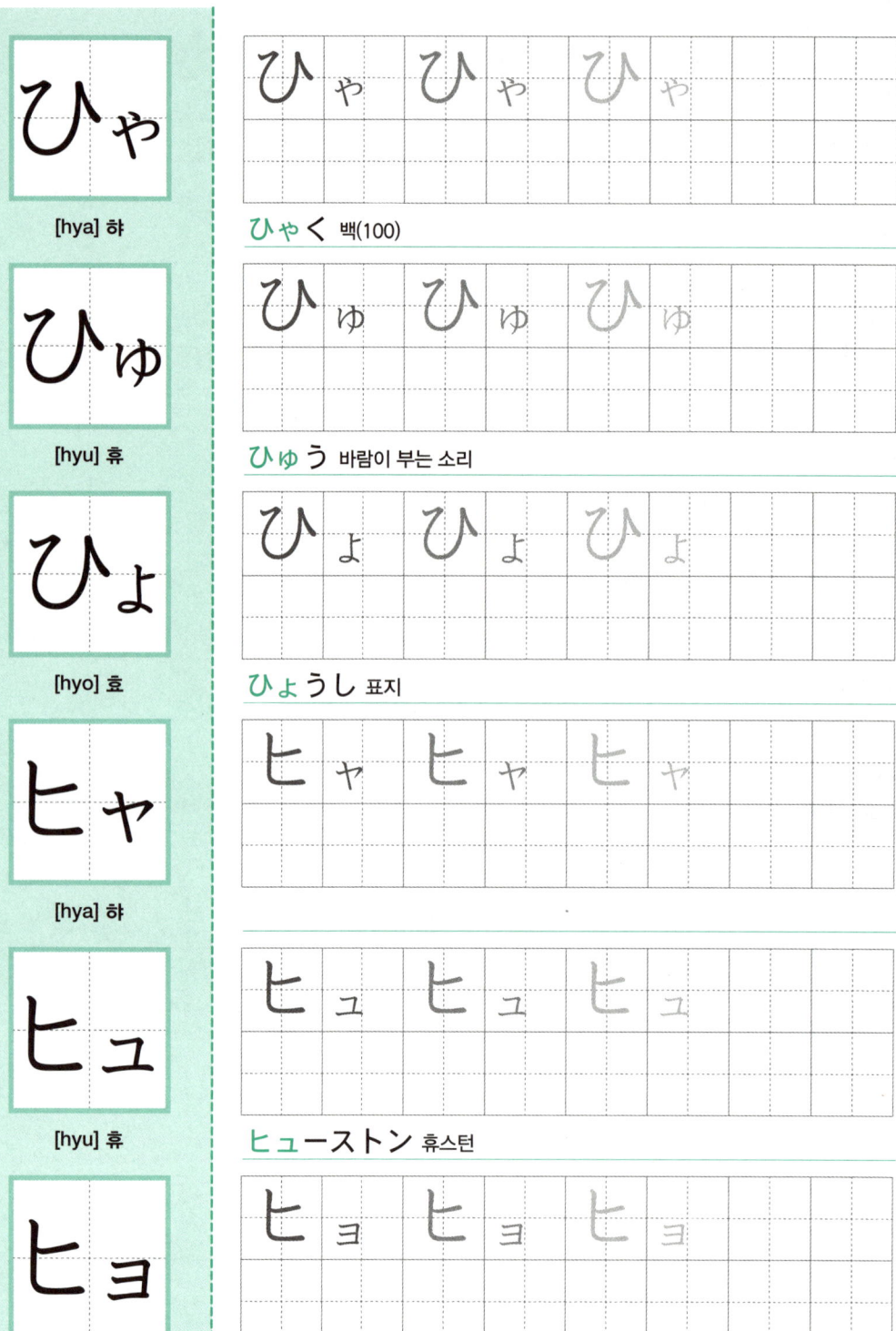

ひゃく 백(100)

ひゅう 바람이 부는 소리

ひょうし 표지

ヒューストン 휴스턴

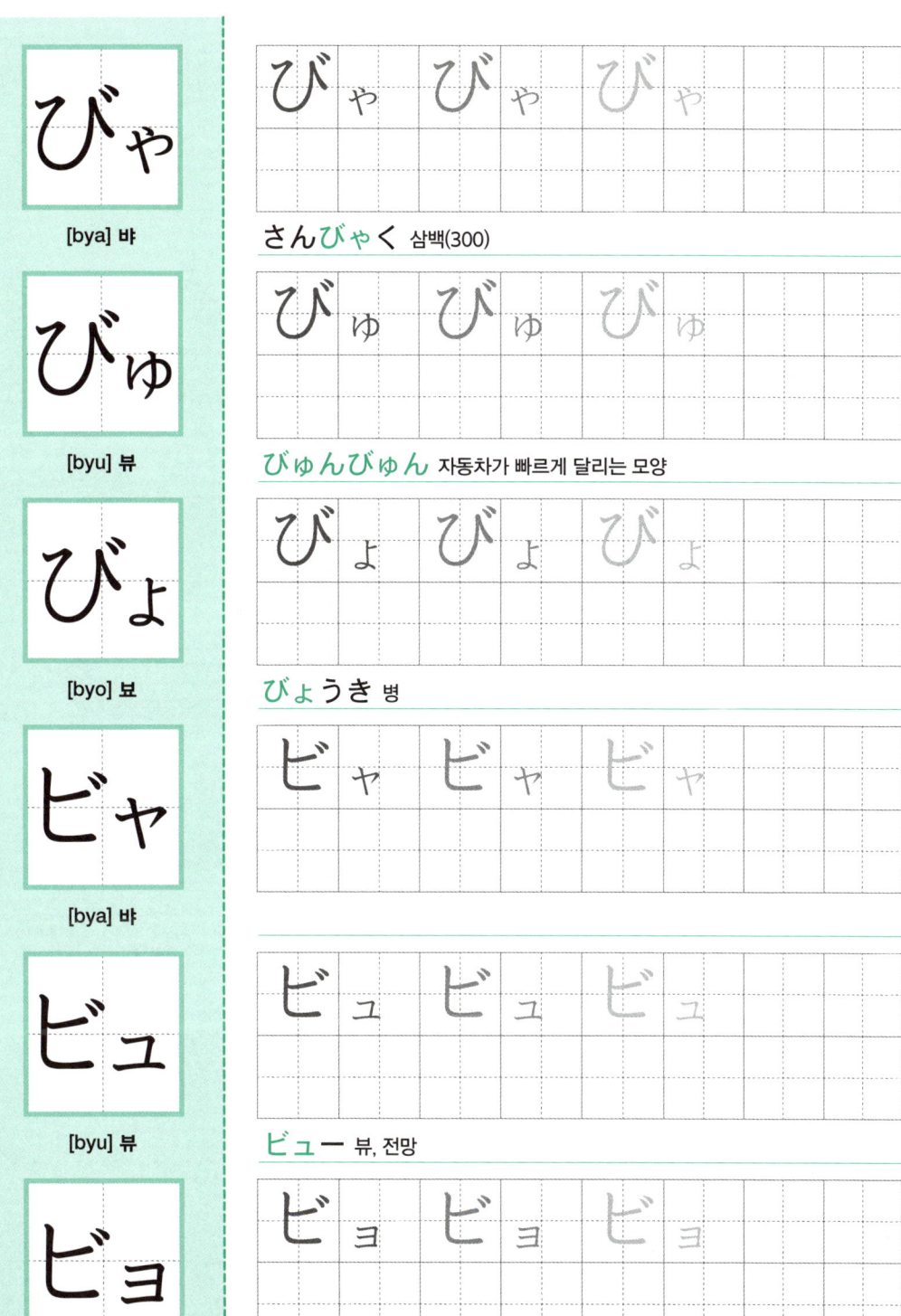

さんびゃく 삼백(300)

びゅんびゅん 자동차가 빠르게 달리는 모양

びょうき 병

ビュー 뷰, 전망

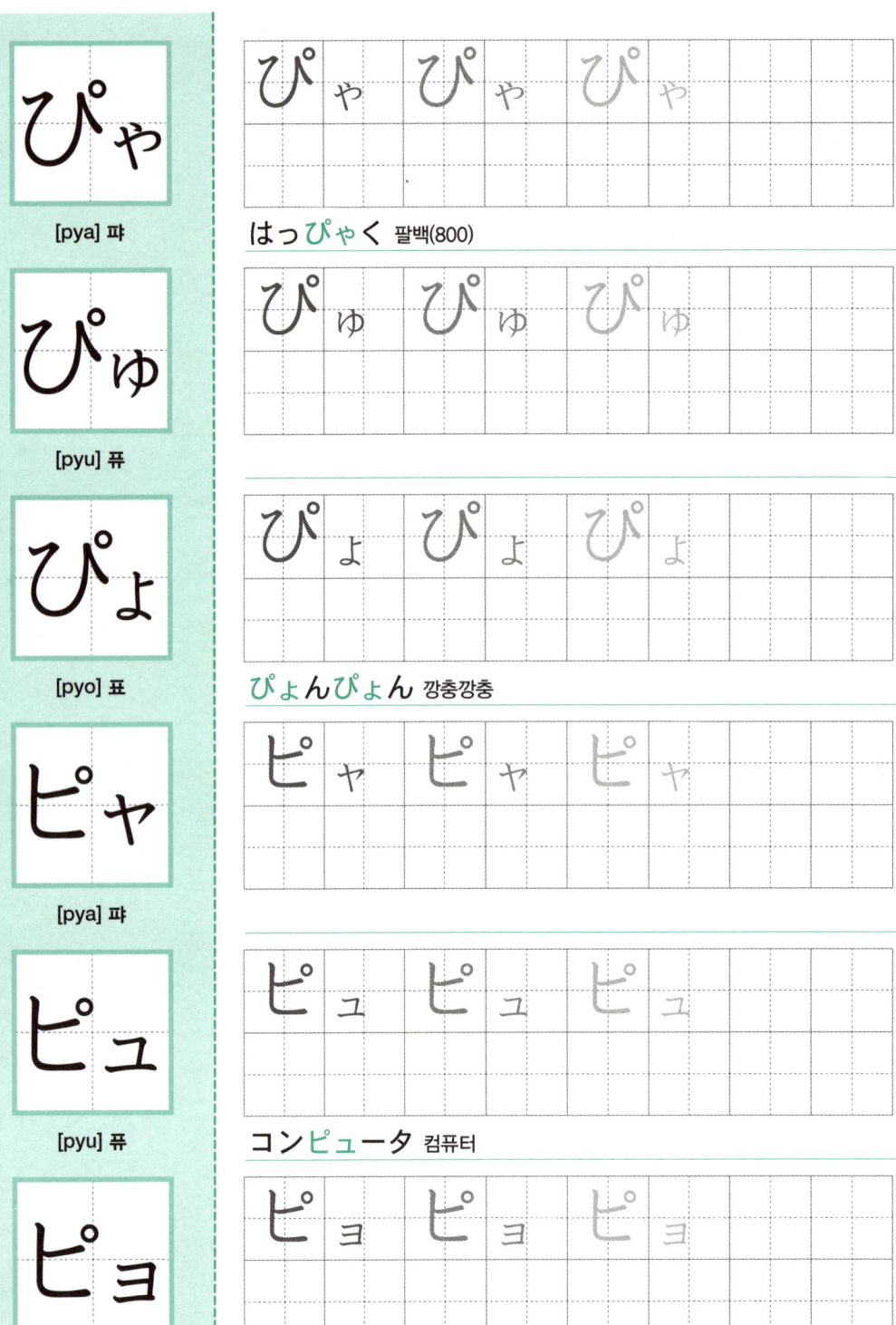

はっぴゃく 팔백(800)

ぴょんぴょん 깡충깡충

コンピュータ 컴퓨터

[pya] 퍄
[pyu] 퓨
[pyo] 표
[pya] 퍄
[pyu] 퓨
[pyo] 표

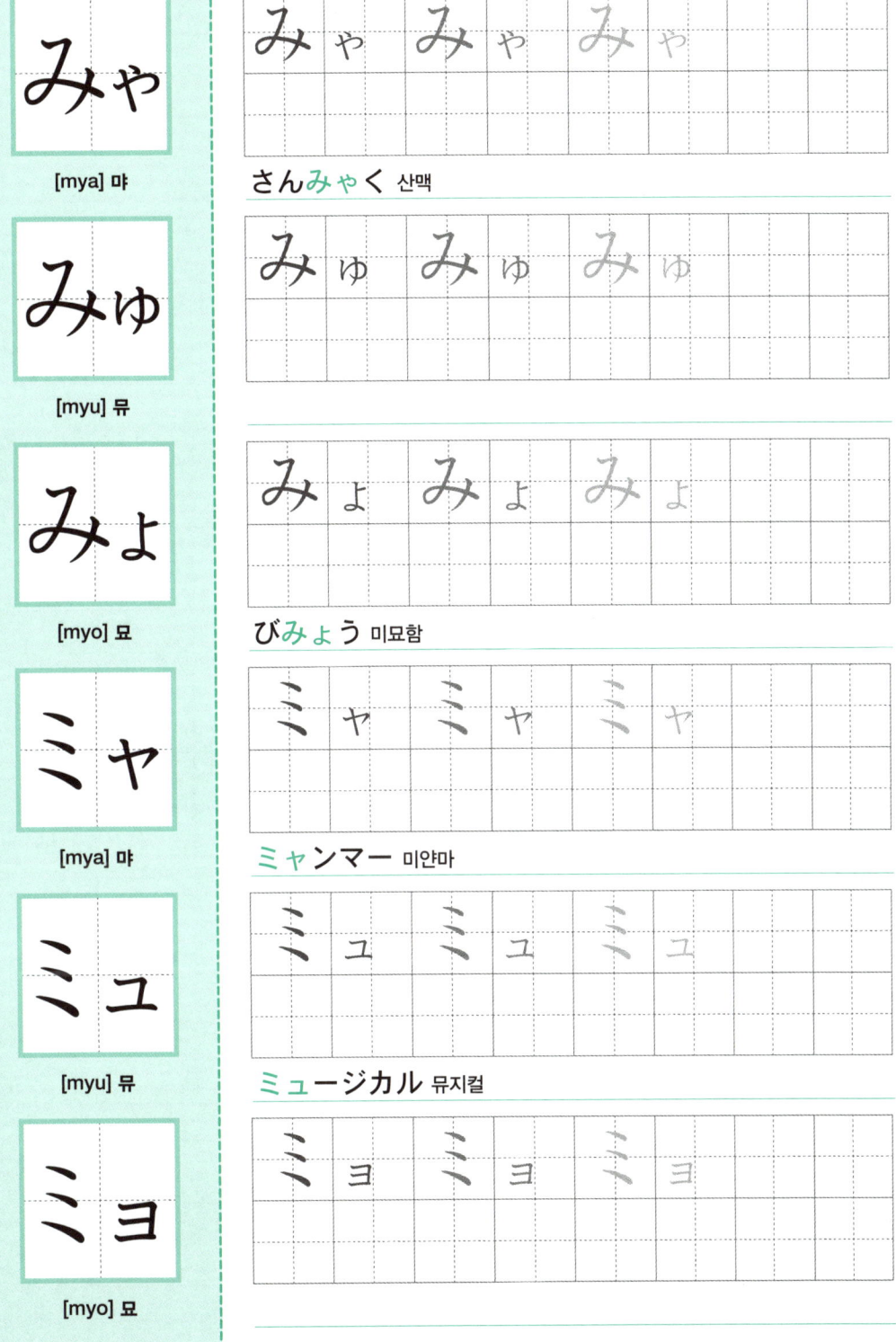

さんみゃく 산맥

びみょう 미묘함

ミャンマー 미얀마

ミュージカル 뮤지컬

ら행

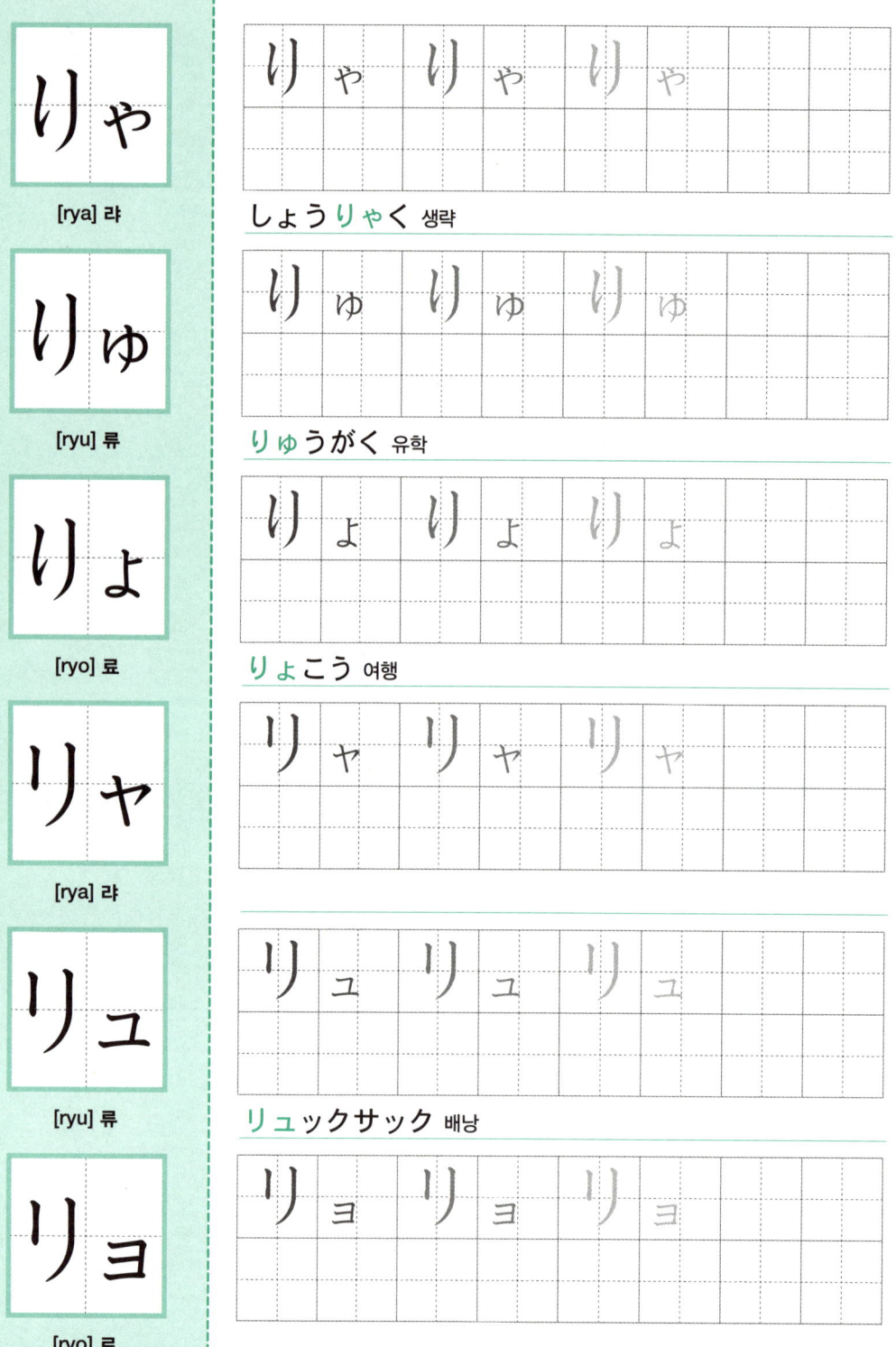

[rya] 랴 — しょうりゃく 생략

[ryu] 류 — りゅうがく 유학

[ryo] 료 — りょこう 여행

[rya] 랴

[ryu] 류 — リュックサック 배낭

[ryo] 료

헷갈리기 쉬운 글자

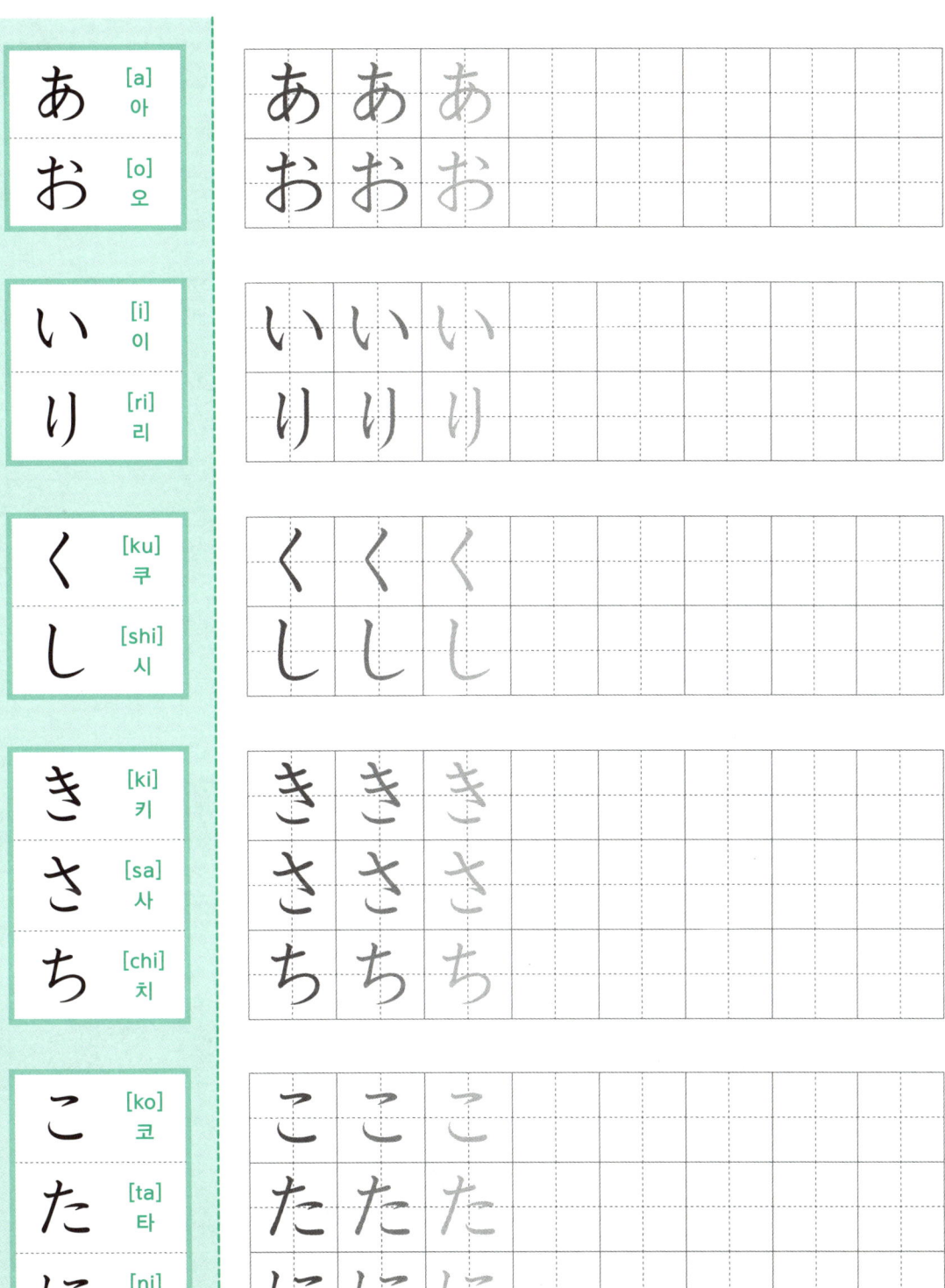

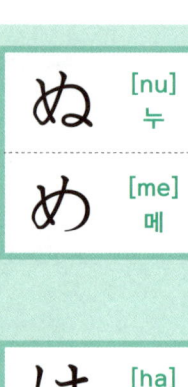

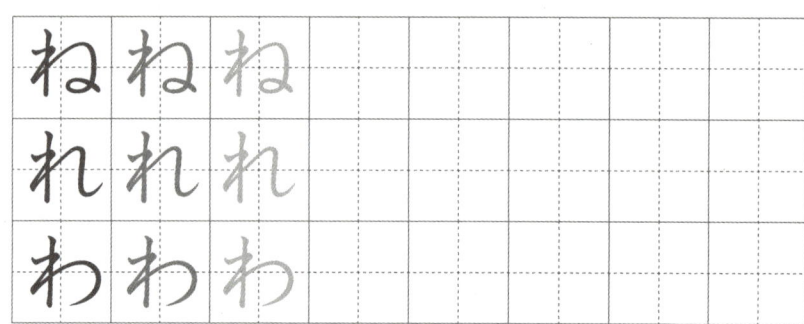

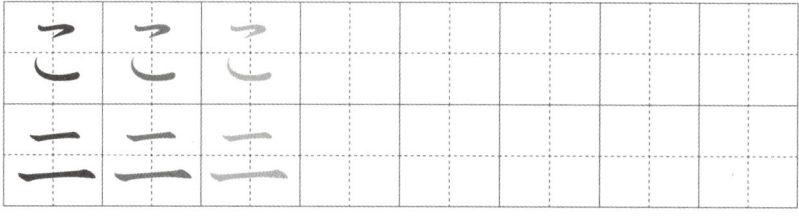

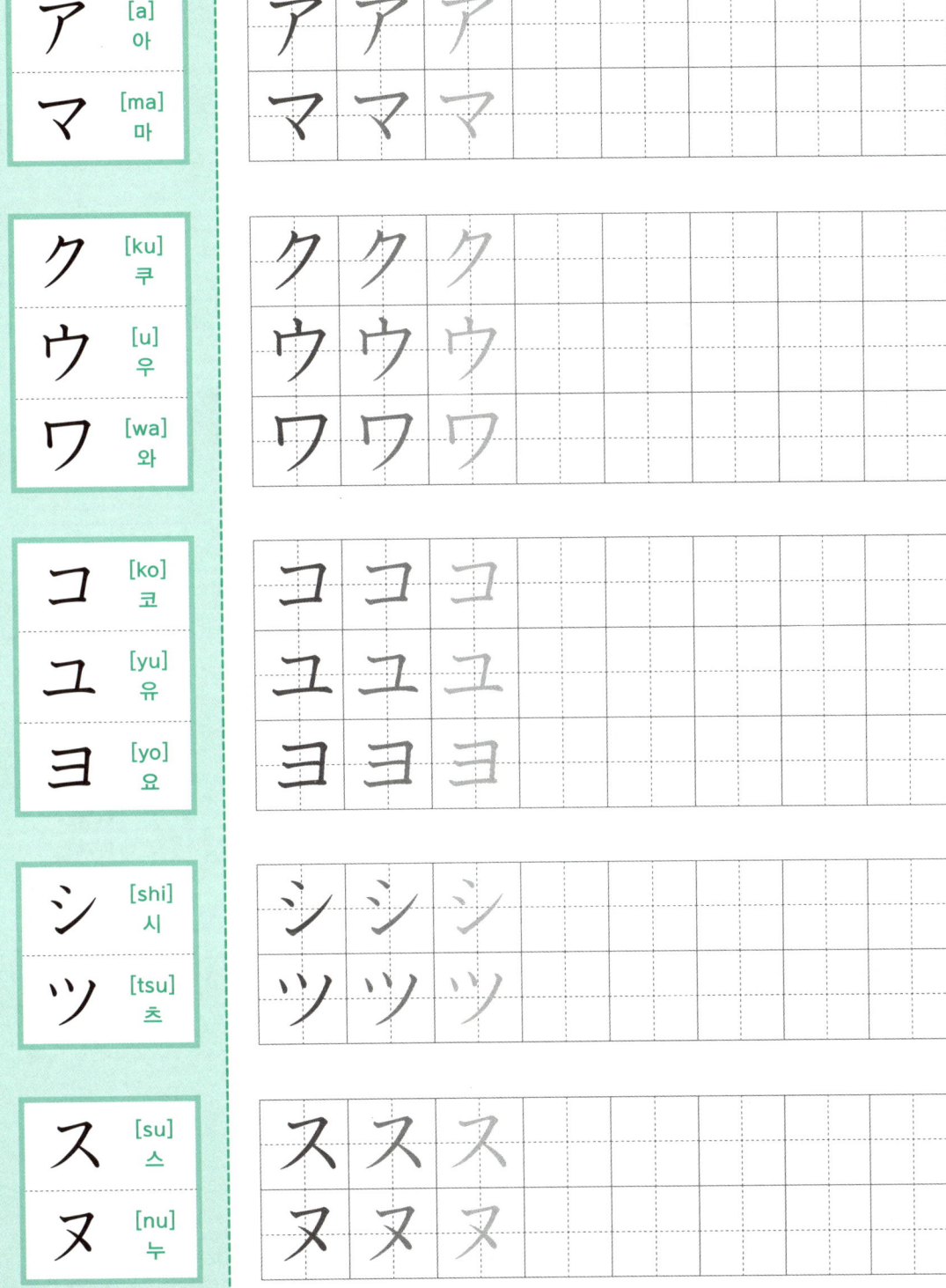

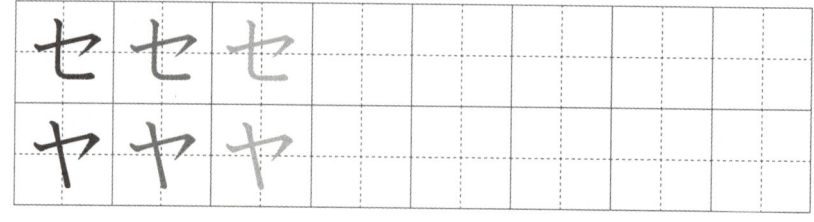

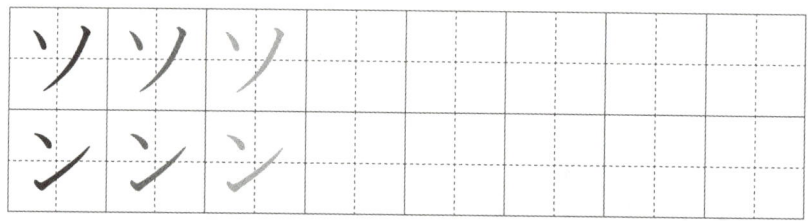

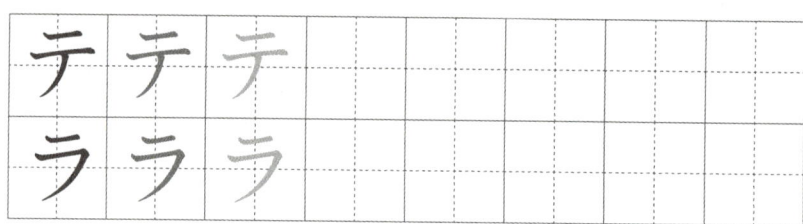

NEW 일본어 잘하고 싶을땐 다락원 독학 첫걸음

JLPT N5 실전모의고사

실전모의고사 채점표

자신의 실력이 어느 정도인지 확인할 수 있도록 임의적으로 만든 채점표입니다.
실제 시험은 상대 평가 방식이므로 점수에 오차가 발생할 수 있습니다.

언어지식 (문자·어휘·문법)·독해

		배점	만점	정답 문항 수	점수
문자·어휘	문제 1	2점×7문항	14		
	문제 2	2점×5문항	10		
	문제 3	2점×6문항	12		
	문제 4	2점×3문항	6		
문법	문제 1	2점×9문항	18		
	문제 2	2점×4문항	8		
	문제 3	2점×4문항	8		
독해	문제 4	8점×2문항	16		
	문제 5	8점×2문항	16		
	문제 6	9점×1문항	9		
	합계		117점		

*점수 계산법 : 언어지식(문자·어휘·문법)·독해[   ]점÷117×120 = [   ]점

청해

		배점	만점	정답 문항 수	점수
청해	문제 1	2점×7문항	14		
	문제 2	2점×6문항	12		
	문제 3	2점×5문항	10		
	문제 4	3점×6문항	18		
	합계		54점		

*점수 계산법 : 청해 [   ]점÷54×60 = [   ]점

※ 2020년 2회 시험부터 달라진 문제 개수를 반영하였습니다.

언어지식(문자·어휘)

N5
げんごちしき (もじ・ごい)
(20ぷん)

ちゅうい
Notes

1. しけんが はじまるまで、この もんだいようしを あけないで ください。
   Do not open this question booklet until the test begins.

2. この もんだいようしを もって かえる ことは できません。
   Do not take this question booklet with you after the test.

3. じゅけんばんごうと なまえを したの らんに、じゅけんひょうと おなじように かいて ください。
   Write your examinee registration number and name clearly in each box below as written on your test voucher.

4. この もんだいようしは ぜんぶで 7ページ あります。
   This question booklet has 7 pages.

5. もんだいには かいとうばんごうの 1、2、3 … が あります。
   かいとうは、かいとうようしに ある おなじ ばんごうの ところに マークして ください。
   One of the row numbers 1, 2, 3 … is given for each question. Mark your answer in the same row of the answer sheet.

じゅけんばんごう Examinee Registration Number	

なまえ Name	

げんごちしき(もじ・ごい) ①

> **もんだい1** ＿＿＿の ことばは ひらがなで どう かきますか。1・2・3・4
> から いちばん いい ものを ひとつ えらんで ください。
> ＿＿＿의 단어는 히라가나로 어떻게 씁니까? 1・2・3・4에서 가장 적당한 것을 하나 고르세요.
>
> **れい** <u>仕事</u>が おわりました。
>
> 1 しごと　　　2 しこと　　　3 じこと　　　4 しじ
>
> **かいとうようし** (れい) ● ② ③ ④ 　仕事는 しごと라고 읽으므로 정답은 1번입니다.

1 きのうは <u>友</u>だちと デパートへ いきました。

   1 ともだち　　2 どもだち　　3 とみだち　　4 どみだち

2 かれは ほんを <u>読んで</u> います。

   1 よんで　　　2 とんで　　　3 のんで　　　4 あそんで

3 いえで <u>一日</u>じゅう ねました。

   1 ついたち　　2 ひとにち　　3 いちにじ　　4 いちにち

4 なつは <u>雨</u>が おおいです。

   1 あめ　　　　2 はれ　　　　3 くもり　　　4 ゆき

げんごちしき(もじ・ごい) ②

5 レストランの 前に きました
　　1 うしろ　　　2 うえ　　　　3 なか　　　　4 まえ

6 お金が おちて います。
　　1 おさけ　　　2 おかね　　　3 おかし　　　4 おみせ

7 かみを 短く きります。
　　1 みじかく　　2 ながく　　　3 ちいさく　　4 おおきく

げんごちしき(もじ・ごい) ③

もんだい2 ＿＿＿の ことばは どう かきますか。1・2・3・4から いちばん いい ものを ひとつ えらんで ください。

＿＿＿의 단어는 어떻게 씁니까? 1・2・3・4에서 가장 적당한 것을 하나 고르세요.

れい うみが とても きれいです。

1 海　　　2 毎　　　3 母　　　4 水

かいとうようし　(れい)　●　②　③　④

うみ는 한자로 海라고 쓰므로 정답은 1번입니다.

8 あの ひとは はんさむです。

1 ハンサム　　2 ハソサム　　3 ハンソム　　4 ハシサム

9 きょうは かいしゃを やすみました。

1 明日　　2 昨日　　3 今日　　4 一昨日

10 よるに なにを しますか。

1 昼　　2 朝　　3 晩　　4 夜

11 きのう すずきさんに あいました。

1 今いました　　2 会いました　　3 食いました　　4 浴いました

12 かのじょを まって います。

1 待って　　2 持って　　3 時って　　4 詩って

げんごちしき(もじ・ごい) ④

もんだい3　（　　　）に　なにを　いれますか。1・2・3・4から　いちばん
いい　ものを　ひとつ　えらんで　ください。

（　）에 무엇을 넣습니까? 1・2・3・4에서 가장 적당한 것을 하나 고르세요.

れい　きょうは　りょうりを　（　　　）。

1　つくりました　　　　　　　2　つかいました

3　はいりました　　　　　　　4　たちました

かいとうようし　（れい）　● ② ③ ④

りょうり(요리)를 목적어로 쓰는 동사로 어울리는 것은 つくりました(만들었습니다)이므로 정답은 1 번입니다.

13　おいしい　（　　　）を　たべました。

　　1　ケーキ　　　2　デパート　　　3　ビール　　　4　レストラン

14　わたしは　テニスが　（　　　）じゃ　ありません。

　　1　じょうず　　　2　じょうぶ　　　3　べんり　　　4　はで

15　わたしは　びょういんに　いくとき、でんしゃに　（　　　）。

　　1　おります　　　2　あいます　　　3　のぼります　　　4　のります

16　もう　メールを　（　　　）か。

　　1　ぬぎました　　　　　　　2　おくりました

　　3　はたらきました　　　　　4　あそびました

げんごちしき(もじ・ごい) ⑤

17　トイレは　(　　　)に　あります。

　　1　いっかい
　　2　にかい
　　3　さんがい
　　4　よんかい

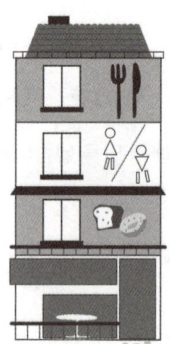

18　テーブルの　(　　　)に　ねこが　います。

　　1　まえ
　　2　うしろ
　　3　した
　　4　うえ

げんごちしき(もじ・ごい) ⑥

もんだい4 ＿＿＿の ぶんと だいたい おなじ いみの ぶんが あります。
1・2・3・4から いちばん いい ものを ひとつ えらんで ください。

＿＿＿의 문장과 거의 같은 의미인 문장이 있습니다. 1・2・3・4에서 가장 적당한 것을 하나 고르세요.

れい わたしは レストランで しごとを して います。

1 わたしは レストランで はたらいて います。
2 わたしは レストランで あそんで います。
3 わたしは レストランで やすんで います。
4 わたしは レストランで たべて います。

かいとうようし （れい） ● ② ③ ④

しごとを する(일을 하다)는 동사 はたらく와 의미가 같습니다.

---

19 これは ははと ちちの しゃしんです。

1 これは きょうだいの しゃしんです。
2 これは せんせいの しゃしんです。
3 これは りょうしんの しゃしんです。
4 これは ともだちの しゃしんです。

20 きょうは あまり いそがしく ありません。

1 きょうは すこし ひまです。
2 きょうは あまり ひまじゃ ありません。
3 あしたは とても いそがしいです。
4 あしたは しごとが やすみです。

げんごちしき(もじ・ごい) ⑦

[21]　おとといは　かようびでした。

　　1　きょうは　げつようびです。
　　2　きょうは　にちようびです。
　　3　きょうは　すいようびです。
　　4　きょうは　もくようびです。

언어지식(문법)・독해

N5
言語知識(文法)・読解
(40ぷん)

注意
Notes

1. 試験が始まるまで、この問題用紙をあけないでください。
   Do not open this question booklet until the test begins.
2. この問題用紙を持ってかえることはできません。
   Do not take this question booklet with you after the test.
3. 受験番号となまえをしたの欄に、受験票とおなじようにかいてください。
   Write your examinee registration number and name clearly in each box below as written on your test voucher.
4. この問題用紙は、全部で12ページあります。
   This question booklet has 12 pages.
5. 問題には解答番号の 1 、 2 、 3 …があります。
   解答は、解答用紙にあるおなじ番号のところにマークしてください。
   One of the row numbers 1, 2, 3 … is given for each question. Mark your answer in the same row of the answer sheet.

受験番号 Examinee Registration Number	

なまえ Name	

言語知識（文法）・読解 ①

もんだい1　（　　　）に 何を 入れますか。1・2・3・4から いちばん いい ものを 一つ えらんで ください。

（　　　）에 무엇을 넣습니까? 1・2・3・4에서 가장 적당한 것을 하나 고르세요.

れい　これ（　　　）えんぴつです。

　　　　1 に　　　　2 を　　　　3 は　　　　4 や

かいとうようし　（れい）　① ② ● ④　　빈칸에는 주격 조사 は가 들어가야 합니다.

1　これは わたし（　　　）財布です。
　　　1 の　　　　2 に　　　　3 は　　　　4 で

2　部屋（　　　）テレビや テーブルなどが あります。
　　　1 で　　　　2 に　　　　3 を　　　　4 が

3　先生は 親切（　　　）やさしいです。
　　　1 だ　　　　2 な　　　　3 に　　　　4 で

4　冬休みに 旅行（　　　）しました。
　　　1 を　　　　2 に　　　　3 へ　　　　4 と

5　かれは ビルの まえを 行ったり（　　　）して います。
　　　1 来たり　　　2 来り　　　3 来て　　　4 来ます

言語知識（文法）・読解 ②

6 その 野菜を 水で （　　　） 洗って ください。
1 汚い　　　2 汚く　　　3 きれいな　　　4 きれいに

7 今日は あまり （　　　）。
1 寒いでした　　　　　2 寒く ありません
3 寒いですか　　　　　4 寒かったでした

8 A「なにを して いますか。」
　　B「今、アニメを （　　　）。」
1 見て ください　　　2 見ることです
3 見て います　　　　4 見るです

9 A「あなたは 富士山に のぼったことが ありますか。」
　　B「まだ （　　　）。」
1 あります　　　2 ありません　　　3 います　　　4 いません

言語知識（文法）・読解 ③

もんだい2 ＿＿★＿＿に 入る ものは どれですか。1・2・3・4から いちばん いい ものを 一つ えらんで ください。

＿＿★＿＿에 들어갈 말은 무엇입니까? 1・2・3・4에서 가장 적당한 것을 하나 고르세요.

もんだいれい

A 「東京 ＿＿＿ ＿＿＿ ＿★＿ ＿＿＿ 行きましたか。」

B 「去年の 夏に 行きました。」

   1 の   2 デパート   3 いつ   4 には

こたえかた

1. ただしい 文を つくります。 올바른 문장을 만듭니다.

   A 「東京 ＿＿＿ ＿＿＿ ＿★＿ ＿＿＿ 行きましたか。」
            1 の   2 デパート   4 には   3 いつ

   B 「去年の 夏に 行きました。」

2. ＿★＿に 入る ばんごうを くろく ぬります。
   ＿★＿에 들어갈 번호를 검게 칠합니다.

   かいとうようし （れい） ① ② ③ ●

   > 문장을 맞게 배열하면 1-2-4-3 이 되므로 ★에 들어갈 말은 4 번입니다.

言語知識（文法）・読解 ④

10 A「図書館 ＿＿＿ ＿＿＿ ★ ＿＿＿ か。」

B「あそこに あります。」

1 あります　　2 どこ　　3 は　　4 に

11 （学校で）

先生「この ＿＿＿ ＿＿＿ ★ ＿＿＿ ですか。」

学生「それは わたしのです。」

1 だれ　　2 は　　3 えんぴつ　　4 の

12 鈴木「ここで ＿＿＿ ＿＿＿ ★ ＿＿＿。」

工藤「はい、いいですよ。」

1 いいですか　　2 飲んでも

3 を　　4 飲み物

13 （お店で）

田中「＿＿＿ ＿＿＿ ★ ＿＿＿ ください。」

店員「ぜんぶで 600円です。」

1 3本　　2 かさを　　3 その　　4 黒い

言語知識（文法）・読解 ⑤

> もんだい3　14 から 17 に 何を 入れますか。ぶんしょうの いみを かんがえて、1・2・3・4から いちばん いい ものを 一つ えらんでください。
>
> [14]에서 [17]에 무엇을 넣습니까? 글의 의미를 생각해서 1・2・3・4에서 가장 적당한 것을 하나 고르세요.

日本で べんきょうして いる 学生が 「旅行」の ぶんしょうを 書いて、クラスの みんなの 前で 読みました。

（1）イさんの ぶんしょう

わたしは ゴールデンウィークに 京都へ 行きました。京都では 清水寺と 金閣寺へ 行きました。天気が よくて あつかったです。清水寺には 人が たくさん いました。14 おいしい 寿司を 食べて、あまい 抹茶の パフェも 食べました。帰る 15 は バスには 乗りませんでした。新幹線に 乗りました。とても 楽しかったです。

（2）スミスさんの ぶんしょう

先週の にちようびに、友だちと 3人で 旅行を しました。朝、早く 起きて バスに 乗って 東京へ 行きました。バスには ガイドが いました。スカイツリーを 見ました。とても 高かったです。浅草の 雷門へも 行きました。雷門の 16 写真を 撮りました。それが この 写真です。みなさん、どうぞ これを 17 。

言語知識（文法）・読解 ⑥

14
1 でも　　　2 しかし　　　3 それでは　　　4 それから

15
1 とき　　　2 ので　　　3 もの　　　4 こと

16
1 前へ　　　2 前に　　　3 前で　　　4 前を

17
1 見て います　　　　　2 見ても いいですか
3 見ては いけません　　4 見て ください

言語知識（文法）・読解 ⑦

> もんだい4　つぎの（1）から（2）の ぶんしょうを 読んで、しつもんに こたえて ください。こたえは、1・2・3・4から いちばん いい ものを 一つ えらんで ください。
>
> 다음 (1)에서 (2)의 글을 읽고 질문에 답하세요. 답은 1・2・3・4에서 가장 적당한 것을 하나 고르세요.

（1）

　きのうは とても あつかったです。わたしは 鈴木さんと いっしょに お店で ざるそばを 食べました。冷たくて おいしかったです。ねだんも 高く ありませんでした。きょうは 田中さんと いっしょに カレーを 食べました。

18　「わたし」は きのう だれと いっしょに なにを 食べましたか。

1　鈴木さんと いっしょに カレーを 食べました。
2　鈴木さんと いっしょに ざるそばを 食べました。
3　田中さんと いっしょに カレーを 食べました。
4　田中さんと いっしょに ざるそばを 食べました。

（2）
　ユイちゃんは　4人かぞくです。これが　ユイちゃんの　かぞくの　しゃしんです。ユイちゃんは　おかあさんの　まえに　います。おとうさんは　おかあさんの　よこに　います。おじいさんは　おとうさんの　まえで　いすに　すわって　います。

19　しゃしんは　どれですか。

言語知識（文法）・読解 ⑨

> **もんだい5** つぎの ぶんしょうを 読んで、しつもんに こたえて ください。こたえは、1・2・3・4から いちばん いい ものを 一つ えらんで ください。
>
> 다음 글을 읽고 질문에 답하세요. 답은 1・2・3・4에서 가장 적당한 것을 하나 고르세요.

　わたしの 趣味は アニメを 見る ことです。とくに 日本の アニメが 好きです。わたしの 大学にも アニメが 好きな 日本人の 友だちが います。かのじょの 名前は 伊藤さんです。去年の 冬、わたしは 伊藤さんと いっしょに 東京へ 行きました。とても うれしかったです。東京では 新しい アニメの えいがを 見ました。伊藤さんも「おもしろいね」と 言いました(注)。

　飛行機で 帰る まえに 本屋へ 行きました。その 本屋で 伊藤さんが 日本語の 本を 買って、「これ、どうぞ プレゼントです」と 言いました。わたしは 飛行機で その 本を 読みました。すこし むずかしかったですが、とても おもしろかったです。日本語を 勉強して いて よかったです。来年の 夏も 日本の 本屋へ 行く よていです。

(注)〜と 言いました : 〜(라)고 (말)했습니다

20 「わたし」と 伊藤さんは いつ 東京へ 行きましたか。

1 去年の 夏
2 去年の 冬
3 来年の 夏
4 来年の 冬

21 来年、「わたし」は 日本で なにを しますか。

1 伊藤さんと 話します。
2 伊藤さんと 飛行機に 乗ります。
3 日本語の 本を 買います。
4 日本語の アニメを 見ます。

言語知識（文法）・読解 ⑪

> **もんだい6** 右の ページを 見て、下の しつもんに こたえて ください。こたえは、1・2・3・4から いちばん いい ものを 一つ えらんで ください。
>
> 오른쪽 페이지를 보고 아래 질문에 답하세요. 답은 1・2・3・4에서 가장 적당한 것을 하나 고르세요.

22 らいしゅう、えいがかんへ 行きます。どようびと にちようびは 家で ゆっくり 休みます。げつようびの 夜は 友だちに 会います。かようびと もくようびは 大学へ 行くので いそがしいです。すいようびの 朝は 病院へ 行きます。きんようびの 朝は いつも 寝て います。どの えいがを 見ますか。

1　7月の 雨
2　夜の ダンス
3　ペンギン探検隊
4　金閣寺

TOKYO CINEMA えいがかん

7月の雨
げつようび 午後 6:00～8:10
きんようび 午前 10:00～午後 12:10

夜の ダンス
きんようび 午後 5:30～7:30
にちようび 午前 11:00～午後 1:00

ペンギン探検隊
すいようび 午前 10:30～午後 1:30
どようび 午後 2:00～5:00

金閣寺
かようび 午後 7:00～10:00
もくようび 午前 10:00～午後 1:00

◆ おかね：おとな 2,000円
　　　　　こども 1,000円

N5
聴解
（30分）

注意
Notes

1. 試験が始まるまで、この問題用紙を開けないでください。
   Do not open this question booklet until the test begins.

2. この問題用紙を持って帰ることはできません。
   Do not take this question booklet with you after the test.

3. 受験番号と名前を下の欄に、受験票と同じように書いてください。
   Write your examinee registration number and name clearly in each box below as written on your test voucher.

4. この問題用紙は、全部で14ページあります。
   This question booklet has 14 pages.

5. この問題用紙にメモをとってもいいです。
   You may make notes in this question booklet.

受験番号 Examinee Registration Number	

なまえ Name	

聴解 ①

もんだい１

　もんだい１では、はじめに　しつもんを　きいて　ください。それから　はなしを　きいて、もんだいようしの　１から４の　なかから、いちばん　いい　ものを　ひとつ　えらんで　ください。

문제1에서는 먼저 질문을 들으세요. 그러고 나서 이야기를 듣고 문제 용지의 1에서 4 중에서 가장 적당한 것을 하나 고르세요.

れい

1　うどん
2　からあげ
3　ラーメン
4　ざるそば

1 ばん

2 ばん

1　1かい
2　2かい
3　3がい
4　4かい

聴解 ③

3ばん

4ばん

1 うどん
2 うどんと すし
3 てんぷら
4 てんぷらと すし

5 ばん

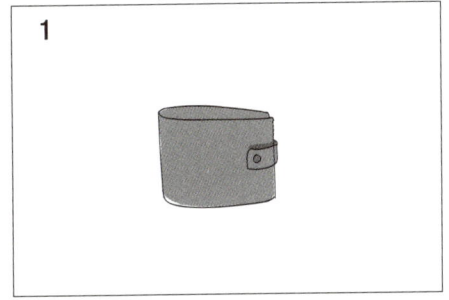

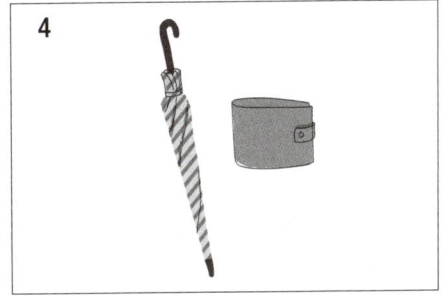

6 ばん

聴解 ⑤

7ばん

1 ごぜん　10じ
2 ごぜん　11じ
3 ごご　1じ
4 ごご　3じ

もんだい2

もんだい2では、はじめに しつもんを きいて ください。それから はなしを きいて、もんだいようしの 1から4の なかから、いちばん いい ものを ひとつ えらんで ください。

문제2에서는 먼저 질문을 들어 주세요. 그러고 나서 이야기를 듣고 문제 용지의 1에서 4 중에서 가장 적당한 것을 하나 고르세요.

れい

1　とうきょう
2　きょうと
3　おおさか
4　ふくおか

聴解 ⑦

1ばん

1　ごぜん　8じ
2　ごご　6じ
3　ごご　7じ
4　ごご　9じ

2ばん

1　げつようび
2　かようび
3　すいようび
4　きんようび

3ばん

1 1,300えん
2 2,300えん
3 2,500えん
4 3,500えん

4ばん

1 マグロと　トマト
2 マグロと　バナナ
3 トマトと　バナナ
4 トマトと　ビール

聴解 ⑨

5 ばん

1 とうきょう
2 おおさか
3 おきなわ
4 ほっかいどう

6 ばん

1 コーヒー
2 ビール
3 ウイスキー
4 おちゃ

もんだい 3

　もんだい3では、えを みながら しつもんを きいて ください。➡（やじるし）の ひとは なんと いいますか。1から3の なかから、いちばん いい ものを ひとつ えらんで ください。

문제3에서는 그림을 보면서 질문을 들으세요. ➡(화살표)의 사람은 뭐라고 말합니까? 1에서 3 중에서 가장 적당한 것을 하나 고르세요.

れい

聴解 ⑪

1ばん

2ばん

3 ばん

4 ばん

聴解 ⑬

5ばん

もんだい 4

　もんだい4では、えなどが ありません。ぶんを きいて、1から3の なかから、いちばん いい ものを ひとつ えらんで ください。

문제4에서는 그림 등이 없습니다. 문장을 듣고 1에서 3 중에서 가장 적당한 것을 하나 고르세요.

― メモ ―

정답

1교시 언어지식(문자·어휘)

문제 1 예① 1① 2① 3④ 4① 5④ 6② 7①
문제 2 예① 8① 9③ 10④ 11② 12①
문제 3 예① 13① 14① 15④ 16② 17③ 18④
문제 4 예① 19③ 20① 21④

1교시 언어지식(문법)·독해

문제 1 예③ 1① 2② 3④ 4① 5① 6④ 7② 8③ 9②
문제 2 예④ (1243) 10④ (3241) 11① (3214) 12② (4321) 13② (3421)
문제 3 14④ 15① 16③ 17④
문제 4 18② 19①
문제 5 20② 21③
문제 6 22②

2교시 청해

문제 1 예③ 1① 2③ 3① 4① 5② 6③ 7③
문제 2 예② 1④ 2② 3③ 4② 5① 6④
문제 3 예① 1① 2③ 3② 4③ 5①
문제 4 예② 1① 2③ 3① 4② 5③ 6②

해석 및 청해 스크립트

1교시 언어지식(문자·어휘)

문제 1
예 **일**이 끝났습니다.

1 어제는 **친구**와 백화점에 갔습니다.
2 그는 책을 **읽고** 있습니다.
3 집에서 **하루** 종일 잤습니다.
4 여름(에)는 **비**가 많습니다(많이 옵니다).
5 레스토랑 **앞**에 왔습니다.
6 **돈**이 떨어져 있습니다.
7 머리카락을 **짧게** 자릅니다.

문제 2
예 **바다**가 무척 예쁩니다.

8 저 사람은 **잘생겼**습니다.
9 **오늘**은 회사를 쉬었습니다.
10 **밤**에 무엇을 합니까?
11 어제 스즈키 씨를 **만났습니다**.
12 그녀를 **기다리고** 있습니다.

문제 3
예 오늘은 요리를 **만들었습니다**.

13 맛있는 **케이크**를 먹었습니다.
14 나는 테니스를 **잘하**지 않습니다.
15 나는 병원에 갈 때 전철을 **탑니다**.
16 이미 문자를 **보냈습니까**?
17 화장실은 **3층**에 있습니다.
18 탁자 **위**에 고양이가 있습니다.

문제 4
예 나는 레스토랑에서 일을 하고 있습니다.
1 **나는 레스토랑에서 일하고 있습니다.**
2 나는 레스토랑에서 놀고 있습니다.
3 나는 레스토랑에서 쉬고 있습니다.
4 나는 레스토랑에서 먹고 있습니다.

19 이것은 엄마와 아빠의 사진입니다.
1 이것은 형제의 사진입니다.
2 이것은 선생님의 사진입니다.
3 **이것은 부모님의 사진입니다.**
4 이것은 친구의 사진입니다.

20 오늘은 그다지 바쁘지 않습니다.
1 **오늘은 조금 한가합니다.**
2 오늘은 그다지 한가하지 않습니다.
3 내일은 매우 바쁩니다.
4 내일은 일이 쉬는 날입니다.

21 그저께는 화요일이었습니다.
1 오늘은 월요일입니다.
2 오늘은 일요일입니다.
3 오늘은 수요일입니다.
4 **오늘은 목요일입니다.**

1교시 언어지식(문법)·독해

문제 1

예 이것은 연필입니다.
1 이것은 나의 지갑입니다.
2 방에 텔레비전이랑 탁자 등이 있습니다.
3 선생님은 친절하고 다정합니다.
4 겨울 방학에 여행을 했습니다.
5 그는 빌딩 앞을 왔다 갔다 하고 있습니다.
6 그 채소를 물로 깨끗하게 씻어 주세요.
7 오늘은 그다지 춥지 않습니다.
8 A "무엇을 하고 있습니까?"
  B "지금 애니메이션을 보고 있습니다."
9 A "당신은 후지산에 오른 적이 있습니까?"
  B "아직 없습니다."

문제2

예 A "도쿄(의) 백화점 ★ 에는 언제 갔습니까?"
  B "작년 여름에 갔습니다."
10 A "도서관은 어디 ★ 에 있습니까?"
  B "저기에 있습니다."
11 (학교에서)
  선생님 "이 연필 은 ★ 누구 것입니까?"
  학생 "그것은 제 것입니다."
12 스즈키 "여기에서 음료 를 ★ 마셔도 됩니까?"
  구도 "네, 괜찮아요."
13 (가게에서)
  다나카 "그 검은 ★ 우산을 세 자루 주세요."
  점원 "전부 해서 600엔입니다."

문제3

일본에서 공부하고 있는 학생이 '여행'에 관한 글을 써서 반 친구들 앞에서 읽었습니다.

(1) 이 씨의 글

> 저는 골든위크에 교토에 갔습니다. 교토에서는 기요미즈데라와 긴카쿠지에 갔습니다. 날씨가 좋고 더웠습니다. 기요미즈데라에는 사람이 많이 있었습니다. **14 그러고 나서** 맛있는 초밥을 먹고, 달콤한 말차 파르페도 먹었습니다. 집에 돌아갈 **15 때**는 버스를 타지 않았습니다. 신칸센을 탔습니다. 아주 즐거웠습니다.

(2) 스미스 씨의 글

> 지난 주 일요일에 친구와 세 명이서 여행을 했습니다. 아침 일찍 일어나 버스를 타고 도쿄에 갔습니다. 버스에는 가이드가 있었습니다. 스카이트리를 보았습니다. 매우 높았습니다. 아사쿠사 가미나리몬에도 갔습니다. 가미나리몬 **16 앞에서** 사진을 찍었습니다. 그것이 이 사진입니다. 여러분, 자 이것을 **17 봐 주세요**.

문제4

(1)

> 어제는 무척 더웠습니다. 나는 스즈키 씨와 함께 가게에서 판 메밀국수를 먹었습니다. 차갑고 맛있었습니다. 가격도 비싸지 않았습니다. 오늘은 다나카 씨와 함께 카레를 먹었습니다.

18 '나'는 어제 누구와 함께 무엇을 먹었습니까?

1　스즈키 씨와 함께 카레를 먹었습니다.
2　**스즈키 씨와 함께 판 메밀국수를 먹었습니다.**
3　다나카 씨와 함께 카레를 먹었습니다.
4　다나카 씨와 함께 판 메밀국수를 먹었습니다.

(2)

유이는 네 식구입니다. 이것이 유이의 가족 사진입니다. 유이는 엄마 앞에 있습니다. 아빠는 엄마 옆에 있습니다. 할아버지는 아빠 앞에서 의자에 앉아 있습니다.

19 사진은 어느 것입니까?

문제5

내 취미는 애니메이션을 보는 것입니다. 특히 일본 애니메이션을 좋아합니다. 우리 대학교에도 애니메이션을 좋아하는 일본인 친구가 있습니다. 그녀 이름은 이토 씨입니다. 작년 겨울에 나는 이토 씨와 함께 도쿄에 갔습니다. 매우 기뻤습니다. 도쿄에서는 새로운 애니메이션 영화를 보았습니다. 이토 씨도 '재미있어요'라고 했습니다(주).

비행기로 돌아오기 전 책방에 갔습니다. 그 서점에서 이토 씨가 일본어 책을 사서 '이거 받으세요. 선물입니다'라고 말했습니다. 나는 비행기에서 그 책을 읽었습니다. 조금 어려웠지만 매우 재미있었습니다. 일본어를 공부하고 있어서 다행이었습니다. 내년 여름에도 일본 서점에 갈 예정입니다.

(주) ~と言いました ~(라)고 (말)했습니다

20 '나'와 이토 씨는 언제 도쿄에 갔습니까?
1 작년 여름
2 **작년 겨울**
3 내년 여름
4 내년 겨울

21 내년에 '나'는 일본에서 무엇을 할 겁니까?
1 이토 씨와 이야기합니다.
2 이토 씨와 비행기를 탑니다.
3 **일본어 책을 삽니다.**
4 일본어 애니메이션을 봅니다.

문제6

다음 주에 영화관에 갑니다. 토요일과 일요일은 집에서 푹 쉽니다. 월요일 밤은 친구를 만납니다. 화요일과 목요일은 대학에 가기 때문에 바쁩니다. 수요일 아침은 병원에 갑니다. 금요일 아침은 항상 잡니다. 어느 영화를 봅니까?

22
1 7월의 비
2 **밤의 댄스**
3 펭귄 탐험대
4 금각사

TOKYO CINEMA 영화관

7월의 비
월요일 오후 6:00~8:10
금요일 오전 10:00~오후12:10

밤의 댄스
금요일 오후 5:30~7:30
일요일 오전 11:00~오후 1:00

펭귄 탐험대
수요일 오전 10:30~오후 1:30
토요일 오후 2:00~5:00

금각사
화요일 오후 7:00~10:00
목요일 오전 10:00~오후 1:00

가격: 성인 2,000엔
　　　어린이 1,000엔

2교시 청해

문제1

예

レストランで、女の人が 男の人と 話して います。
男の人は 何を 食べますか。

F 私は ざるそばを 食べます。
何を 食べますか。
M うどんや からあげも ありますね。
F ラーメンも ありますね。
M じゃあ、ラーメンを 食べます。

男の人は 何を 食べますか。

레스토랑에서 여자와 남자가 이야기하고 있습니다.
남자는 무엇을 먹습니까?

F 나는 판 메밀소바를 먹을게요.
무엇을 먹을래요?
M 우동이나 닭튀김도 있군요.
F 라면도 있네요.
M 그럼 라면을 먹을게요.

남자는 무엇을 먹습니까?

1 우동
2 닭튀김
3 라면
4 판 메밀소바

1

バスで ガイドが みんなに 話して います。
みんなは 朝に 何を しますか。

F それでは、みなさん。私は ガイドの 鈴木で
す。見て ください。これが スカイツリーです。
とても 高いですね。私たちは 今日の 朝、浅草
へ 行きます。浅草では、雷門の 前で 写真を
撮ります。お昼には、お寺へ 行って、ご飯を 食
べたり、お茶を 飲んだり します。

みんなは 朝に 何を しますか。

버스에서 가이드가 모두에게 이야기하고 있습니다.
모두는 아침에 무엇을 합니까?

F 자, 여러분. 저는 가이드 스즈키입니다. 보세요. 이것이 스카이트리입니다. 매우 높지요. 우리는 오늘 아침 아사쿠사에 갑니다. 아사쿠사에서는 가미나리몬 앞에서 사진을 찍습니다. 점심에는 절에 가서 밥을 먹기도 하고 차를 마시기도 할 겁니다.

모두는 아침에 무엇을 합니까?

2

デパートで 男の人が 店員と 話して います。
男の人は 何階へ 行きますか。

M あの、すみません。
F はい。
M トイレは どこですか。
F 上の 階に ありますよ。
M ここは 何階ですか。
F 2階ですよ。
M そうですか。ありがとうございます。

男の人は 何階へ 行きますか。

백화점에서 남자가 점원과 이야기하고 있습니다.
남자는 몇 층에 갑니까?

M 저, 실례합니다.
F 네.
M 화장실은 어디입니까?
F 위층에 있습니다.
M 여기는 몇 층인가요?
F 2층입니다.
M 그렇습니까? 고맙습니다.

남자는 몇 층에 갑니까?

1 1층
2 2층
3 3층
4 4층

3

女の人と 男の人が 話して います。
田中さんは どの 人ですか。

F あの、田中さんを 知って いますか。
M はい、知って いますよ。
F どんな 人ですか。
M 彼女は レストランの パティシエです。
　 彼女の 恋人は、その レストランの シェフですよ。

田中さんは どの 人ですか。

여자와 남자가 이야기하고 있습니다.
다나카 씨는 어떤 사람입니까?

F 음, 다나카 씨를 알고 있습니까?
M 네, 알고 있습니다.
F 어떤 사람입니까?
M 그녀는 레스토랑의 제빵사예요.
　 그녀의 애인은 그 레스토랑의 요리사입니다.

다나카 씨는 어떤 사람입니까?

4

レストランで 女の人と 男の人が 話して います。
女の人は 何を 食べますか。

M　ここは 有名な レストランですよ。
F　そうですか。そんなに おいしいですか。
M　はい。とくに うどんが おいしいですよ。
F　そうですか。私は それを 食べます。
M　ぼくは 天ぷらと 寿司を 食べます。

女の人は 何を 食べますか。

레스토랑에서 여자와 남자가 이야기하고 있습니다.
여자는 무엇을 먹습니까?

M　여기는 유명한 식당이에요.
F　그런가요? 그렇게 맛있어요?
M　네, 특히 우동이 맛있어요.
F　그렇습니까? 저는 그것을 먹을게요.
M　저는 튀김과 초밥을 먹을게요.

여자는 무엇을 먹습니까?

1　**우동**　　　　　　　　2　우동과 초밥
3　튀김　　　　　　　　4　튀김과 초밥

5

教室で 女の学生と 男の学生が 話して います。
プレゼントは 何ですか。

M　誕生日、おめでとうございます。
F　ありがとうございます。
M　ええと……これ、どうぞ。
F　あっ、これは 何ですか。
M　プレゼントです。
　　あそこの デパートで 買いました。
F　ありがとう。とても かわいい Tシャツですね。
　　おととい、私は そこで 傘と 財布を 買いました。

プレゼントは 何ですか。

교실에서 여학생과 남학생이 이야기하고 있습니다.
선물은 무엇입니까?

M　생일 축하해요.
F　고맙습니다.
M　음, 이거 받으세요.
F　앗, 이것은 무엇입니까?
M　선물입니다.
　　저기 있는 백화점에서 샀습니다.
F　고마워요. 무척 귀여운 티셔츠네요.
　　그저께 저는 거기에서 우산과 지갑을 샀어요.

선물은 무엇입니까?

6

電話で 女の人と 男の人が 話して います。
2人は どこで 会いますか。

F スミスさん、明日は 忙しいですか。
M いいえ、ぼくは 暇ですよ。
F そうですか。明日、大阪の ホテルで パーティーが あるので、一緒に 行きませんか。
M いいですよ。どこで 会いますか。
F 午後 1時に 大阪城で 会いましょう。
　それから、お好み焼きを 食べて、ホテルに 行きましょう。
M 楽しみですね。

2人は どこで 会いますか。

전화로 여자와 남자가 이야기하고 있습니다.
두 사람은 어디에서 만납니까?

F 스미스 씨, 내일은 바쁜가요?
M 아니요, 나는 한가해요.
F 그런가요? 내일 오사카 호텔에서 파티가 있어서 함께 안 갈래요?
M 좋아요. 어디에서 만날까요?
F 오후 1시에 오사카 성에서 만납시다.
　그리고 나서 오코노미야키를 먹고 호텔에 가요.
M 기대됩니다.

두 사람은 어디에서 만납니까?

7

会社で 社長と 会社員が 話して います。
会議は 何時から ありますか。

F 社長、今日は 会議が ありますね。
M ええ、そうでしたね。いつ 会議が ありますか。
F 午後1時からです。
M まだ 時間が ありますね。今は 何時ですか。
F 午前 10時です。
M まだ 3時間 ありますね。
　それでは、本屋に 行って きます。

会議は 何時から ありますか。

회사에서 사장과 회사원이 이야기하고 있습니다.
회의는 몇 시부터 있습니까?

F 사장님, 오늘은 회의가 있습니다.
M 네, 그랬죠. 언제 회의가 있나요?
F 오후 1시부터입니다.
M 아직 시간이 있네요. 지금은 몇 시죠?
F 오전 10시입니다.
M 아직 3시간 있네요.
　그러면 서점에 다녀올게요.

회의는 몇 시부터 있습니까?

1　오전 10시　　　　　2　오전 11시
3　오후 1시　　　　　4　오후 3시

문제2

예

女の人と 男の人が 話して います。
2人は どこへ 行きますか。

F 来週、田中さんは 忙しいですか。
M いいえ、忙しく ありませんよ。
F そうですか。じゃあ、どこかへ 一緒に 旅行に 行きませんか。
M はい。行きましょう。東京や 大阪も いいですね。
F そうですね。京都へ 行きませんか。
M それも いいですね。そう しましょう。

2人は どこへ 行きますか。

여자와 남자가 이야기하고 있습니다.
두 사람은 어디에 갑니까?

F 다음 주 다나카 씨는 바쁩니까?
M 아니요, 바쁘지 않습니다.
F 그런가요? 그럼 어딘가에 함께 여행을 가지 않을래요?
M 네, 갑시다. 도쿄나 오사카도 좋겠네요.
F 그렇군요. 교토에 가지 않겠어요?
M 그것도 좋네요. 그렇게 하죠.

두 사람은 어디에 갑니까?

1 도쿄　　　　　2 **교토**　　　　　3 오사카　　　　　4 후쿠오카

1

女の人と 男の人が 話して います。
2人は 何時に テレビを 見ますか。

F あっ、テレビで 今から 新しい ドラマが ありますね。
M そうですね。今日、その ドラマが ありますが、今からでは ありませんよ。
F それでは、何時からですか。
M ええと…午後 6時です。一緒に 見ませんか。
F ごめんなさい。6時は 忙しいです。7時からは 暇です。
M そうですか。それでは 午後 9時から 一緒に テレビで 映画を 見ましょう。

2人は 何時に テレビを 見ますか。

여자와 남자가 이야기하고 있습니다.
두 사람은 몇 시에 텔레비전을 봅니까?

F 앗, 텔레비전에서 지금부터 새 드라마가 있어요.
M 그러게요. 오늘 그 드라마가 있지만 지금부터는 아니에요.
F 그러면 몇 시부터예요?
M 음, 오후 6시입니다. 함께 보지 않겠습니까?
F 미안해요. 6시는 바쁩니다. 7시부터는 한가합니다.
M 그래요? 그러면 오후 9시부터 함께 텔레비전으로 영화를 봅시다.

두 사람은 몇 시에 텔레비전을 봅니까?

1 오전 8시　　　　　2 오후 6시
3 오후 7시　　　　　4 **오후 9시**

97

2

学校で 先生と 学生が 話して います。
先生と 学生は 何曜日に 会いますか。

F さようなら。じゃあ、水曜日に、会いましょう。
M 先生、水曜日は 学校が 休みです。
F あっ、そうですか。
　 金曜日は 授業が ありますか。
M はい、あります。
F あっ、その日、私は 大阪で 会議が あります。
　 火曜日に 会いませんか。
M はい、では、その日に 日本語を 教えて ください。

先生と 学生は 何曜日に 会いますか。

학교에서 선생님과 학생이 이야기하고 있습니다.
선생님과 학생은 무슨 요일에 만납니까?

F 안녕히 가세요. 그럼 수요일에 만납시다.
M 선생님, 수요일은 학교가 쉬는 날이에요.
F 앗, 그런가요? 금요일은 수업이 있나요?
M 네, 있습니다.
F 앗, 그날은 내가 오사카에서 회의가 있네요. 화요일에 만나지 않겠어요?
M 네, 그러면 그날 일본어를 가르쳐 주세요.

선생님과 학생은 무슨 요일에 만납니까?

1　월요일　　　　　　　　　2　**화요일**
3　수요일　　　　　　　　　4　금요일

3

デパートで 女の人と 男の人が 話して います。
女の人は いくらの 服を 買いますか。

M この 青い シャツは どうですか。
F あっ、いろは とても きれいですね。
　 でも デザインが ちょっと…。
M それでは、これは どうですか。
F わ、かわいいですね。
M 赤いのは セール中で 2,300円です。
　 きいろいのは 2,500円です。
F ええと、いいですね。きいろいのに します。

女の人は いくらの 服を 買いますか。

백화점에서 여자와 남자가 이야기하고 있습니다.
여자는 얼마짜리 옷을 삽니까?

M 이 파란 셔츠는 어떻습니까?
F 앗, 색은 무척 예쁘네요.
　 하지만 디자인이 좀….
M 그러면 이것은 어떻습니까?
F 와, 귀엽네요.
M 빨간 것은 세일 중이어서 2,300엔이에요.
　 노란색은 2,500엔이고요.
F 음, 좋네요. 노란 것으로 할래요.

여자는 얼마짜리 옷을 삽니까?

1　1,300엔　　　　　　　　2　2,300엔
3　**2,500엔**　　　　　　　　4　3,500엔

4

女の人と 男の人が 話して います。
女の人は 何を 買いますか。

M あっ、寿司を 作りますが、マグロが もう ありません。
F では、私が スーパーへ 行って 買って きます。
M ありがとう。あの スーパーは バナナと トマトが 安いですよ。
F そうですか。どうしましょうか。
M それでは、バナナも 買って きて ください。
F はい。分かりました。

女の人は 何を 買いますか。

여자와 남자가 이야기하고 있습니다.
여자는 무엇을 삽니까?

M 앗, 초밥을 만드는데 참치가 이제 없어요.
F 그러면 내가 슈퍼에 가서 사올게요.
M 고마워요. 그 슈퍼는 바나나와 토마토가 싸요.
F 그런가요? 어떻게 할까요?
M 그러면 바나나도 사 와 주세요.
F 네, 알겠어요.

여자는 무엇을 삽니까?

1 참치와 토마토
2 **참치와 바나나**
3 토마토와 바나나
4 토마토와 맥주

5

女の人と 男の人が 話して います。
男の人は どこへ 行きますか。

M ゴールデンウィークは どこかへ 行きますか。
F 私は どこへも 行きません。あなたは？
M 日本に 行って、本屋で 雑誌を 買います。
F そうですか。日本の どこですか。
M 東京です。代官山に 大きな 本屋が あるので、とても 楽しみです。
F そうですか。私は 去年、大阪へ 行きました。今年の 夏は 北海道へ 行きます。

男の人は どこへ 行きますか。

여자와 남자가 이야기하고 있습니다.
남자는 어디에 갑니까?

M 황금연휴는 어딘가에 가나요?
F 나는 아무 데도 안 가요. 당신은요?
M 일본에 가서 서점에서 잡지를 살 거예요.
F 그래요? 일본 어디요?
M 도쿄입니다. 다이칸야마에 큰 서점이 있어서 무척 기대가 되요.
F 그래요? 나는 작년에 오사카에 갔어요. 올해 여름에는 홋카이도에 갈 거예요.

남자는 어디에 갑니까?

1 **도쿄**
2 오사카
3 오키나와
4 홋카이도

99

6

病院で 医者と 男の人が 話して います。
男の人は 何を 飲みますか。

F 風邪を 引いて いますよ。
M そうですか。寒くて、気持ちが 悪いです。
F お酒は 好きですか。
M はい、とても 好きです。いつも 飲んで います。コーヒーも 好きです。
F お酒と コーヒーは 飲んでは いけません。お茶を 飲んで ください。
M はい。分かりました。

男の人は 何を 飲みますか。

병원에서 의사와 남자가 이야기하고 있습니다.
남자는 무엇을 마십니까?

F 감기에 걸렸네요.
M 그런가요? 춥고 속이 안 좋아요.
F 술은 좋아합니까?
M 네, 무척 좋아합니다. 늘 마십니다. 커피도 좋아합니다.
F 술과 커피는 마시면 안 됩니다. 차를 드세요.
M 네, 알겠습니다.

남자는 무엇을 마십니까?

1 커피
2 맥주
3 위스키
4 차

문제3

예

F ご飯を 食べます。何と 言いますか。
M 1 いただきます。
　 2 お帰りなさい。
　 3 ただいま

F 밥을 먹습니다. 뭐라고 말합니까?
M 1 잘 먹겠습니다.
　 2 어서 오세요.
　 3 다녀왔습니다.

1

F 朝、友だちに 会いました。何と 言いますか。
M 1 おはよう。
　 2 こんばんは。
　 3 そうですか。

F 아침에 친구를 만났습니다. 뭐라고 말합니까?
M 1 안녕(아침 인사)
　 2 안녕(저녁 인사)
　 3 그렇습니까?

2

F　デパートで 服を 買います。何と 言いますか。
F　1　これ、どうぞ。
　　2　ここ、いいですか。
　　3　これを ください。

F　백화점에서 옷을 삽니다. 뭐라고 말합니까?
F　1　이거 받으세요.
　　2　여기 괜찮습니까?
　　3　이것을 주세요.

3

F　お店の 人に、値段を 聞きます。何と 言いますか。
M　1　どうですか。
　　2　いくらですか。
　　3　どうしましょうか。

F　가게 직원에게 가격을 묻습니다. 뭐라고 말합니까?
M　1　어떻습니까?
　　2　얼마입니까?
　　3　어떻게 할까요?

4

F　ガイドが、お客さんを 案内して います。何と 言いますか。
M　1　みなさん、おやすみなさい
　　2　みなさん、話して ください。
　　3　みなさん、あちらを 見て ください。

F　가이드가 손님을 안내하고 있습니다. 뭐라고 말합니까?
M　1　여러분, 안녕히 주무세요.
　　2　여러분, 이야기해 주세요.
　　3　여러분, 저쪽을 봐 주세요.

5

F　これから 家に 帰ります。友だちに 何と 言いますか。
M　1　じゃあ、また。
　　2　じゃあ、よろしく お願いします。
　　3　じゃあ、良かったです。

F　이제 집에 돌아갑니다. 친구에게 뭐라고 말합니까?
M　1　또 봐.
　　2　그럼 잘 부탁합니다.
　　3　그럼 좋았습니다.

문제4

예

F 何時に 起きましたか
M 1 7人です。
　 2 8時です。
　 3 9枚です。

F 몇 시에 일어났습니까?
M 1 일곱 명입니다.
　 2 여덟 시입니다.
　 3 아홉 장입니다.

1

F あの 人は だれですか。
M 1 ぼくの 友だちです。
　 2 ここに あります。
　 3 電車で 来ました。

F 저 사람은 누구입니까?
M 1 제 친구입니다.
　 2 여기에 있습니다.
　 3 전철로 왔습니다.

2

F あなたには 兄弟が 何人 いますか。
M 1 3枚 あります。
　 2 1個 あります。
　 3 2人 います。

F 당신에게는 형제가 몇 명 있습니까?
M 1 세 장 있습니다.
　 2 한 개 있습니다.
　 3 두 명 있습니다.

3

F 写真を 撮って ください。
M 1 はい、分かりました。
　 2 はい、ください。
　 3 いいえ、しませんでした。

F 사진을 찍어 주세요.
M 1 네, 알겠습니다.
　 2 네, 주세요.
　 3 아니요, 하지 않았습니다.

4

F 趣味は 何ですか。
M 1 アニメを 見ました。
　 2 本を 読むことです。
　 3 おいしく ないものは 食べません。

F 취미는 무엇입니까?
M 1 애니메이션을 봤습니다.
　 2 책을 읽는 것입니다.
　 3 맛있지 않은 것은 먹지 않습니다.

5

F 彼は どんな 人ですか。
M 1 電気が ついて います。
　 2 昨日は 勉強しませんでした。
　 3 優しくて、ハンサムです。

F 그는 어떤 사람입니까?
M 1 불이 켜져 있습니다.
　 2 어제는 공부하지 않았습니다.
　 3 상냥하고 잘생겼습니다.

6

F 今、どこに いますか。
M 1 友だちが います。
　 2 図書館に います。
　 3 料理を して います。

F 지금 어디에 있습니까?
M 1 친구가 있습니다.
　 2 도서관에 있습니다.
　 3 요리를 하고 있습니다.

にほんごのうりょくしけん かいとうようし

N5 실전모의고사
げんごちしき (もじ・ごい)

じゅけんばんごう
Examinee Registration Number

なまえ
Name

〈ちゅうい Notes〉
1. くろい えんぴつ (HB、No.2) で かいて ください。
   (ペンや ボールペンでは かかないで ください。)
   Use a black medium soft (HB or No.2) pencil.
   (Do not use any kind of pen.)
2. かきなおす ときは、けしゴムで きれいに けして ください。
   Erase any unintended marks completely.
3. きたなく したり、おったり しないで ください。
   Do not soil or bend this sheet.
4. マークれい Marking examples

よい れい Correct Example	わるい れい Incorrect Examples
●	⊘ ⊖ ◯ ◐ ●

もんだい 1

1	①	②	③	④
2	①	②	③	④
3	①	②	③	④
4	①	②	③	④
5	①	②	③	④
6	①	②	③	④
7	①	②	③	④

もんだい 2

8	①	②	③	④
9	①	②	③	④
10	①	②	③	④
11	①	②	③	④
12	①	②	③	④

もんだい 3

13	①	②	③	④
14	①	②	③	④
15	①	②	③	④
16	①	②	③	④
17	①	②	③	④
18	①	②	③	④

もんだい 4

19	①	②	③	④
20	①	②	③	④
21	①	②	③	④

N5 실전모의고사
げんごちしき (ぶんぽう)・どっかい

にほんごのうりょくしけん かいとうようし

じゅけんばんごう / Examinee Registration Number

なまえ / Name

〈ちゅうい Notes〉
1. くろい えんぴつ (HB、No.2) で かいて ください。
   (ペンや ボールペンでは かかないで ください。)
   Use a black medium soft (HB or No.2) pencil.
   (Do not use any kind of pen.)
2. かきなおす ときは、けしゴムで きれいに けして ください。
   Erase any unintended marks completely.
3. きたなく したり、おったり しないで ください。
   Do not soil or bend this sheet.
4. マークれい Marking examples

よい れい Correct Example	わるい れい Incorrect Examples
●	⊘ ◎ ○ ◐ ◑

もんだい 1

1	①	②	③	④
2	①	②	③	④
3	①	②	③	④
4	①	②	③	④
5	①	②	③	④
6	①	②	③	④
7	①	②	③	④
8	①	②	③	④
9	①	②	③	④

もんだい 2

10	①	②	③	④
11	①	②	③	④
12	①	②	③	④
13	①	②	③	④

もんだい 3

14	①	②	③	④
15	①	②	③	④
16	①	②	③	④
17	①	②	③	④

もんだい 4

18	①	②	③	④
19	①	②	③	④

もんだい 5

20	①	②	③	④
21	①	②	③	④

もんだい 6

22	①	②	③	④

にほんごのうりょくしけん かいとうようし

N5 실전모의고사
ちょうかい

じゅけんばんごう
Examinee Registration Number

なまえ
Name

(ちゅうい Notes)
1. くろい えんぴつ(HB、No.2)で かいて ください。
   Use a black medium soft (HB or No. 2) pencil.
   (ペンや ボールペンでは かかないで ください。)
   (Do not use any kind of pen.)
2. かきなおす ときは、けしゴムで きれいに けして ください。
   Erase any unintended marks completely.
3. きたなく したり、おったり しないで ください。
   Do not soil or bend this sheet.
4. マークれい Marking examples

よい れい Correct Example	わるい れい Incorrect Examples
●	⊘ ○ ◍ ◑ ○ ●

もんだい 1

れい	①	●	③	④
1	①	②	③	④
2	①	②	③	④
3	①	②	③	④
4	①	②	③	④
5	①	②	③	④
6	①	②	③	④
7	①	②	③	④

もんだい 2

れい	①	●	③	④
1	①	②	③	④
2	①	②	③	④
3	①	②	③	④
4	①	②	③	④
5	①	②	③	④
6	①	②	③	④

もんだい 3

れい	●	②	③
1	①	②	③
2	①	②	③
3	①	②	③
4	①	②	③
5	①	②	③

もんだい 4

れい	①	●	③
1	①	②	③
2	①	②	③
3	①	②	③
4	①	②	③
5	①	②	③
6	①	②	③